成语说史系列

刘娟◎著

成语说

资治通鉴

残唐五代

人民文学出版社

图书在版编目(CIP)数据

成语说《资治通鉴》. 8，残唐五代/刘娟著. —
北京:人民文学出版社,2023
（成语说史系列）
ISBN 978-7-02-017974-9

Ⅰ. ①成… Ⅱ. ①刘… Ⅲ. ①《资治通鉴》-少儿读
物 Ⅳ. ①K204.3-49

中国国家版本馆 CIP 数据核字(2023)第 079814 号

责任编辑　胡司棋　邱小群
装帧设计　李苗苗

出版发行　人民文学出版社
社　　址　北京市朝内大街 166 号
邮政编码　100705

印　　制　上海盛通时代印刷有限公司
经　　销　全国新华书店等

字　　数　317 千字
开　　本　720 毫米×1000 毫米　1/16
印　　张　26.25
版　　次　2023 年 7 月北京第 1 版
印　　次　2023 年 7 月第 1 次印刷

书　　号　978-7-02-017974-9
定　　价　98.00 元

如有印装质量问题,请与本社图书销售中心调换。电话:010-65233595

为响应国家关于"传承发展中华优秀传统文化，增强国家文化软实力"的伟大战略，将博大精深的中华传统文化普及到少年儿童群体中，我们倾力打造"成语说史"系列图书，最先推出的便是这套《成语说〈资治通鉴〉》。

《资治通鉴》是中国第一部编年体通史，共294卷，300多万字，与《史记》合称"史学双璧"，是了解中国古代历史的必读书，虽已经司马光之手，"删削冗长，举撮机要"，但仍"网罗宏富，体大思精"，令人望而生畏。而成语是中国独有的语言资源，是连通文史的钥匙，短小精悍的形式承载着丰厚的历史文化内涵，体现了中华民族积淀千年的智慧和核心价值观。为了让孩子们读懂并喜欢上《资治通鉴》，了解成语背后的历史语境，从而更好地掌握和运用成语，我们精心制作了这套《成语说〈资治通鉴〉》。

《成语说〈资治通鉴〉》共8册，是一套连续的历史故事集，通过成语这个载体把卷帙浩繁的大部头史书变成358个引人入胜的故事，鲜活地演绎了从周威烈王二十三年（公元前 403 年）到后周世宗显德六年（公元 959 年）共 1362 年的朝代更替、历史兴衰、人事沧桑。

考虑到少年儿童的认知水平和阅读特点，在尊重历史的大前提下，这套书对史料进行了科学的剪裁，用通俗易懂的语言，通过大量的人物对话，模拟事件发生的场景，把历史上的重要人物和重大事件生动地呈现出来。在这里，历史不是一个个事件和人名组成的，而是有着丰富的细节。

为了避免让整个历史读起来碎片化，这套书尤其注重历史事件的连续性和系统性，按照时间的顺序，讲究由小故事串起大事件，用大事件演绎大时代。故事与故事之间，相互承传、次序分明，有条不紊地把历史推向纵深，帮助少年儿童真实、立体地感知历史发展的脉络，进而树立"通史"意识：历史是连贯的，有继承，有发展。

一千多个成语既是帮助读者打开厚重"通史"之门的钥匙，也是记录历史故事的载体，甚至是历史故事本身。"成语 + 通史"的组合，无疑是一种全新的探索，为中华优秀传统文化的传承提供了一种新颖的形式。

此外，这套书还针对重要的历史地名做了相应的注释，帮助少年儿童从空间坐标上更好地理解时间坐标上的历史。

简言之，这套《成语说〈资治通鉴〉》采用"点—线"结合的呈现方式，以成语为媒介，循序渐进地展现了中国古代历史的整体面貌。"点"是具体、生动的历史事实，"线"是历史发展的基本线索，以"线"穿"点"，以"点"连"线"，让孩子们在掌握历史事实的基础上，通过史事之间的相互关系，建立时序意识和时空观念，获得对历史发展的整体性认识。

历史不仅是一门学科，一类知识，更是一种定义，了解历史对个人乃至国家都具有重要意义。历史学家钱穆先生曾经说过这样的话："任何一国之国民，尤其是自称知识在水平线以上之国民，对其本国已往历史，应该略有所知。否则最多只算一有知识的人，不能算一有知识的国民。"

有鉴于此，我们希望通过这套《成语说〈资治通鉴〉》，帮助我们的孩子更好地了解中国历史，学习中国传统文化，做一个真正的中国人。

目录

〖 不战而溃 〗

《资治通鉴·唐纪四十一》

丙午，忠臣遣裨将李重倩将轻骑数百夜入其营，纵横贯穿，斩数十人而还，营中大骇；忠臣、燧因以大军乘之，鼓噪而入，悦众不战而溃。悦脱身北走，将士死者相枕藉，不可胜数。

译文

丙午（二十二日），李忠臣派遣副将李重倩率领数百名轻骑兵夜袭田悦的营地，驰骋纵横，斩杀数十人后回师，田悦的营中一片惊骇；李忠臣、马燧趁机率领大部队击鼓呐喊突入敌营，田悦的军队还没有开战就自行崩溃。混乱中，田悦脱身向北逃走，死去的将士交叠而卧，数都数不清。

魏博崛起

　　安史之乱后，朝廷为了笼络河北的安史旧部，就任命安史降将李宝臣、田承嗣、李怀仙、薛嵩等为藩镇节度使。其中，田承嗣被封为魏博^①节度使，管辖魏州、博州^②、相州、贝州、卫州、澶（chán）州六州。

　　田承嗣骁勇善战，又老谋深算，表面上接受朝廷命令，暗中图谋扩大实力，巩固自身。他在境内整修武备，统计人口，让年老体弱的种地，年轻力壮的当兵，短短几年时间，魏博的士卒就达十万之多。田承嗣从中挑选了一万名高大魁梧、强壮有力的战士保卫自己，称之为"牙兵^③"。实力增强后，他就自行任命文武官员，也不向朝廷交税。因此，他名义上是唐朝的藩臣，实际上并无臣子的节操。

　　大历八年（公元773年），田承嗣公开为安禄山、史思明父子建立祠堂，称他们为四圣，并上书代宗，要求当宰相。

　　这是冒天下之大不韪（wěi）！代宗气得双眼发黑，真想出兵削平他。可是，想到天下久经战乱，百姓苦不堪言，朝廷的实力也没有恢复，代宗决定忍了，便派使者婉言劝说田承嗣拆毁祠堂，并加封他为宰相。次年，代宗又将女儿永乐公主嫁给田承嗣的儿子田华，希望借此安抚他。

---

① 治所在今河北大名东北。
② 治所在今山东聊城市东北。
③ 《旧唐书》称为"衙兵"。

哪知田承嗣尝到甜头，变得更加骄横傲慢。恰逢昭义节度使薛嵩去世，他的部将裴志清发动兵变，驱逐了新任节度使薛崿，并宣布归附田承嗣。田承嗣大喜，借口救援裴志清，出兵侵吞了原属昭义军的地盘。

代宗忍无可忍，打算出兵狠狠教训一下田承嗣，但还没等他发话，成德①节度使李宝臣和平卢②节度使李正己就跳出来，说："陛下，田承嗣这家伙太过分了！我们请求讨伐他！"

李正己一向被田承嗣瞧不起，之前派去魏博的使者还被扣押，借讨伐出口恶气，完全可以理解，可这李宝臣，他是田承嗣的亲戚，怎么也这么积极？代宗有点儿纳闷，就问左右怎么回事。

原来，李宝臣的弟弟李宝正娶了田承嗣的女儿为妻。有一次，李宝正与小舅子田维一起打马球。不料李宝正的马受惊，踢死了田维。田承嗣大怒，囚禁了李宝正。李宝臣见弟弟闯了大祸，赶紧让使者送去一根棍棒，并对田承嗣说："都怪我平时管教不严，导致发生了这样令人痛心的事，请您替我好好教训他。"李宝臣本以为自己姿态放低一点儿，让田承嗣打弟弟一顿，消消气，这事就算完了。谁知田承嗣听了使者的话，抢起棍棒就把李宝正活活打死了。从此，两镇结下深仇。

代宗了解缘由后，放下心来，命李宝臣及幽州节度使朱滔从北面，李正己与淮西③节度使李忠臣从南面，一起进攻田承嗣。

上了战场，李宝臣与李正己都非常卖力，很快就攻下了魏博的两座城池，还招降了包括裴志清在内的好几名魏博将领。

田承嗣一看硬拼不是对手，赶紧上表向代宗认错，还信誓旦旦地说："陛下，上次的事是臣的错，今后臣一定会约束自己的言

---

① 治所在今河北正定。
② 又作淄青，治所在今山东青州市。
③ 今安徽寿县附近淮水的流向系自南而北，因此习惯上称今皖北、豫东淮河北岸一带为淮西。

行！"暗地里，他却琢磨开了：各节度使中，实力最强的是李宝臣、李正己，如果能摆平他们俩，自己就能脱困。

思来想去，田承嗣打算先从李正己那儿下手。他把李正己的使者从牢里放出来，好吃好喝招待一番后，就送回去了。临行前，田承嗣将魏博境内的户口、军队、粮食、布帛的数量全部登记造册，还亲自写了一封信，谦卑地对使者说："请你替我捎给李公，并对他说：'我田某人已经八十六岁，没有多少日子可活了，我的儿子们都不争气，侄子田悦也没什么能耐，这册子里的一切，我只不过暂时在替李公看守而已，哪里值得李公兴师动众呢？'"说完，他让使者立在庭中，自己面向南方，伏拜后将书信授给使者，又命人画了李正己的肖像，焚香供奉。

李正己读了信，又听闻田承嗣对自己这么恭敬，高兴得忘乎所以，便按兵不动。因此，南面的各道军队也都不敢进兵。

稳住了南边，田承嗣便一心一意对付北面的李宝臣。当时李宝臣和朱滔正在攻打沧州，李宝臣因为老家在范阳，一直有拿下范阳的心思。田承嗣知道后，就精心准备了一块石头，在上面刻下预言未来凶吉得失的文字："二帝同功势万全，将田为侣入幽燕。"意思是说李宝臣将要在姓田的人的帮助下成就帝业。田承嗣密令部下将石头埋在李宝臣的境内，然后派了个占卜师去告诉李宝臣埋石地有帝王之气，李宝臣就挖到了那块石头。

为了万无一失，田承嗣又派说客前去劝说李宝臣："你和朱滔共同攻取沧州，攻下来也是国家的，那你不是白忙乎一场吗？如你能原谅田承嗣的过错，他保证会把沧州让给你，还会跟随你攻取范阳，亲自为你效犬马之劳。到那时，你率领精锐骑兵在前，田承嗣带着步兵殿后，就没有攻不克的城。"李宝臣联想到石头上的预言文字，便与田承嗣互相串通，秘密图谋范阳。田承嗣也陈兵边境。

关于这一切，朱滔完全被蒙在鼓里，还派使者来和李宝臣商量下一步作战计划。李宝臣准备忽悠朱滔，就对使者说："早就听说你们朱公的相貌风度如同神仙一般，我希望看看他的画像。"

很快，朱滔的画像就送来了。李宝臣将画像挂在习射堂，每天和各位将领一起观赏，还说："大家看看，所谓神人，就应该长这样啊！"

几天后，李宝臣探得朱滔率军驻扎在瓦桥，就挑选了两千精锐骑兵，连夜急驰三百里，于凌晨时分到达那里。李宝臣抽出战刀，高呼道："兄弟们，杀死那个与习射堂画像长得一样的人，重重有赏！"

当时两军关系融洽，朱滔没料到李宝臣会算计他，仓皇出战，结果大败。幸亏他那天穿着一身闲服，没被认出来，才得以幸免。李宝臣还想乘胜攻取范阳，朱滔却反应过来了，马上派部将刘怦死守。李宝臣只好退兵。

"哈哈哈哈！"田承嗣知道李宝臣与朱滔大打出手后，得意扬扬地率军南归。临走前，他还不忘恶心李宝臣："李公啊，我境内有紧急军情，没空跟你周旋了。哦，对了，上次你挖到的那块石头上的预言文字，是我闲着没事干，刻了逗你玩的！"

范阳没得到，还和朱滔结下梁子，李宝臣既惭愧又愤怒，只好沮丧地退兵。其他各道军队也相继离去。田承嗣就这样化险为夷。

通过这次失败的讨伐，代宗总算明白，河北的这些藩镇节度使，个个都是利益至上的狡诈之徒，为了利益，他们今天可以为了抢地盘而大打出手，明天也可以化敌为友，合力对抗中央。能拿他们怎么办呢？代宗实在没有头绪。有人就建议说："魏州的盐很贵，不如禁掉那里的盐，以困住田承嗣。"

代宗不同意："田承嗣对不住朕，为什么要为难那里的老百姓！"

田承嗣生怕代宗继续用兵，又上表谢罪，李正己也不断为他求情。代宗就退让一步，赦免田承嗣的罪，要他入朝。可是，代宗左等右等，等了几个月，都不见田承嗣的踪影。恰逢汴宋留后①田神功病死，部将李灵曜趁机作乱，准备学田承嗣割据一方，代宗就让淮西节度使李忠臣、河阳节度使马燧等人去围剿。田承嗣探得消息，派田悦率部救援李灵曜。

一天夜里，李忠臣的副将李重倩率领数百名轻骑兵，突袭田悦的营地，斩杀数十人后，旋风一般回师。田悦营中一片惊骇。李忠臣、马燧趁机率领大部队击鼓呐喊突入敌营。田悦的部众不战而溃，田悦脱身向北逃走，李灵曜则在逃跑中被俘。

大历十二年（公元777年），田承嗣再次上表谢罪，请求入朝。代宗深知朝廷内忧外患，再这么打下去，国家的经济会撑不住，只好就坡下驴，宽恕了田承嗣的罪行，让他不必入朝。

安史之乱后的第一场藩镇混战就这样结束了。打那以后，河朔三镇——魏博、幽州、成德，就与平卢结盟，相约节度使之位父子相传，各镇之间相互支持，一个武力强大的利益集团由此诞生。

---

① 节度使缺位时，如出征、入朝或死后，设置的代理职称，也叫节度留后。

成语学习

不 战 而 溃

溃，溃败。没有开战就自行崩溃。形容毫无战斗力。

造　句：赤壁之战时，曹操的军队由于 　　　　不习水性，船着了火，便不战 　　　　而溃。	
近义词：望风披靡	
反义词：战无不克	

〖 曲尽其妙 〗

《资治通鉴·唐纪四十二》

　　晏有精力、多机智，变通有无，曲尽其妙。常以厚直募善走者，置递相望，觇报四方物价，虽远方，不数日皆达使司，食货轻重之权，悉制在掌握，国家获利而天下无甚贵甚贱之忧。

译　文

　　刘晏精力充沛，机智过人，善于灵活处理多变的事情，能把其中微妙之处委婉细致而又充分地表达出来。他常以优厚的待遇招募善于奔走的人，并设置了前后相望的驿站，以探测和上报各地物价。虽偏远之地，不出几天，也都能报到转运使司来。他把钱粮方面孰轻孰重的权变，全部控制在手中，朝廷因此获利，而民间也没有物价暴涨暴跌的担忧。

杨炎生度鬼门关

大历十四年（公元 779 年），唐代宗因病驾崩，太子李适即位，为唐德宗。

德宗素有鸿鹄之志，梦想着复兴大唐，考虑到自己根基未稳，他想免去神策军都知兵马使①王驾鹤的兵权，交给司农卿白志贞。不过，王驾鹤掌控禁军十余年，朝廷内外都畏惧他的权势，德宗担心他发动兵变，就找宰相崔祐甫商议。

"陛下放心，王驾鹤不难对付！"崔祐甫很有智谋，当场和德宗定下计策。

第二天一上朝，崔祐甫就召王驾鹤到政事堂，说有事相商。王驾鹤不敢怠慢，立即前往。见了面，一番寒暄之后，双双坐定。可崔祐甫东拉西扯，就是不谈正事。王驾鹤心生疑虑，又顾虑对方是宰相，只得耐着性子听。等王驾鹤从政事堂出来，白志贞已经顺利接管了禁军。

"新天子还挺有手腕！"平卢节度使李正己听说此事后，心生畏惧，上表说要献上三十万缗钱，祝贺新君登基。

三十万缗可是一笔巨款！德宗很想收下，又担心遭到李正己的戏弄，便问崔祐甫的意见。

"当然要收！"崔祐甫微微一笑，见德宗疑惑，他又意味深长地

---

① 唐、五代藩镇使府军将，掌军府兵权，肃宗至德宗以后实为蕃镇储帅。

说，"然后派个使者前往平卢，宣布把这笔钱赏给那里的将士。这样一来，平卢将士就会对陛下感恩戴德，其他藩镇的节度使也会觉得朝廷不看重财物。"

"好一招借花献佛呀！"德宗龙颜大悦，依言行事。

果然，平卢的将士全都感动得涕泗纵横，朝着长安的方向，不住地叩头谢恩，有的还扔掉兵器，互相看着说："明君出现了，我们还用得着造反吗？"

看着眼前的一幕，李正己恨不得抽自己几个嘴巴，真是搬起石头砸自己的脚！懊恼过后，他又对德宗充满好奇："难道新天子真的视金钱如粪土？"

恰恰相反，德宗内心渴望钱财，从即位的那一刻起，他就明白钱财对于国家的重要性，也一直想找个能人狠抓经济。崔祐甫知道德宗的心思，顺势建议道："陛下，让杨炎来管理财政，再合适不过了。"

杨炎是凤翔人，人长得玉树临风，文章也写得行云流水，对时政常常有独到见解。代宗时，杨炎担任知制诰，负责起草诏命。宰相元载爱惜杨炎的才华，又得知他是自己的老乡，便提拔他为吏部侍郎。后来，元载又想培养杨炎做接班人，对他的亲近和重用，超过旁人。等到元载倒台，杨炎也受牵连，被贬为道州①司马。

德宗早就听过杨炎的才名，就接受崔祐甫的推荐，拜杨炎为宰相。任命诏书送到道州时，杨炎有点儿蒙。他本以为自己要在穷乡僻壤了却残生，没想到时来运转，直接入阁拜相。他立即来到京城，准备来一场轰轰烈烈的财政改革。

唐朝立国以来，国家的钱帛都贮存在左藏②，皇帝的私人财物则

---

① 今湖南道县。
② 古代国库之一，以其在左方，故称左藏。

存放于大盈内库。每个季度，左藏的官员都会上报财物的数额，再由审计部门复核收支情况。到了第五琦主管财政时，京城里一些骄横的武将，仗着对国家有功，毫无节制地索取赏赐。第五琦拿他们没办法，只好将左藏的财物全部搬到内库，交给宦官管理，皇帝也觉得这样支取方便，就一直没有再搬出。此后二十余年，国家的财赋收入成了皇帝的私人储藏，财政官员不知道具体数额，也无法核查盈亏情况。至于前后掌管内库的三百多名宦官，往外转移了多少财富，更加没有人知道了。

国库乱象，到了非整顿不可的地步了！杨炎下定决心，进宫叩见德宗，说："财赋是国家的根本，与百姓的命脉、国家的盛衰安危息息相关。以前各朝都派重臣掌管，即便如此，财赋损耗，管理混乱的情况也无法避免。现在朝廷却让宦官掌握，大臣根本不知道国库的收支情况。朝政的腐坏，没有比这个更严重的了。臣恳请陛下将国家的财赋搬出内库，交还主管部门。"

"那宫中的用度怎么办呢？"德宗犹豫了片刻，问道。

"先估算好宫中每年的开销，再一分不少地划拨进内库。只有这样做，才能进一步治理财政。"杨炎早有准备。

德宗欣然同意，当日颁下诏书："把国家的财赋收入交还给左藏，每年从中挑选出三五千匹精良的布帛，敬献内库，作为宫廷的花销。"

建中元年（公元 780 年），杨炎又想改革国家征收赋税的制度。唐朝建立以来一直实施租庸调法①。有田地便要交租，即"租"；有人丁便要为国家服劳役，为"庸"；有户口便要缴纳绢、绵、麻等物，叫作"调"。一开始，这种轻徭薄赋的制度确实利国利民。然而

---

① 拥有田地的百姓，每年要缴纳粟二石，即"租"；每个成年人每年要服劳役二十天，也可以用财物抵役期，即"庸"；根据户口户籍，每个男丁每年需缴纳一定数额的绫、绢、绵等特产，此为"调"。

到了武周时期，地主豪强大肆兼并土地，安史之乱后户籍又遭到破坏，加上战事四起，到处征收赋税，农民苦不堪言，纷纷逃亡，租庸调法便无法继续执行。

杨炎建议，先估算出国家每年的开支，以此为基础向百姓征税。住户不论是本地土著还是外来客，均按居住地登记，再依据人丁、财产划分等级，制定相应的税额，每年分夏、秋两季征收。这就是经济史上著名的"两税法"。德宗采纳了这个建议，颁布实施该法。从此，国家财权才由朝廷掌握。

杨炎一上任就干了两件漂亮的大事，德宗对他十分倚重。恰逢崔祐甫病重，不能管事，另一位宰相乔琳也因为碌碌无为而遭到罢免，杨炎便独掌相权。

有了名望、地位之后，杨炎还想干一件大事，那就是快意恩仇。"恩"，是元载的知遇之恩，元载已死，无处报恩，只能竭力报"仇"。而这个"仇"，则落到了当年元载一案的主审官——刘晏[①]的头上。

刘晏小时候就很聪明，号称神童。他精力充沛，机智过人，做事懂变通，处理问题总是能曲尽其妙，代宗很欣赏他，让他掌管财务工作，前后达二十年之久。任职期间，刘晏在盐政、漕运等方面进行了大刀阔斧的改革，成绩斐然。在他任职初期，财赋每年收入不过四百万缗，到他任职后期，每年达一千余万缗。

撇开要为元载报仇的理由，刘晏杰出的理财能力，极大威胁到杨炎的相位，必须除掉。杨炎在心里盘算一番之后，开始在德宗面前说刘晏的坏话。一开始，德宗没有理会，可听多了，心里不免有了疙瘩，就免了刘晏的官，贬他到忠州[②]。

这不是杨炎想要的结果，他又授意心腹、荆南节度使庾准上奏

---

① 《三字经》里是这样介绍刘晏的："唐刘晏，方七岁。举神童，作正字。"所谓"正字"，即秘书省属官，掌校定典籍，刊正文字。
② 今四川忠县。

德宗："刘晏贬官后大发牢骚，暗中联合藩镇，准备起兵对抗朝廷。"

"真有此事？"德宗最不能容忍的就是背叛，就指着奏书，问杨炎。

"庾准是刘晏的上司，对他了如指掌，奏书上说的句句属实。"杨炎赌咒发誓。德宗信以为真，马上派宦官前往忠州杀死了刘晏。

天下人都认为刘晏死得冤枉，平卢节度使李正己最先跳出来，上表质问朝廷："刘晏到底犯了什么罪？请朝廷严查，一定要揪出幕后凶手！"

做贼心虚的杨炎只得派遣多名心腹分别到各道去，名义上是安抚地方，实际上是让他们暗中向节度使诉苦："刘晏的死，全都是皇上的意思！"

堂堂天子竟然成了替罪羊？德宗火冒三丈，产生了诛杀杨炎的念头。不过，德宗正准备讨伐多次抗旨的山南东道节度使梁崇义，就没有立即对杨炎动手，而是提拔卢杞为宰相，以制衡杨炎。

卢杞出身名门，祖父是玄宗朝的名相卢怀慎，清廉自守，父亲卢奕官拜御史中丞，当年安禄山攻陷东都，官员争相逃散，只有他坚守洛阳，最后为国殉难。虽然家境优越，奈何卢杞长得既矮小又丑陋，面色蓝如鬼魅，令人望而生畏。杨炎打心眼里不想见到他，常常假托有病，避免跟他在政事堂一起吃饭。卢杞为此怀恨在心，准备报复。

这天，德宗召集众臣，商议派淮宁节度使李希烈讨伐梁崇义一事。杨炎规劝道："李希烈这个人凶狠暴戾，六亲不认，一旦他平定了梁崇义，以后就不好控制了！"德宗不听。杨炎坚持己见，并再三争论，德宗对他愈加厌恶，执意派李希烈出兵。

由于连日降雨，李希烈的部队无法如期推进，德宗很生气。卢杞就悄悄地对德宗说："李希烈之所以拖拖拉拉，是因为心里恨杨炎。依臣之见，不如暂时免除杨炎的相职，让李希烈高兴，等平定梁崇义之后，再起用杨炎。"德宗当即照办。

没过多久，卢杞又向德宗进谗言："杨炎在有帝王之气的曲江修建家庙，摆明了想谋反呀！"德宗大怒，发配杨炎到最偏远荒僻的州郡——崖州①。

这年冬天，杨炎动身前往崖州，经过鬼门关②时，他见前路崎岖，人迹罕至，便绝望地写下一首《流崖州至鬼门关作》："一去一万里，千之千不还。崖州何处在，生度鬼门关。"诗刚写完，德宗派来杀他的使者就到了。

---

① 在今海南境内。
② 今广西北流市西十五里，与玉林市交界处之天门关。其地有两山对峙，形同关隘，甚险恶。其南尤多瘴疠（zhàng lì），去者罕得生还。

成语学习

曲尽其妙

曲，委婉，细致；尽，全部表达。把其中微妙之处委婉细致而又充分地表达出来。形容表达能力很强。

造　句：	宋代文学家苏轼在《赠刘景文》一诗中写道："一年好景君须记，最是橙黄橘绿时。"诗人以"橙黄橘绿"比喻人生的收获期，真是意蕴深刻，曲尽其妙。
近义词：	出神入化、跃然纸上
反义词：	直来直去

【 誓死不屈 】

《资治通鉴·唐纪四十三》

时承为河中尹，甲子，以承为山南东道节度使。上欲以禁兵送上，承请单骑赴镇；至襄阳，希烈置之外馆，迫胁万方，承誓死不屈，希烈乃大掠阖境所有而去。

译文

当时，李承担任河中尹，甲子（初九），德宗任命李承为山南东道节度使。德宗打算派禁兵护送他上任，李承却请求单枪匹马前往山南东道。李承来到襄阳后，李希烈将他安置在客舍中，千方百计地逼迫威胁他。不料李承发誓宁死也不屈服，李希烈便大肆掳掠了全州财物后离开。

"颜骨"亦铮铮

建中二年（公元 781 年），成德节度使李宝臣死了，他的儿子李惟岳请求继承父亲的职位，魏博留后田悦①也上表帮他说情。可是，德宗还是太子时就憎恨这些骄横的藩镇，即位后一直想削弱藩镇的势力，便拒绝了李惟岳的请求。

李惟岳大发雷霆，立即与田悦联合平卢节度使李正己、山南东道节度使梁崇义共同反叛。当时，淮宁节度使李希烈最先请求讨伐叛军，刚从淮西回朝的黜陟使李承就对德宗说："李希烈能力还是有的，估计立点儿小功没问题。只怕他立下军功，就不把朝廷放在眼里了，到时候朝廷还是要用武力解决啊！"

"国家危难时刻，只有李希烈挺身而出。他对朝廷一片忠心，你竟然胡乱猜忌！"德宗很恼火，坚持让李希烈出兵，又命神策军将领李晟与河东节度使马燧、昭义节度使李抱真合兵讨伐田悦。

李正己见官军声势浩大，担心早晚会波及平卢，忧惧之下，病重而死。他的儿子李纳也请求承袭节度使的职位，德宗斩钉截铁地回复："不行！"李纳很生气，于是也反了，率军侵犯宋州等地。

八月，李希烈攻破襄阳，梁崇义投井而死，首级被传送京城。德宗还没来得及高兴，就传来李希烈将襄阳据为己有的消息。德宗追悔莫及，立马任命李承为山南东道节度使，前去接管襄阳。李承

---

① 大历十四年（公元 779 年），魏博节度使田承嗣病逝，代宗任命他的侄子田悦为留后。

孤身来到襄阳，李希烈将他囚禁起来，还想方设法威胁他离开。不料李承誓死不屈，李希烈便大肆掳掠一番，带着人马转移到许州①。

范阳节度使朱滔见藩镇们又打起来了，也想报几年前被成德军偷袭之仇，顺便捞些好处，就派兵攻打李惟岳，结果只用了一个月的时间，便打下深州②。成德兵马使王武俊见势不妙，便勒死李惟岳，投降了朝廷。而李纳在河南官军的围困下，也日见窘迫。当初共同反叛的四镇中，只有魏博的田悦仍负隅顽抗，但已孤掌难鸣。

德宗认为天下马上可以平定，就任命王武俊为恒、冀都团练观察使③，把原属平卢的德、棣二州给了朱滔，让他回归本镇。

王武俊接到诏书，牢骚满腹："我亲手诛杀了李惟岳，功劳很大，朝廷却仅用一个小官职来打发我，太过分了！"

"深州是我打下的，理应归我。"朱滔也很不满，上表向朝廷索要深州，遭到拒绝后，他干脆让军队屯驻在深州不走了。

田悦探得情报，立即派人游说朱滔和王武俊反唐。二人马上倒戈，率兵救援困境中的田悦和李纳。田悦和李纳感激涕零，想推朱滔为王，朱滔却认为不妥。最后四人互相结盟，并分别称魏王、冀王、赵王、齐王。李希烈也自封天下都元帅、建兴王。

可是，"王"只是个称号，不能当饭吃，与官军对抗这么久，粮草早就消耗得差不多了。四人一合计，觉得李希烈军队声势浩大，可以依靠，就派使者前往许州，劝他称帝。

眼见叛军死灰复燃，势力越来越盛，德宗心急火燎，连忙找宰相卢杞商量对策。

卢杞自从害死杨炎，便在排除异己的道路越走越远，先后除掉不少朝廷重臣，这会儿他又瞄上了德高望重的太子太师颜真卿。

① 今属河南。
② 治所在今河北深州市西。
③ 唐朝中期，没有设置节度使的江南、岭南各道，就设置观察使为最高长官，总领军政、民政。

颜真卿是玄宗、肃宗、代宗三朝元老。安史之乱爆发前，时任平原太守的颜真卿看出安禄山的狼子野心，便提前修筑工事，招募士卒，充实仓库。叛乱爆发后，河北各郡县大都被叛军攻陷，平原城却安然无恙。玄宗听说后，大为感叹："我都不知道这个颜真卿长什么样，他竟然做出了这样了不起的事！"肃宗、代宗时，颜真卿也受到重用，可是他多次得罪权臣，屡屡遭贬，直到德宗即位，他才出任太子太师一职，没想到又被卢杞惦记上了。

卢杞挖空心思，想赶颜真卿出京。颜真卿察觉后，义正词严地对他说："当年你父亲被逆贼安禄山所害，头颅送到河北示众，我见他满脸血渍，都不忍用布擦拭，而是用舌头去舔干净。随后，我以蒲草做人身，续接在他的头颅上，装进棺材安葬。你现在竟然容不下我这个老头子吗？"卢杞表面上惶恐四顾，起身下拜，心中对颜真卿的恨意却更深了，打算置他于死地。

所以，当心神不宁的德宗询问对付叛乱藩镇的办法时，卢杞就说："李希烈年轻骁勇，打了胜仗就不可一世，假如能够派一位温厚儒雅的使臣，带着陛下的诏书，前去跟他讲清利害关系，那朝廷不用兴师动众就能使他归服。"

"有道理，"德宗打算死马当活马医，又问卢杞，"你觉得让谁去比较好？"

"太子太师颜真卿名动天下，再合适不过了！"卢杞故作诚恳地推荐。德宗点头同意了。

诏书颁下后，朝廷内外大惊失色，互相说："这不是让颜真卿去送死吗？"颜真卿却平静如常，马上坐车出京。来到洛阳时，留守郑叔则劝他："你这次一定有去无回，最好在我这里躲上几天，说不定皇上会改变主意，发来新的诏令。"

"这可是天子的命令啊，我能躲到哪里去呢？"颜真卿苦笑一声，继续前行。他知道自己必死无疑，就写信给儿子交代后事，要他"供奉家庙，抚育孤子"。

颜真卿刚到许州，还没宣读诏书，就被李希烈的一帮养子团团围住。他们口中不住谩骂，还挥舞着刀剑，比画着好像要割他的肉来吃。颜真卿一动不动地站着，有一种泰山崩于前而不变色的气势。

"混账东西，你们瞎了狗眼吗？这可是大名鼎鼎的颜太师！全都给我滚！"李希烈见吓不倒颜真卿，就装模作样地用身体护住他，又吩咐送他到宾馆住下，好吃好喝招待。

过了几天，李希烈派了一个叫李元平的降臣去劝颜真卿归顺。这个李元平生性傲慢，敢说大话，喜欢谈论用兵，德宗便让他做了汝州别驾，抵抗李希烈。没想到，李希烈三两下就攻陷了汝州，捉住李元平。李元平吓得粪尿齐下，污臭满地，气得李希烈大骂："朝廷竟然派你这样的窝囊废来抵挡，真是太小看我了！"李元平使劲磕头求饶，才保住小命。

不料，李元平还没开口，就被颜真卿骂了个狗血淋头。李希烈见颜真卿软硬不吃，打算放他回去。可是李元平挨了一顿臭骂，心里不痛快，就劝李希烈不要放人。李希烈便把颜真卿囚禁了起来。

这天，四镇的使者抵达许州，一齐在李希烈面前行拜舞礼，谦卑地劝他称帝。李希烈很得意，特意叫来颜真卿，对他说："您瞧，现在魏、冀、赵、齐四王都派使者前来，推戴我为皇帝。"

颜真卿冷冷地说道："这四人乃是四凶，怎么叫四王？你不保住自己建立的功业，努力做朝廷的忠臣，反而与乱臣贼子在一起，是想和他们一起灭亡吗？"

李希烈讨了个没趣，只好让人把颜真卿扶出去。

过了几天，李希烈与四位使者一起宴饮，又把颜真卿叫去了。

四位使者谄媚地对颜真卿说:"谁不知道太师威望崇高,现在都元帅马上要称帝了,需要一位辅佐的宰相,而太师恰好到来,这是上天把宰相赐给都元帅啊。"

颜真卿怒目相向,大声呵斥四位使者:"说什么宰相!我已经快八十岁了,只知道就算死也要恪守做臣子的本分,难道会受你们的引诱和胁迫吗?"

"不识抬举的老东西！马上挖个大坑，把他活埋了！"李希烈怒气冲冲地下令。

很快，一个又深又大的坑就挖好了。颜真卿神色安然，对李希烈说："反正都要死，何必玩那么多花样呢？赶快一剑砍死我，岂不是更让你痛快？"李希烈只得讪讪地向他道歉。

兴元元年（公元784年），李希烈在大梁①称帝，国号大楚。典礼过后，李希烈想再次吓唬颜真卿，就派部将在庭院里堆起柴草，浇上油，并点燃，然后说："既然你不愿意失去气节，干脆烧死算了！"颜真卿二话不说，快步走向火堆，那名部将急忙拉住他。

没过多久，李希烈的弟弟被官军抓住，押到闹市斩首了。李希烈悲愤不已，就派中使去诛杀颜真卿。

"敕书到。"中使一到颜真卿的住处就高声喊。

颜真卿以为是朝廷送来的敕书，忙上前拜了两拜。

"赐颜真卿死。"中使宣布。

颜真卿慨叹道："老臣没有办成事，的确该死。不知使者是哪天从长安出发的？"

"我从大梁来，不是长安。"中使漠然地看了他一眼，说道。

"呸！"颜真卿立刻起身痛骂，"一帮贼寇罢了，怎么能称敕令呢？"中使不由分说，勒死了他。

颜真卿死后，被德宗追封为司徒，谥号"文忠"。在此后两百多年的时间里，颜真卿成了忠正之臣的化身，直到宋朝以后，人们才渐渐通过他创下的"颜体"，再次走近他。人们常说，字如其人，颜真卿的楷书筋骨丰满、稳重雄浑，有"颜筋"之誉，一如他那临难不惧、忠正刚烈的铮铮铁骨。

---

① 即汴州。治所在今河南开封市。因临汴水故名。

成语学习①

誓 死 不 屈

发誓宁死也不屈服。形容很有气节。

造　句：	南宋名将文天祥被俘后，面对元军的威逼利诱，誓死不屈，还写下《过零丁洋》一诗表明自己的心迹，诗尾说："人生自古谁无死，留取丹心照汗青。"
近义词：	宁死不屈
反义词：	贪生怕死

【 络绎不绝 】

《资治通鉴·唐纪四十四》

源休以使回纥还，赏薄，怨朝廷，入见泚（cǐ），屏人密语移时，为泚陈成败，引符命，劝之僭逆。泚喜，然犹未决。宿卫诸军举白幡降者，列于阙前甚众。泚夜于苑门出兵，旦自通化门入，骆驿不绝，张弓露刃，欲以威众。

译 文

源休出使回纥归来，因朝廷赏赐菲薄而生怨，这时他入宫去见朱泚，屏退左右，秘密交谈了一段时间。源休为朱泚陈述古今成败之理，征引符命之说，劝朱泚称帝。朱泚大喜，但还犹豫未决。德宗的各支警卫队举起白旗归降朱泚的人，排列在宫门前，数量很多。朱泚在夜间由宫苑大门放出士兵，到天亮再由通化门进来，连续不断，往来不绝，剑拔弩张，想借此向百姓示威。

奉天保卫战

藩镇叛乱不仅没有平息，还愈演愈烈，大有要将大唐江山掀翻的态势。唐德宗又急又怒，就任命大将李勉为淮西招讨使，名将哥舒翰的儿子哥舒曜为副招讨使，带兵讨伐李希烈。

可是，官军一开拔，德宗就愁眉不展。根据原有制度，各道军队开出本道，一概由度支提供给养。德宗体恤将士，每当士兵出境时，都额外发给酒肉钱，士兵在本道的口粮仍然发给他们的家庭，一人可领三人的给养。算下来，朝廷每月要消耗一百余万缗军费，通常的赋税无法保证供给。

度支使赵赞迎合德宗的心思，向百姓征收间架税①和除陌钱②。间架税规定上等房屋征两千钱，中等征一千钱，下等征五百钱。除陌钱则规定不论公家或私人所给还是买卖所得的钱，官府都要截留一部分。凡是不配合缴纳的，杖责六十，罚款两千钱。百姓为此怨声载道。

翰林学士③陆贽（zhì）很担忧，上奏说："藩镇的叛乱并不可怕，真正的元凶只有四五个，其他人都是受胁迫跟着反叛的。只要发展农桑，减轻税赋，百姓日子好过了，就不会造反。臣最担心的是京城的安全。自从神策军随李晟出京平叛，长安的守备就相当薄

---

① 相当于今天的房产税。
② 类似于今天的交易税。
③ 凡任免将相、册立太子、号令征伐、宣布大赦等机要内命，皆由翰林学士起草，用白麻书写，其颁布不经过政事堂。一般由有文学才能的人担任。

弱，一旦有人趁机进攻，京城就危险了。要赶快追回李晟和神策军，并在京城周边加强防守。"

陆贽出身于江南望族，饱学聪慧，上通天文，下知地理，不到二十岁便考中进士。德宗听说他有富国安民之才，刚登基就任命他为翰林学士，经常向他询问朝政得失。可是眼下德宗正为军费焦头烂额，哪听得进他这番良言呢？

建中四年（公元 783 年），哥舒曜的军队进驻襄阳，被李希烈的三万人马包围，李勉派去救援的军队大败。襄阳是东都洛阳南面的屏障，一旦失陷，后果不堪设想。德宗只好征发泾原^①各道兵马前去援助。

泾原节度使姚令言带领五千士兵来到京城。当时正是寒冬季节，天空又下起了滂沱大雨，士兵们只能冒雨前进。很多人都带着自家子弟，希望得到丰厚的赏赐，他们长途跋涉，一路又冷又累，结果来到京城后，却什么也没有得到。

第二天，士兵们带着一肚子怨气向前线开拔，走到京城附近的浐水河畔时，停下来吃饭。可是，端上来的都是冰冷的粗米饭和菜饼，令人难以下咽。士兵们积攒的怨怒犹如一座火山，瞬间爆发了。有人一脚踢翻了饭菜，大声说："我们就要上阵杀敌了，却连口饱饭都吃不上，凭什么让我们拿自己的小命往雪白的刀刃上撞呢？人们都说皇上内库里的金银锦帛装得满满的，我们不如一块儿去取吧。"见有人挑头，士兵们都跟着叫嚣道："对，大家都去取！"说完便掉转头，擂鼓呐喊，向京城开去。

姚令言入朝辞行，此时还在宫中，一听说此事，就疾驰回军，途中与士兵们相遇。有士兵用箭射姚令言。姚令言伏在马背上，一

---

① 唐朝的藩镇，管辖泾、原二州，治所在今甘肃泾川北。

边闪躲一边疾呼："诸位，你们打错主意了！这次东征，只要立功，还愁没有富贵吗？怎么做这种满门抄斩的事情呢？"士兵们不听，挟持着他向京城奔去。

"给每人两匹锦帛，让他们别闹了！"德宗心烦意乱，派了一名使者前去安抚。

"都什么时候了，竟然想用两匹布糊弄我们！"士兵们听了，更加愤激，一刀杀死使者。

"到内库取二十车金银锦帛，赏赐给他们。"德宗有点儿慌，又下令道。

然而，一切都来不及了。乱兵已经涌入城内，百姓惊惶而逃。乱兵高喊着阻止他们："大家不必恐慌，我们要拿的是内库里的钱财，不会向你们征收间架税和除陌钱的！"百姓一听，都不跑了，站在那里围观。德宗只好派翰林学士姜公辅等人出去劝慰，可乱兵已经在丹凤门外结成阵列。

慌乱中，德宗想到神策军使白志贞前不久招募过禁兵，就下令："快，召集禁兵！"

谁知竟然没有一个禁兵前来。原来，白志贞招兵时，收受市井商人的贿赂，将他们的名字写在军籍里，享受禁兵的待遇，其本人却还在市场上做买卖。司农卿段秀实曾经提醒过德宗："禁军不精良，一旦有突发事件，将无法防御。"德宗当时不听，这会儿真是追悔莫及。

不多时，乱兵就杀进宫来，德宗在窦文场、霍仙鸣等一百多名宦官侍从的护卫下，从北门出逃。

跑到禁苑时，姜公辅挽住德宗的马缰，说："太尉朱泚曾经担任过泾原军的统帅，因为弟弟朱滔谋反，他受牵连赋闲在京，心里一直不高兴。陛下既然不能推心置腹地对待他，不如将他杀掉，不要留下后患。否则，如果哗变的士兵拥戴他为首领，那就很难控制了。"

"来不及了！"仓促之间，德宗没有考虑他的话，随手挥鞭抽马，一阵风似的逃出京城，成为继玄宗、代宗之后，第三个逃离京城的大唐皇帝。

乱兵冲进含元殿，到处找不到皇上，有人就喊道："天子跑了，大家尽情发财吧！"众人欢呼着冲进内库，争抢金银锦帛，直到拿不动才停下来。那些心怀怨恨的百姓也趁机进入宫中，盗取物品。没能进入库房的人，便在路上抢劫。

姚令言见士兵们闹得太过火，知道德宗无论如何都不会放过自己，就与乱兵商议："现在大家没有主心骨，长久不了，不如一起拥戴朱太尉吧。"大家都同意，派出几百人去接朱泚。

半夜，朱泚在众人的簇拥下，进入宫中，在白华殿住下。有个叫源休的大臣，曾出使回纥，回来后怨恨朝廷赏赐少，这时便主动来见朱泚，劝他称帝。两人密谋了一夜。

次日，朱泚发布告示："我已经接管了六军，城中的禁兵尽快向我报到，违者一律斩首。"很快，禁兵都举起白旗归降朱泚。到了晚上，朱泚由宫苑大门放出禁兵，天亮时再由通化门进来，络绎不绝，剑拔弩张的，想借此向百姓示威。

而德宗一行已经逃到咸阳。卢杞、关播、白志贞、陆贽等大臣也跑出长安，追了上来。经过商议，德宗抵达奉天城，并召集邻近各道兵马勤王。

有大臣进言道："听说朱泚被乱兵拥立，他肯定会攻打奉天，我们应早做防备。"

卢杞却咬牙切齿地说："朱泚的忠贞，满朝文武没有人比得上，你怎么能说出这样的话呢？臣愿以全家一百口人的性命，担保朱泚不会造反。"德宗也认为如此。

然而，现实很快就狠狠地抽了德宗一记耳光：朱泚在长安称帝，国号大秦，并亲率大军打到奉天来了。好在守将浑瑊忠心耿耿，率领将士们殊死抵抗，朱泚围困了一个月都没能攻克奉天城。

这时，城中的物资耗尽，有个善于行走的人打算出城察看敌情，请求德宗给他一套御寒的厚衣服。德宗让人四处寻找也没找到，最后只好难过地打发他去了。当时供给德宗的粮食，也只剩两斛粗米，负责膳食的官吏只能乘夜攀绳索出城，挖蔓菁根献给德宗。

眼见奉天就要被攻陷，德宗召集众人，自责道："都是朕无德无能，才酿成大祸。诸位没有罪过，最好早点儿投降，还能保全自己和家人的性命。"大家都感动得涕泪直下，发誓竭尽全力守城。

万般煎熬中，终于传来援军的消息！朔方节度使李怀光率领五万人马到达河中，神策军将领李晟和他的一万兵士抵达东渭桥，骆元光、尚可孤等将领也分别率部抵达。众将对长安形成包围之势。

朱泚担心长安失守，便加紧进攻奉天。他命人制作了一种攻城云梯，长宽各有数丈，外面包裹着厚实的牛皮，下面安装着巨大的轮子，梯上可以容纳勇士五百人。城里的人见了，十分畏惧。

德宗也很着急，问浑瑊怎么办。浑瑊说："这种云梯非常笨重，容易下陷。我们可以迎着云梯的来路挖地道，再找来柴草、膏油、松脂等物，用火攻。"

叛军也料到官军会用火攻，几天后，他们推出云梯，只见上面不但包裹着浸湿了的毡子，而且悬挂了很多水袋。云梯两侧还用兵车遮护着，里面安置了很多士兵，他们抱柴背土，负责填平壕沟，配合云梯上的勇士向前冲锋。当时北风正紧，城内投出的火把、乱箭、飞石根本伤不到他们。很快，就有人顺着云梯爬上城墙，接着，叛军如潮水般涌上来。

奉天城内，君臣相对而泣。浑瑊抹了一把眼泪，说："陛下，请让臣募集敢死队消灭这帮逆贼。"

德宗听了，当即写了一千余份空白的官职委任状给他，还说："朕把御笔赐给你，你根据勇士的立功大小，在上面填上名字加以委任。如果这些不够，便写在此人的身上，战后再给委任状。"顿了顿，他又悲切地说："爱卿，永别了！"

浑瑊趴在地上，泪流满面，德宗上前抚摸着他的后背，抽咽不已。很快，浑瑊募集了一队勇士，擂鼓呐喊，冲上城墙与叛军展开肉搏战。激战中，浑瑊身中乱箭，却仍然奋力砍杀，叛军吓得双腿发软，一个接一个滚落城墙。勇士们也杀红了眼，挥舞着大刀，一个倒下了，另一个就替上去，有的被砍得血肉模糊，还死死地抱着手中的刀。可是，叛军仍源源不断地从云梯爬上城墙，勇士们支撑不了多久了……

"轰隆隆！"突然一声巨响，云梯压到地道，轮子偏倒陷落，动弹不了了，火苗从地道中蹿了出来，大风也突然往回吹。

"烧死他们！"城上的人当机立断，在芦苇火把上撒上松脂，浇上膏油，点燃后投出城去。不一会儿，云梯和梯上的叛军都烧着了，散发的焦臭气味，数里以外都可以闻到，叛军只好后退。

当天夜里，心有不甘的朱泚再次发起猛攻，有一支箭落到德宗面前三步远的地方，把他吓得脸都白了。

就在这危急关头，朔方节度使李怀光赶来，击败叛军，朱泚狼狈地逃回长安。奉天城内的将士们都拍着胸脯庆幸："倘若李怀光晚来三天，奉天城便失陷了。"

成语学习①

络绎不绝

原文为"骆驿不绝"。意思是连续不断，往来不绝。形容行人车马来来往往，接连不断。

造　句：	每到秋季，北京的香山漫山遍野都是红叶，如同一簇簇燃烧的火苗，前来观赏的游人络绎不绝。
近义词：	川流不息、纷至沓来、比肩接踵
反义词：	门可罗雀、稀稀落落、路断人稀

---

① 这个故事的原文里还有成语"有备无患"（事先有准备，就可以避免祸患）。

【 独当一面 】

成语说
资治通鉴

《资治通鉴·唐纪四十六》

李怀光既胁朝廷逐卢杞等，内不自安，遂有异志。又恶李晟独当一面，恐其成功，奏请与晟合军；诏许之。晟与怀光会于咸阳西陈涛斜，筑垒未毕，泚众大至。

译 文

李怀光胁迫朝廷贬逐卢杞等人以后，内心不能自安，遂有反叛朝廷之念。李怀光又憎恶李晟能独立撑起局面，唯恐他有所建树，便上奏请求与李晟合兵。德宗颁诏答应了他的请求。李晟与李怀光在咸阳西面的陈涛斜会师，营垒还没有修筑完毕，朱泚的军队就大批开到。

天子写检讨

奉天之危虽然解除了，但是由德宗试图削藩引发的大地震远未结束，中原大地到处烽火连天，甚至比安史之乱时还要厉害。对于德宗而言，当务之急是派一名得力干将夺回长安。他想到刚刚解救奉天的朔方节度使李怀光，打算召见他，并委以重任。宰相卢杞一听，吓得魂飞魄散。

原来，李怀光立下大功之后，天天盼着德宗召见，还对左右说："现在天下这么乱，都是卢杞、赵赞等奸臣的错！他们邪恶谄媚，才害得天子流离失所。等我见到天子，一定要奏请天子杀了他们！"

卢杞决心阻止这次见面，便对德宗说："李怀光已经吓得朱泚破了胆，再命他乘胜攻取长安，一定势如破竹。假如陛下现在召见他，必然要设宴赏赐，一拖就是好几天，这就给了敌军充分的时间防备，到那时恐怕难以图谋了！"

"爱卿说得极是！"德宗点点头，下诏要李怀光直接屯驻便桥，与李晟、渭北节度使李建徽、神策兵马使杨惠元一起攻取长安。

"我千里迢迢奔赴国难，立下不世功勋，如今近在咫尺，皇上却不召见我！一定是卢杞在背后捣鬼！"李怀光既委屈又恼怒，率军离开奉天，走到半路就驻扎下来，上表要求严惩卢杞等人。大臣们也议论纷纷，归罪于卢杞等人。

德宗迫于压力，只好将卢杞、赵赞等人贬官。群臣为之振奋，翰林学士陆贽却觉得德宗做得还不够，就上书说："如今天下乱到这种程度，根源在于奸臣当道，但陛下也有用人不当的过失。陛下把卢杞等人贬官，已经表明改过的决心，如果再颁发一份'罪己诏'，诚恳地向天下百姓认错。我相信，那些叛逆之人会洗心革面，祸乱也会很快平息。"

当初仓皇逃亡奉天，已经让德宗颜面扫地，苦守奉天近一年，又差点儿让朱泚逼得身死国灭，可谓受尽磨难。现在陆贽竟然要他向天下人认错！德宗一时难以接受，可是，在沉痛的现实面前，他又不得不这么做，琢磨了半天，他勉强写了一份诏书。

陆贽一字一句读完，说："从这份诏书来看，陛下悔过之心不深刻，承担罪责的言辞也不详尽，能起到什么作用呢？现在局势失控，陛下只有拿出诚意，满足各方的诉求，才能消除民怨，使天下归心。"随后，他提笔帮德宗写了一份草稿。

德宗读了，深受震动，他放下帝王的自尊，重写了一份诏书。开篇他历数了自己的过错，还谦虚地自称"小子"："小子生怕自己的德行不能继承祖先的业绩，所以从不敢懈怠荒唐。但是，因为朕成长于深宫，不懂播种庄稼的艰辛，不体恤征战士兵的劳苦，百姓无法享受朝廷的恩泽，朝廷不知道百姓的心声，终于导致了战乱。征调兵马，遍及四方，转运粮饷，连绵千里，百姓生死无定，流离失所。上天的谴责，朕不省悟；百姓的怨愤，朕不知道。朕对上连累了列祖列宗，对下辜负了黎民百姓，心中痛切，脸上惭愧，所有罪责都在朕一个人身上。"

接着，德宗宣布赦免李希烈、田悦、王武俊、李纳、朱滔的罪行，恢复他们的爵位，以此孤立、分化朱泚。随后，德宗又承诺对参与奉天救驾的功臣、将士及其家属，均给以加封、抚恤和赏赐。最后，他宣布立即免除间架税、除陌钱等杂税。

这份罪己诏情真意切，因此颁下之后，百姓欢欣鼓舞，即便是骄横的将领、凶悍的士卒听了，也无不感动得掩面而泣。一时间，叛军军心动摇，许多将士或逃跑，或投降朝廷。

当初王武俊、田悦、李纳起兵，目的是逼迫朝廷承认藩镇割据的现状，而不是想要推翻李唐，现在目的达到，没必要再闹下去了，便都主动免去了王的称号，上表向德宗认罪。朱滔在几个月后也认清现实，步其后尘。只有李希烈仗着兵力强盛，继续与朝廷对抗。

李怀光读了诏书，知道没有理由继续滞留，可是一想到自己胁迫天子贬逐了卢杞等人，心里就不安，生怕收复长安之后，德宗给自己来个秋后算账。他越想越惶恐，竟萌生反意。而要造反，必须除掉足以独当一面的神策军使李晟。

李晟勇武绝伦，骑射高超，人称"万人敌"。每次作战，他都身穿锦制皮衣，头戴绣花彩帽，亲自在阵前指挥。李怀光曾经问他："身为将帅，应当低调行事，你总是穿得这么招摇，不怕成为敌人的攻击目标吗？"李晟笑着说："我就是想让敌人认出我来，让他们感到害怕！"李怀光听了，从此对他心生忌惮。

于是，李怀光上奏说："臣请求与李晟等人合兵一处，集中优势兵力，一举消灭朱泚！"德宗爽快地答应了。这样一来，李晟、李建徽、杨惠元的兵马都归李怀光统辖了。

几天后，李晟与李怀光在咸阳西面会师，还没修好营垒，朱泚的大军就开到了。李晟立即请战，李怀光却说："我们的军队刚到，战马还没有喂料，士兵也还没有吃饭，哪能匆匆接战呢！再等几天吧！"

结果，这一等就是好几个月，李怀光一直没动静。李晟心生疑虑，派人暗中打探，发现李怀光竟然与朱泚打得火热！李晟心知不妙，一旦李怀光叛变，最先遭殃的就是自己的神策军。他上奏向德宗说明情况，请求率军转移到东渭桥。德宗不信，便压下奏章没批，只是派了名使者前去催李怀光进军。

这下，李怀光找到一个借口，对使者说："现在神策军的供给丰厚，朔方军所发的粮食却相当微薄，将士们都一肚子怨气，这样上前线，恐怕还没打就败下阵来。"

神策军是朝廷禁军，待遇确实比其他军队高。可是，若按神策军的标准供给李怀光军粮，其他各镇军队只能喝西北风了。怎么办呢？德宗想了一晚，决定派陆贽到李怀光营中安抚将士，并让李晟参与商议粮饷供给之事。

李怀光想让李晟自己提出削减供给，以此激怒将士，使他失去军心，便说："朔方军与神策军一样为国征战，待遇却天差地别，将士们怎么能齐心合力呢！"

陆贽深知他的用意，不方便表态，就朝李晟眨了眨眼。李晟马上恭顺地对李怀光说："您是全军主帅，我的军队也要听命于您。至于军粮供给是增是减，全由您裁定！"

说得漂亮！陆贽暗自喝彩，又瞥了一眼李怀光。李怀光无可辩驳，又不愿由自己来削减神策军的供给，此事便搁置了。

陆贽在军中待了几天，发现李怀光果然举动异常，便回去报告了德宗。德宗这才同意李晟分兵出去。

李晟的军队刚走，恼羞成怒的李怀光就派人夜袭李建徽、杨惠元，吞并了他们的军队，随后宣布与朱泚联手对抗朝廷。德宗再次踏上流亡之路，前往梁州 ①，离开之前，他将克复长安的重任交给了李晟。

在朱泚、李怀光、李晟这三支军队中，李晟实力最弱。李晟担心李怀光联合朱泚来攻，就给他写信，措辞十分谦卑，还规劝他建

---

① 治所在今陕西汉中市。

树功劳，弥补过失。李怀光读后羞愧难当，竟不忍心攻打李晟。朔方将士原是郭子仪一手带出来的军队，本就对李唐忠心耿耿，现在见李怀光优柔寡断，便纷纷背离。

朱泚原以为李怀光兵强马壮，可以倚靠，才跟他称兄道弟，约定与他分别在关中称帝，现在见他不得人心，势力日薄，态度来了个一百八十度的转弯，不仅把他当臣属对待，还要征调他的军队。李怀光羞愤难当，既担心部下作乱，又害怕李晟偷袭，索性烧掉营房跑了。

李晟大喜，将兵马布成巨大的阵列，对将士们说："走，我们去收复长安！"

朱泚获悉后，经常派人刺探李晟的行军进度，但每次这些探子都被官军俘虏。这天，李晟领着这些俘虏，让他们看自己的军阵，并说："回去告诉朱老贼手下的每一个贼兵贼将，让他们卖力坚守，千万不要背叛朱老贼哦！"说完，请他们喝酒，又给了些钱，打发他们回去。

兴元元年（公元784年）五月底，李晟率军抵达长安附近的米仓村，他正指挥将士们修筑营垒，朱泚的骁将张庭芝、李希倩就前来挑战。

"哈哈哈，"李晟对部将说，"起初我还担心贼军躲起来，现在他们赶来送死，这是上天助我，马上出战！"官军迅速结阵，很快击溃张、李二人。

第二天，李晟乘胜进攻，又取得胜利。朱军连战连败，士气相当低落。第三天，李晟召集全部人马，向宫城发起总攻。叛军将领姚令言见状，带队奋力抵抗。

"唐良臣，带着步兵、骑兵逼近他们！"随着李晟一声令下，将领唐良臣率领一支军队冲了出去。十几个回合之后，姚令言撑不下去了，退到白华门。

突然，朱泚的数千名骑兵挥舞着长枪从背后偷袭官军。李晟一见，亲自带着一百多名骑兵冲出来抵挡他们，并让大家高呼："李晟来了！"敌军回头一看，见一个衣着鲜亮的将领正张弓搭箭，顿时惊惶四散。朱泚和姚令言只好领着残部向西面逃跑，半路上被部将杀死。

李晟顺利克复长安后，立即派人向德宗报捷，请他返回京城。德宗流着泪说："上天让李晟降生，是为了国家，而不是为了朕啊！"

一年后，李怀光兵败，死于部将的屠刀下。又过了一年，李希烈在河东节度使马燧等人的围剿下，败退淮西，后被部将陈仙奇毒死。这场险些导致唐朝亡国的叛乱终于平息。

从此，德宗对藩镇的态度也由强硬的武力征服转为姑息放纵，节度使在自己的藩镇里拥有绝对的权威，尤其是河朔三镇——魏博、成德和幽州，实力最雄厚，也最不受朝廷控制，以致时间一长，藩镇的百姓都忘了自己是大唐的子民。

成语学习

独 当 一 面

单独负责一个方面的工作。

造　句：	当年他还是一个少不更事的孩子，经过数年的磨炼，已经可以独当一面了。
近义词：	独立自主、自力更生
反义词：	仰人鼻息

〖 全军覆没 〗

《资治通鉴·唐纪四十八》

又谓马燧之侄异曰："胡以马为命，吾在河曲，春草未生，马不能举足，当是时，侍中渡河掩之，吾全军覆没矣！所以求和，蒙侍中力。今全军得归，奈何拘其子孙！"

译 文

尚结赞又对马燧的侄子马异说："胡人视马为命。我在河曲时，春天的草木还未萌生，马匹饿得抬不起脚来。当时，如果马侍中渡过黄河袭击我们，我们整个军队就会消灭。这次我们向唐朝请求和好能够成功，全赖马侍中从中出力。今天我们全军得以回来，怎么能够扣留他的子孙呢！"

尚结赞一石三鸟

贞元元年（公元785年）八月，吐蕃大论尚结赞大规模侵犯泾州、陇州、邠州、宁州等地，西部边境骚动不安。九月，吐蕃的游动骑兵到达好畤，民间传说德宗准备再次出逃，以躲避吐蕃人。

所谓无风不起浪，德宗确实有逃跑的打算，不过他最终还是克制住这一冲动，理由很简单：首先，他已经丢下长安逃过一次，虽然平安归来，然而丢失的尊严再也找不回；其次，他也不可能每次都那么幸运，逃了还能回来；第三，兵马副元帅李晟等人正在前线抵御吐蕃人，如果能打胜仗，那他就不必再次出逃。

的确，被德宗寄予厚望的李晟早就进驻凤翔。这天，他召来麾下骁将王佖（bì），命他带领三千精锐前往吐蕃必经之地汧（qiān）城①埋伏，并告诫说："吐蕃军队经过城下时，不要向他们的先头部队发起攻击。因为尽管他们被打败了，但是后面的部队战斗力很强，你还是难以抵挡的。正确的做法是耐心等他们的先头部队开过去，当看到军中竖着五方旗，将士穿着虎豹衣的部队时，这便是他们的中军了，此时你出其不意地进击，一定能大获全胜。"王佖依计而行，果然击败吐蕃中军，可惜唐军将士不认识尚结赞，所以他得以幸免。

尚结赞逃出老远，还心有余悸。平静下来后，他对吐蕃将士说：

---

① 在今陕西陇县境内。

"唐朝的良将，只有李晟、马燧、浑瑊三人罢了，只要用计除掉他们，我们就可以在中原横着走了。"几天后，他率领两万人马进入凤翔境内，并一反常态地禁止将士掳掠。

来到城下时，尚结赞高喊道："李令公①既然请我来，为什么不出城犒劳我们呀！"

城头的将士莫名其妙，报告给李晟。李晟冷冷一笑："尚结赞这是在玩反间计呢！不过，这水平太拙劣了吧。"部将们哄笑起来。

尚结赞巴巴地等了一夜，城中没有半点儿动静，他知道李晟识破自己的用心，只好离开凤翔，转而攻陷盐州、夏州、银州等地，然后驻扎在鸣沙县，准备休整后再出兵。

转眼到了第二年春天，寒风依旧撕扯着大地，枯草还没吐露新芽，吐蕃人的羊马多数饿死，粮食也供给不上，尚结赞成天坐在帐中，愁眉不展。

"报！马燧正在逼近我们！"

"报！浑瑊、韩游瓌的部队马上抵达鸣沙！"

"报！李晟率军攻克了我们的摧沙堡②，杀死守堡大将，还将堡内物资烧得精光！"

消息一个比一个坏，尚结赞望着面黄肌瘦的士卒，十分恐惧，连忙派使者前往长安，向德宗求和。

"做梦！"德宗这下有底气了，干脆把使者轰走了。

很快，马燧、浑瑊、韩游瓌的部队对鸣沙形成包围之势，尚结赞心知硬碰硬不是唐军的对手，就又派使者带着丰厚的礼物，以谦卑的辞令向马燧求和，还说："只要会盟，我们马上归还盐州和夏州。

---

① 指李晟。
② 在今宁夏固原西北。

不动刀兵就能收复失地，多好的事！马燧动心了，下令暂停进攻，还替尚结赞向朝廷请求和解。想到能收回失地，德宗的态度也软下来了，马上召集文武大臣商议。

"吐蕃人一向不讲信用，应当继续进攻他们。"李晟态度强硬。

时任邠宁节度使的韩游瓌也是主战派，他说："吐蕃人一向狡猾，弱则求盟，强则来犯。这个时候他们求和，一定有诈！"

"对，这次要把他们打服！"宰相韩滉（huàng）也同意李、韩二人的看法，还对德宗说："这次李晟等人需要的物资粮食，全包在臣身上。"

韩滉兼任江南转运使，曾数次调发粮帛支援深陷战争泥淖的朝廷，深受德宗倚赖。听了他的话，德宗像吃了定心丸，立即回复马燧："拒绝和解，攻打鸣沙。"

马燧不甘心，坚持请求与吐蕃使者一同入朝，准备和李晟等人当堂辩论。恰在这时，说话最有分量的韩滉突然病逝，而另一位宰相张延赏与李晟有过节，便极力支持马燧。在马燧与张延赏的劝说下，德宗同意和吐蕃在清水①会盟，还免了李晟的兵权，扔给了他一个冠冕堂皇的理由："为了天下苍生，朕决定与吐蕃和谈。既然你与吐蕃有结怨，就不适合再到前线去了。"

尚结赞因此转危为安，顺利撤出鸣沙，返回边境休整，并准备与唐朝会盟。

距离会盟的日子越来越近了，尚结赞突然提了一个要求："我们吐蕃人熟悉浑瑊侍中，知道他忠诚可靠，这次由他主持会盟吧。"德宗答应了。

没过几天，尚结赞又派使者前来说："清水不是一个吉祥地方，

---

① 今甘肃清水。

请在原州的土梨树会盟。举行仪式后，我们马上归还土地。"德宗又同意了。

神策军将领马有麟觉得不对劲，上奏说："土梨树一带地势凶险，恐怕吐蕃人会在那里设下伏兵，不如改在平凉会盟，那里一马平川，相对安全。"德宗觉得有理，派人追上吐蕃使者，告诉他这一决定。

浑瑊等会盟使者从长安出发时，群臣都来送行。李晟郑重地告诫浑瑊："我在边境成长，深知吐蕃人狡诈，你要在会盟地点做好严密防备。"

这话被张延赏听到了，他转身就向德宗打小报告："李晟一心想和吐蕃交战，再立军功，所以才那样叮嘱浑瑊。臣担心万一我们流露出怀疑吐蕃人的迹象，吐蕃人也会怀疑我们，那会盟还怎么能够成功呢？"德宗皱了皱眉，立即召来浑瑊，要他对吐蕃人以诚相待。

说来也怪，自浑瑊走后，德宗的眼皮一直跳个不停，一想到马有麟的话，他就有一种不祥的预感。"万一吐蕃人真的耍阴谋呢？"德宗心慌意乱，忙命名将骆元光驻扎在潘原，韩游瓌驻扎在洛口，万一情况有变，可以作为浑瑊的应援。

潘原距离会盟地点平凉近七十里，骆元光觉得太远，自作主张地挨着浑瑊的军营驻扎，并命人挖壕堑，扎栅栏，还在营地西边的密林里设下伏兵。韩游瓌也派来五百骑兵，在骆元光的附近埋伏下来。

会盟的这天，双方都派出三千名身着铠甲的将士，排列在坛场的东西两侧，随后又各选四百位身着常服的将士来到坛场下面。

尚结赞见了浑瑊，满脸堆笑地说："会盟开始前，我们应各派几十名流动巡逻的骑兵到对方军营，检查有没有异常。"浑瑊想起德宗的叮嘱，爽快地同意了。

吐蕃的骑兵来到唐朝军营，在里面穿来穿去，如入无人之境。而唐朝的骑兵刚踏进吐蕃的军营，就遭到吐蕃兵的袭击，被五花大绑起来。

利刃已经架在脖子上，浑瑊却一无所知，仍按和盟的程序走入帐幕，更换礼服。他刚脱下外衣，就听到吐蕃军营擂鼓三声，接着是山呼海啸般的喊杀声，埋伏在坛场西边的数万吐蕃精锐迅速冲进唐军的帐幕中，杀死唐使宋奉朝等人。

浑瑊到底是武将出身，反应迅速，他从帐幕后边蹿出来，跃上一匹别人的马，奔驰了十余里地。一路上，乱箭"嗖嗖嗖"地从后面呼啸而来，所幸他毫发无伤，可回到营地一看，帐内空无一人，而追兵已至。危急时刻，骆元光的伏兵列阵而出，护卫浑瑊回到唐军大营。吐蕃骑兵正想冲上前去，却被韩游瓌的骑兵杀得人仰马翻，吐蕃将领怕退路被截断，便退兵而去。

而其他唐军将士就没浑瑊这么幸运了。尚结赞对他们杀的杀，捉的捉，兵部尚书崔汉衡也被吐蕃骑兵擒获。

与此同时，唐朝的皇宫内却张灯结彩，德宗正大宴群臣。他的心情许久都没有这么舒展，脸如春风吹皱的池水，荡漾开一圈一圈的笑纹。他举着酒杯，对大家说："今天与吐蕃讲和，停止战争，这是国家的福气啊！"

"陛下圣明！"马燧、张延赏率群臣向德宗道贺。

正在这时，平凉的加紧奏章送到，德宗喜滋滋地接过，当读到"吐蕃劫盟，兵锋直指临近的州镇"时，他的笑容凝固了，手不住地颤抖，悔恨、愤怒、屈辱一齐涌上心头。

德宗的种种反应，远在千里之外的尚结赞早就料到，此刻他正扬扬得意地接见被俘的唐朝使臣。他先走到崔汉衡面前，傲慢地说："我特地铸造了一把金枷锁，准备囚禁浑瑊，将他献给我们的赞普。

没想到让他跑了，反而抓住你们这些没用的人。"

尚结赞见马燧的侄子马弇也在其中，就和颜悦色地对他说："胡人视马如命。今年春天我在河曲时，草木还未萌生，马匹饿得抬不起脚来，幸亏你的叔父马燧将军放过我们。如果当时他渡过黄河袭击我们，我们肯定会全军覆没！这次会盟能够成功，全赖马将军从中出力。现在我军得以全身而退，怎么能够扣留他的亲人呢！"说着，亲手解开马弇身上的绳索，让他与宦官俱文珍等人一起回国，而将崔汉衡等人关押起来。

德宗听说了尚结赞的话，就罢免了马燧的官职。

这回，轮到吐蕃人杀牛宰羊庆贺了。尚结赞巧施连环计，先使德宗失去对李晟的信任，免其官职，再通过马燧向朝廷求和，最后借捉拿浑瑊出卖马燧，使二人一起受罚，而除去此三人，他就能放纵兵马侵犯长安。计划的每一步都得到完美实施，只有浑瑊的逃脱让他感到遗憾，然而，这已经值得他开怀畅饮了。

酒足饭饱，尚结赞又派人送崔汉衡回国，并再次求和，遭到德宗的断然拒绝。尚结赞便侵犯陇州一带，劫掠了数万百姓，逼迫他们成为吐蕃的奴仆。

宰相张延赏既惭愧又恐惧，推托有病，不再处理朝中事务。而唐朝正值多事之秋，不能没有得力的辅臣，德宗便准备请一位奇人担任宰相。

成语学习

全军覆没

整个军队全部被消灭。比喻事情彻底失败。

造　句：	这次期中考试，王萌萌没有复习，以致全军覆没，各门功课都不及格。
近义词：	一败涂地
反义词：	得胜回朝

【 苟合取容 】

《资治通鉴·唐纪四十九》

上曰:"卿以和回纥为是,则朕固非邪?"对曰:"臣为社稷而言,若苟合取容,何以见肃宗、代宗于天上!"上曰:"容朕徐思之。"自是泌凡十五余对,未尝不论回纥事,上终不许。泌曰:"陛下既不许回纥和亲,愿赐臣骸骨。"

译文

德宗说:"你认为与回纥和好是对的,那朕当然是错的了?"李泌回答说:"臣是为国家讲这番话的。倘若臣苟且迎合,以取悦陛下,让臣将来怎么去见肃宗和代宗呢!"德宗说:"让朕慢慢想一想吧。"自此以后,李泌大约奏对了十五次以上,没有一次不谈论有关回纥的事情,但德宗始终不肯答应。李泌说:"既然陛下不肯答应与回纥和好,希望准许臣退职。"

反吐蕃大联盟

德宗任命的新宰相名叫李泌，是肃、代、德三朝举足轻重的人物，一生充满传奇色彩。

李泌博学多才，谋划事情，从来没有失算过，他还擅长研究《易经》，经常在嵩山、华山等地修仙问道。玄宗时，他以布衣的身份与当时还是太子的肃宗结交。肃宗在灵武即位后，马上召李泌到身边，事无大小都征求他的意见。后来两京收复，李泌入宫参议国事，外出随车伴驾，观看的人都说："穿黄衣服的是皇帝，穿白衣服的是隐士。"宦官李辅国等人因此忌妒李泌，李泌怕招来祸患，主动归隐衡山。

数年后，代宗即位，又召李泌入朝，还在宫中的蓬莱殿旁边为他修建了书院。代宗经常穿着汗衫、趿着鞋过去看他。几年后，当权的宰相元载因为李泌不肯依附自己，将他赶出京城。但李泌仍然不远千里向代宗提建议，而代宗总是采纳。

德宗登基后，爆发了泾原兵变，危难之中，德宗召李泌至奉天，每天与他商议政事。后来迫于局势，德宗命李泌出任陕虢观察使，君臣联系仍然相当频繁。所以尚结赞平凉劫盟，唐蕃关系跌入冰点后，无计可施的德宗立即拜李泌为相。

这天，新宰相李泌和李晟、马燧、柳浑等大臣一起入朝。德宗温和地对李泌说："朕知道，过去你受了很多委屈。现在你当权了，朕想与你约定一件事：对曾经迫害你的人，你千万不要报复；对有恩于你的人，由朕来替你报答。"

李泌上前一步，躬身施礼，朗声道："臣一向遵奉道教，是不会与他人结仇的。过去陷害过臣的人，如李辅国、元载，都自行倒台了。平素与臣交好或对臣有大恩惠的人，有的已经显达，有的则已衰落，臣对他们是没有什么可报答的了。"

德宗大感意外："即便如此，那些对你有小恩惠的人，也是应当报答的呀。"

李泌点了点头："今天臣也想与陛下约定一事，可以吗？"

德宗笑容可掬地说："当然！"

"希望陛下不要加害功臣，"李泌瞥了德宗一眼，见他仍然面带笑意，便继续说道，"李晟、马燧是国家的大功臣，可现在外面有不少关于他们的流言蜚语，虽然以陛下的圣明，肯定不会听信，但是，今天臣仍当着他们的面讲这些话，是希望他们不要因此而担忧。"

听了这话，德宗若有所思。李泌见状，又道："万一陛下加害他们，全军将士都会愤慨、不安，恐怕过不了多少日子，变乱就会再次发生！只要陛下能够坦诚对待他们，天下肯定太平无事。"

德宗深受感动，说："爱卿说的是国家的根本大计啊！朕会牢记于心。"

一直诚惶诚恐的李晟和马燧这时都站起身来，哭着表示感谢。

不久，德宗又把李泌召来，问他如何对付吐蕃。李泌说："臣有一计，可以不动兵刀，使吐蕃自陷困窘之中。"

德宗眼睛一亮，催促李泌快讲。李泌却慢腾腾地说道："只有等到时机成熟，才可以计议此事。"无论德宗怎么追问，他就是不说。

其实，李泌想成立一个反吐蕃联盟，即北和回纥、南结南诏[①]、

———————————

[①] 云南白族和彝族的先民联合境内其他民族建立的政权，居住在滇池和洱海一带。

西联大食①与天竺，使吐蕃四面树敌，这个计划中最关键一环是北和回纥。问题是，每次提到回纥，德宗都恨得牙痒痒。

这事要追溯到安史之乱时，那会儿还是雍王的德宗奉命出镇陕州，恰好回纥的牟羽可汗前来赴唐朝国难，也驻扎在陕州。出于外交礼节，德宗前往回纥大营见牟羽。当时牟羽与代宗结为兄弟，牟羽便以此为由，要求德宗行子侄的拜舞大礼。德宗的僚属药子昂、韦少华等人据理力争，称德宗是大唐储君，不应行此大礼。牟羽大怒，命人痛打药子昂、韦少华等人。牟羽的母亲闻讯前来，斥退左右，亲自捧着貂裘向德宗道歉。当晚，韦少华等人伤重而死。李泌深知此事在德宗心中留下了巨大的阴影，因此不肯说出自己的计划。

贞元三年（公元 787 年），吐蕃联合羌族和浑族，大规模地掳掠中原百姓，唐朝边将向朝廷索要战马。而河西等产马之地已被吐蕃掌控，马匹只能高价向回纥购买，偏偏这些年战乱频仍，国库已经见底，朝廷拿不出钱买马。

李泌见德宗愁得白发都爬上两鬓，才顺势提出自己的计划：“陛下如果采用臣的策略，几年以后，马匹的价格便只是现在的十分之一了！”

德宗将信将疑：“怎么能做到呢？”

李泌却避实就虚：“贤明的君主总是心怀国家大计，不惜在一定程度上委屈自己，顺从别人。”

见德宗猛点头，李泌将计划和盘托出：“如果我们能做到北和回纥、南结南诏、西联大食与天竺，吐蕃便会日益困窘，战马也容易得到了。”

听到“回纥”二字，德宗的脸立即拉下来，说：“南诏、大食、

① 唐朝时对阿拉伯帝国的称呼。

天竺这三国，完全没问题，至于回纥，免谈！"

李泌叹道："臣早料到陛下会是这个态度，所以之前不敢说。刚才陛下表示能以国家为重，臣才斗胆说出。其实，在这几个国家中，联合回纥才是最关键的。"

德宗愤愤地说："回纥你提都别提。"

李泌回道："臣虽然占着宰相的职位，而军国大计的裁决，完全取决于陛下，但是，哪至于不允许臣讲话呢！"

德宗脸上的表情稍稍缓和了些，他说："其他都完全听你的，至于回纥，最好等待朕的子孙去解决。"

为了尽快解开德宗的心结，李泌直接挑明："陛下莫不是还记恨当年的陕州之耻？"

一提陕州，德宗就血往头上涌，他咬牙切齿地说："韦少华等人蒙羞而死，朕永远不会忘记。要朕和他们通好，断然办不到！"

李泌耐心地分析着："当年残害韦少华等人的是牟羽，而牟羽恰恰死于现任可汗合骨咄禄之手。从这个角度上说，合骨咄禄对陛下是有功的，应当受到封赏，又哪来的怨恨呢？"

德宗盯着李泌，厉声道："你认为与回纥和好是对的，那就是朕错了？"

李泌迎着他的目光，从容答道："为了国家大计，臣才讲这番话。倘若要臣苟合取容，将来有何面目去见肃宗和代宗呢！"

此言一出，现场空气仿佛凝固了一般。过了许久，德宗才勉强说："你先退下，容朕慢慢考虑。"

接下来的日子里，李泌连续提了十五次联合回纥的事，被德宗拒绝了十五次。李泌急了，干脆说："既然陛下不肯答应，请准许臣辞职吧。"

德宗怕他真的撂挑子，便宽慰道："朕不是不听劝，这不是和你讲道理嘛。为了国家，朕自己委屈点儿倒没什么，可是不能辜负了韦少华这些人啊。"

李泌却说："在臣看来，是韦少华等人辜负了陛下，而不是陛下辜负了他们啊。"

德宗诧异地问："为什么这样说呢？"

李泌说："回纥是戎狄，豺狼成性，我们不能不特别小心防备他们。陛下在陕州时，还年轻，韦少华这些人考虑不周，事先没有与回纥议定相见的礼仪，才导致牟羽肆意凶暴，这难道不是韦少华这些人辜负了陛下吗？即便他们已经死了，也不能够偿清罪责。更何况，当时牟羽的母亲还向陛下献上貂裘谢罪。这样说来，是陛下向牟羽屈服了，还是牟羽向陛下屈服了呢？"

德宗一时接不上话，转而问李晟和马燧："听李泌这么一说，朕好像觉得自己有点儿理亏，你们有什么看法？"

二人对视了片刻，小心翼翼地说："果真如李泌所说，回纥似乎可以宽恕。"

德宗长叹一声："连你们二人也这样认为，那朕应当怎么做呢？"

李泌说："合骨咄禄诛杀了牟羽，回纥人又几次向我们施以援手，而吐蕃趁我国发生变乱，大肆侵犯河陇地区，还一度进入京城，致使先帝流亡陕州，这才是一定要报的仇啊！"

这话确实无可辩驳，德宗便问："朕与回纥结怨已久，他们又听闻吐蕃在平凉劫盟，这个时候与他们和好，不怕惹来夷狄之人的耻笑吗？"

李泌胸有成竹地答道："绝对不会。合骨咄禄早就想与我们和好了，怎么会拒绝我们呢？现在请让臣写一封信，与回纥约定和好的五个条件：一，向我们称臣；二，答应做陛下的儿子；三，每次前来的使者，其随从不能超过两百人；四，交易的马不能超过一千匹；五，不准私自带汉人到塞外。如果他们全部遵守，我们就答应和好。如果不同意，我们绝不和谈。"

德宗听了，又有些担忧："自从至德年间以来，我们与回纥都是兄弟关系，现在一下子让他们称臣称子，他们怎么肯答应呢？"

李泌拍着胸脯保证："回纥前几天还遣使来求亲呢。他们的可汗、国相素来相信臣的话，如果臣写一封信不行，就再写一封好了。"德宗这才点头同意。

果然，回纥答应了全部条件。第二年，合骨咄禄命人带着厚礼，迎娶唐朝的咸安公主为妻，还对德宗说："现在我是唐朝的子婿，相当于半个儿子，以后如果吐蕃人敢侵犯大唐，我立即出兵教训他们。"接着，他宣布与吐蕃断绝关系，并向德宗请求将"回纥"改称"回鹘"。德宗龙颜大悦，命李泌继续招抚南诏、大食和天竺。

贞元九年（公元 793 年），南诏王异牟寻遣使上表，正式归唐。这以后，吐蕃在北方不断与回鹘交战，伤亡惨重，在南方又受到南诏王异牟寻与西川节度使韦皋的牵制，再也无力大规模侵犯唐朝。

可惜这一切，李泌都看不到了，因为他已经于几年前去世。

成语学习

苟合取容

　　苟合，无原则地附和；取容，取悦，讨好。苟且迎合，取悦于人。

造　句：哪怕身处逆境，我们也要努力做一个不苟合取容的人。	
反义词：刚正不阿	

【 移东就西 】

《资治通鉴·唐纪五十一》

又曰："陛下姑欲保持，曾无诘问，延龄谓能蔽惑，不复惧思；移东就西，便为课绩，取此适彼，遂号羡余，愚弄朝廷，有同儿戏。"

译文

他又说："陛下想要保全他，对他从来不加责问，裴延龄还以为他能够蒙蔽欺惑陛下，不再怀有畏惧的心思。他把东边的移到西边去，就成为考课的成绩，将这边的拿到那边去，便称额外的收入，如此欺骗玩弄朝廷，如同小儿游戏一般。"

哄骗皇帝的高手

失去了帝国的头号智囊李泌,德宗无比悲痛,之后的几年,他一直想找一位能像李泌那样辅翼朝廷、运筹帷幄的宰相,可是继任的宰相窦参、董晋都不称心。无奈之下,德宗想起十年前与自己共患难的陆贽。

在奉天等地流亡的那段艰难的日子里,德宗虽然有宰相,但无论大事小事,他一定要与陆贽商量,时人称陆贽为"内相"。德宗无论去哪里,也一定要有陆贽伴随。有一次,德宗与陆贽失散,过了一夜,陆贽还没有回来。德宗担心得流眼泪,悬赏一千金让人寻找。过了好久,陆贽才回来,德宗喜极而泣,太子和臣子们都来祝贺。

回到长安后,陆贽受到的礼遇更加优厚,天下人都认为他能当宰相。但是,陆贽为人清正耿直,常常因为直言谏诤,惹得德宗不高兴。所以,陆贽虽然受宠,却一直没有出任宰相。

贞元八年(公元792年),德宗终于拜陆贽为宰相。陆贽上任后指陈时弊,从选拔人才、财政管理等方面,为德宗提出了许多治国良策。可惜的是,陆贽依然是当初的陆贽,而德宗早已不是当年的德宗。

陆贽当了宰相后,不断有人请他办事,可他连一点儿小礼物也不肯收。有人因此向德宗打小报告:"陆贽这个人哪,油盐不进,不好打交道。"

这种话听多了,德宗就想:"唉,这个陆贽太不合时宜了,朕得劝他贪一点儿。"这话他不好明着说，只好托人悄悄地转告陆贽："你太过清廉了，和大家格格不入，这样不太好。以后有人赠你小礼品，比如马鞭、靴子什么的，你多少也收一点儿，我又不会怪你。"

堂堂天子竟然劝臣子贪污受贿！陆贽哭笑不得，便苦口婆心地给德宗上了一堂"廉政课"："陛下，贿赂之门一旦打开，就会给国家带来严重危害，如果现在对赠送马鞭和靴子的行为不加制止，将来必然发展到赠送奇珍异宝。如果今天臣与送礼的人结交了，将来怎么能拒绝他的过分请求？臣希望通过自己的行为告诉世人，不送礼办事才是常理。"一片好心反遭批评，德宗心里老大不高兴。

当时，国家的财政吃紧，德宗为此焦头烂额。恰逢度支使班宏去世，陆贽便推荐前湖南观察使李巽（xùn）暂时兼管度支事务，德宗当时答应了。但没过几天，德宗又想起用司农少卿裴延龄。因为裴延龄在德宗面前夸下海口，说自己可以增加国家税收。陆贽劝谏道："度支使责任重大，需要运输各种货物，平抑物价，如果担任此职的人刻薄吝啬，便会生出麻烦，如果宽容大度，便会姑息邪恶。裴延龄是一个荒诞虚妄的小人，不适合担任此职。"德宗不听，坚持让裴延龄兼管度支事务。

裴延龄对经济一窍不通，但他善于琢磨德宗的心思。上任后，他把东边仓库里的东西移到西边的仓库去，然后说这是额外的收入。德宗信以为真，认为裴延龄真能使国家富裕起来，因而十分宠爱他，但实际上他什么也没有增加，只是改改账目罢了。

有一次，德宗打算修建神龙寺，需要五十尺长的松木，找了很久都没有找到。裴延龄说："最近臣在同州的一处山谷里，看到高达八十尺的树木，有好几千棵呢！"

德宗见他言之凿凿，也疑惑起来，问道："开元、天宝年间，在京城周围寻找上好的木材尚且无法找到，现在怎么突然冒出来这么多珍贵木材？"

"珍贵的木材，当然是为明君出世而准备的，开元、天宝期间，怎么能够得到这些呢！"裴延龄一本正经地回答。

这种不着调的话，德宗却听得心花怒放。

过了一阵子，裴延龄又上奏说："左藏登记在册的物品损失、遗落很多，最近臣检阅账簿，在垃圾堆里发现十三万两银子、一百多万匹成段的布帛和零杂货物。这些都是已经丢弃的物品，重新发现相当于额外的收入，应当全部搬到内库，专供陛下取用。"

管理左藏的官员据实报告德宗："这些都是左藏库每月申报的现存物品，请陛下派人核查。"主持政务的长官也请求让三司详细审察。德宗不同意，他不傻，一旦查明真相，这些落入皇帝个人腰包的钱不就得退回左藏吗？

群臣都知道裴延龄弄虚作假，却不敢出声，只有陆贽上奏揭露他的邪恶诡诈："裴延龄奸佞谄媚，他移东就西，美其名曰额外的收入，其实是用移花接木的骗术玩弄朝廷，如同小儿游戏一般。过去赵高指鹿为马，鹿和马好歹属于同一种类，哪里比得上裴延龄把不存在的东西说成存在的东西呢？"

德宗看了奏书，气得脸都绿了，心想："陆贽啊陆贽，你把裴延龄当成赵高，那朕岂不是那个亡国的秦二世吗？"打这以后，德宗日渐冷落陆贽，对裴延龄却越来越好了。

有人好心提醒陆贽："你要注意自己的言行，不要锋芒毕露，皇上如今可不比当初受难时对你那么好了。"陆贽却说："只要我上不辜负天子，下不辜负平生的学问，别的事情都不值得顾惜。"

裴延龄见陆贽屡屡弹劾自己，便开始报复，天天在德宗面前说陆贽的坏话。时间一长，德宗就不再信任陆贽，找了个借口免了他的相位，贬为太子宾客。

就算这样，裴延龄还不甘心，继续在德宗面前陷害陆贽："陆贽被罢相后，对陛下心怀不满，到处说：'如今天下大旱，百姓就要流离失所，度支使为了讨好皇上，到处搜刮财物，连军队的军饷马料都克扣，这样下去怎么得了？'以此动摇军心，他的目的恐怕不限于中伤我一个人。"

德宗虽然疑心病很重，但是不太相信陆贽会做这样的事。过了几天，他在禁苑打猎时，恰巧听到神策军的将士抱怨说："最近马料给得不够，马吃不好，都瘦了。"于是相信了裴延龄的话，回宫后就颁下诏书，将陆贽贬出了京城。

这下裴延龄得意了，认为自己一定能当上宰相，所以动不动就谩骂诋毁朝臣，后来甚至张狂到直接把度支的钱物带回家，也没人敢说一句话。不过，一直到死，他都没等来宰相的任命书。

其实，自从陆贽被贬以后，德宗就不再信任宰相了，对他来说，宦官才是最亲的人。

德宗即位初期，对待宦官采取疏远斥责的态度。然而，经历泾原兵变后，他渐渐改变了对宦官的态度，因为乱兵进城时堂堂天子竟然召集不到一兵一卒前来护驾，而在仓皇逃亡的路上，追随他的只有窦文场、霍仙鸣等一百多名宦官。一路上，他们不离不弃，始终护卫在德宗身边，他们的忠诚可靠与文臣武将的难以信赖形成鲜明的对照，深深地刺激了德宗。回到长安后，德宗开始倚重宦官，不但将禁军交给他们掌握，更是将宦官担任各地藩镇的监军的办法固定下来，形成制度，使得他们的地位甚至高于军中的主帅。

后来，德宗又设立了左、右神策军护军中尉，分别由窦文场和霍仙鸣担任，这一职务直接由皇帝授任，成为地位在神策军大将军之上的实际统帅。从此，神策军的军权便被宦官掌控，而各藩镇的将领与主帅大多出于神策军，尚书省、中书省与门下省里职务尊贵、掌握枢要的官员也有不少出于宦官门下的。

移 东 就 西

　　把东边的东西挪到西边去。比喻只求暂时应付，不作长久打算。

造　句：那时候家里穷，孩子多，父
母经常移东就西，为我们凑
学费。
近义词：拆东墙补西墙、拆东补西

【 无所顾忌 】

《资治通鉴·唐纪五十二》

珣瑜独叹曰:"吾岂可复居此位!"顾左右,取马径归,遂不起。二相皆天下重望,相次归卧,叔文、执谊益无所顾忌,远近大惧。

译 文

唯独郑珣瑜叹息着说:"我岂能再在这个位子上待下去!"他看了左右的人一眼,牵出马来,径直回家,此后不再到中书省办事。贾耽、郑瑜两位宰相都是当时负有崇高声望的人物,他们相继归隐,王叔文、韦执谊更加没有什么顾虑与忌惮了,而远近的人们却大为恐惧。

二王八司马

永贞元年（公元 805 年），正月没过，当了二十多年皇帝的唐德宗就病逝了。大臣们悲痛之余，都感到惶恐不安，因为太子李诵在新年前就中了风，一直到德宗去世，内宫都没有消息传出。大臣们不知道太子是否安好，都很担心。李诵知道后，勉强支撑着病体，在侍从的搀扶下出来相见，人心这才略微安定了一些。

过了几天，李诵在太极殿继承皇位，他就是唐顺宗。宫中的侍卫们怀疑登位的不是太子，都踮起脚跟，伸长脖子，向大殿上张望，看了很久才确定说："太好了，的确是太子殿下！"大家都高兴得哭了。

顺宗因病丧失了语言功能，说不了话，无法处理朝政，只有宦官李忠言和宠妃牛昭容在旁侍奉，官员奏请什么事情，顺宗通过点头或摇头回复他们。至于朝政大事，则交给近臣王叔文、王伾处理。

"二王"出身都不高，也不是通过科举入仕的。王叔文棋艺高超，王伾擅长书法，顺宗还是太子时，就喜欢琴棋书画等技艺，因此"二王"频频出入东宫，深得太子宠幸。王叔文声称自己读过很多书，懂得治国的道理，所以经常跟太子讲天下大事和民间疾苦，谈得最多的就是"宫市"与"五坊给役"。

所谓宫市，是指宫中需要的物品，派人出去购买。之前有专门负责这个事的官员，都是按照市场价格购买。后来，德宗任命宦官负责采购，他们在长安街市上安排了好几百个四处张望的人，只要看到宫里需要的东西，上前说一声"宫市"，人们就得乖乖地把手里的货物交给他们，没人敢问他们的来头，更不敢提价钱。这些人常常从旧衣服和坏了的丝帛上撕下几寸来付给卖主，有时甚至强取豪夺，分文不给。不少老百姓带着东西去市场上卖，回家时却两手空空。所以，每当看到这些宦官从宫里出来，即使是卖汤水面饼的人家，也都停止营业，关门闭户。

宫市给老百姓带来的深切灾难，生活在这个时期的大诗人白居易也深有体会，他曾经在《卖炭翁》一诗中描绘得淋漓尽致："一车炭，千余斤，宫使驱将惜不得。半匹红纱一丈绫，系向牛头充炭直。"[①]借此为百姓鸣不平。朝中的谏官和御史们也多次规劝，可德宗完全听不进去。

而"五坊"指宫里设置的雕坊、鹘坊、鹰坊、鹞坊、狗坊，专门豢养这些猛禽和猎犬，供皇帝打猎用。这五坊的小吏仗着是宫里的人，横暴市井、敲诈勒索，在民间张网捕鸟时，常常把罗网设在人家门口，不许人们出入，或者把罗网设在水井上面，不让人打水，如果有人走近，他们便说："你惊动了准备献给朝廷的鸟雀！"把人痛揍一顿，直到那人拿出财物出来谢罪。他们在酒店饭铺白吃白喝，卖主不知道他们的身份，向他们要酒饭钱，往往被他们打骂一顿，有时他们会留下一袋蛇作为抵押品，然后说："这些蛇是用来捕捉鸟雀的，现在交给你，你要妥善地喂养，别让它们饿了、渴了。"卖主暗暗叫苦，不住地道歉哀求，他们才带上蛇，扬长而去。

有一天，太子与王叔文等人再次谈及宫市的事情。性情仁厚的

---

① 意思是：一车的炭，一千多斤，宫里来的差役们硬是要拉走，卖炭翁百般不舍，但又无可奈何。那些人把半匹红纱和一丈绫，朝牛头上一挂，就充当炭的价钱了。

太子忍不住说："我马上入宫向父皇进言。"大家都表示赞同，唯独王叔文一言不发。太子把王叔文单独留下，问他："你时常跟我说百姓深受宫市之苦，现在我想请求父皇做出改变，你为什么不说话呢？是不是反对我这么做？"

王叔文说："平时我说的，是希望太子将来即位后做的。现在太子的职责应当是关心皇上的饮食起居，而不是谈论外面的事。皇上在位已经很久了，可能会怀疑太子您这样做是为了收买人心。"

太子大惊，流着泪说："要不是先生提醒，我差点儿闯祸了。"

从此，东宫事无大小，太子都委托王叔文来谋划，而王叔文又与王伾互相依托。王叔文趁机对太子说谁可以出任宰相，谁可以担当将领，希望太子即位后能够重用他们，发动一场改革。王叔文推荐的这些人中，有翰林学士韦执谊，以及当时已有名声、渴望晋升的柳宗元、刘禹锡、韩泰、陈谏等官员。

没想到太子中风，跟着德宗病危，当时已经担任翰林待诏①的王伾怕局势失控，率先进入内廷，声称皇帝传召王叔文，让他坐镇翰林院处理朝中事务，又将王叔文的意图带进内廷，告诉李忠言，然后以皇帝的名义颁发诏书。

顺宗登基后，采纳王叔文等人的建议，颁布了一系列的改革措施：免除各种名目的租税拖欠；禁止官员在规定的贡品以外进献别的贡物；对德宗末年损害百姓利益的施政措施，如宫市和五坊给役一类的，全部罢除。老百姓都奔走相告。

可是，这位爱民皇帝的病始终不见好，会见群臣时需要人扶着他登上大殿，群臣也只能远远地看一看，从来没有当面回答过他的提问。

---

① 多选文学之士担任，专掌由皇帝直接发布的命令。

王叔文想趁机执掌国家大政，考虑到自己可能难以服众，便推荐家世和声望都出色的韦执谊出任宰相，自己则在内廷当权，与他相互呼应。每遇一事，他们首先下达翰林院，让王叔文做出判断，然后再向中书省宣布，由韦执谊执行，而韩泰、柳宗元等人负责在外搜集、探听情报。官员的晋升和贬斥，全在他们一句话。平日与他们有交往的人，一个接着一个地被提拔升官，甚至一天内封拜好几个人。只要他们的同党中有人说"某人可以担任某官"，过不了几天，那个人准能得到那个职位。

宰相贾耽、郑珣瑜见王叔文一党当权，十分憎恶，便相继辞职。从此，王叔文、韦执谊愈加无所顾忌了。朝廷内外的官员们忧惧不安，担心顺宗突然驾崩，王伾、王叔文等人会图谋不轨，都希望尽早册立太子。宦官俱文珍等人忌恨王叔文的权势，顺势上奏天子，请求立一向与王叔文等人不和的广陵王李淳为太子。顺宗同意了。

三月，李淳被立为太子，改名为李纯。在册立典礼上，文武百官见李纯仪表堂堂，大感欣慰，都互相庆贺，有人甚至感动得哭了。唯独王叔文满脸忧虑，反复吟诵诗人杜甫在《蜀相》一诗中的名句："出师未捷身先死，长使英雄泪满襟"。听到的人都暗中讥笑他。

紧接着，俱文珍等人又设法免去了王叔文的翰林学士一职。王叔文极为震惊："如果不在翰林院担任职务，我以后就没有来这里处理公务的理由了。"他让王伾上疏请求保留自己的翰林学士职务。顺宗迫于压力，无法答应。王伾再次上疏，顺宗退了一步，允许王叔文隔几天到翰林院来一次，不过翰林学士仍然免了。王叔文领教了宦官的手段后，开始恐惧了。

对于王叔文等人来说，接下来的事更可怕。之前，西川节度使韦皋想统领剑南三川①，派下属刘辟进京游说王叔文："如果您能把三川交给韦某管辖，韦某自当以死相报；否则，韦某自会有办法回报您。"王叔文本就厌恶藩镇势力过大，准备抑制他们，受到这种赤裸裸的威胁后，气得要杀了刘辟。韦执宜考虑到社会舆论，坚决反对，刘辟趁机逃回了剑南。

不久，韦皋果然用自己的方法"回报"王叔文，他向顺宗上表说："这么长时间了，陛下的身体还没有康复，请暂时让皇太子监理各项政务。"随后，韦皋又向太子献上笺书，要求将王叔文等人驱逐出去，收回朝政大权。

在韦皋的带动下，荆南节度使、河东节度使也写了一份表章给顺宗，一份笺书给太子，内容与韦皋的一模一样。有了这些手握重兵的节度使当外援，朝廷内外的官员们都松了一口气。

王叔文等人无比震恐，便打算夺取宦官手中的兵权来巩固自己的地位，他们奏请顺宗，让右金吾大将军范希朝主持左右神策军，并任命韩泰为范希朝的行军司马。他们想借范希朝的声望，在名义上主持军事，但实际上是让韩泰掌握兵权。

一开始，宦官们没有明白其中之意，等他们醒悟过来后，马上秘密命令各军将领不得交出军队。韩泰向王叔文报告了这一情况，王叔文无计可施，只是反复说："这可怎么办？这可怎么办？"

所谓屋漏偏逢连夜雨。没过多久，王叔文的母亲去世，按"丁忧"礼制，他不得不解除官位，回家守孝。韦执宜见王叔文失了势，也不肯再采纳他的意见。

而王伓离开了王叔文，似乎失去了主心骨，他天天到宦官那里请求起用王叔文为宰相。遭到拒绝后，他和同党都惊悸不安。这天，

---

① 即剑南东川、剑南西川及山南西道三镇，合称三川。三川的辖境在今四川和陕西汉中地区。

王伾坐在翰林院里，接连上疏三次，都不见回复，他知道一切都完了，便忽然大叫一声："我中风啦！"第二天，他被抬回家中，从此再也没有走出家门。

八月，在俱文珍等人的推动下，顺宗禅位给太子李纯，即唐宪宗。王伾得知后，病情加重，一命呜呼。王叔文则于次年被赐死。参与改革的柳宗元、刘禹锡、韩泰等八人，先后被贬为州司马，史称二王八司马。历时仅一百多天的永贞革新就此宣告失败。①

---

① 王叔文、王伾和柳宗元、刘禹锡等人进行的一系列改革，包括废除宫市和五坊使、免除各种名目的租税拖欠、禁止官员在规定的贡品以外进献别的贡物、惩治贪官污吏、抑制藩镇、打击宦官势力等，史称"永贞改革"。这场改革由于宦官的扼杀而告失败。司马光是保守派，反对改革，所以在《资治通鉴》里以丑化的方式记述王叔文等人。

无所顾忌

顾，顾虑；忌，忌惮。指没有什么顾虑、畏惧。

造　句：	在这节公开课上，全班同学都在认真听讲，只有张明无所顾忌地做起了各种小动作。
近义词：	肆无忌惮、胆大妄为
反义词：	瞻前顾后、畏首畏尾

---

① 这个故事的原文里还有成语"踪迹诡秘"（行踪隐秘难测）、"计无所出"（想不出什么办法）。

【 宵衣旰食 】

《资治通鉴·唐纪五十四》

李绛曰："汉文帝时兵木无刃，家给人足，贾谊犹以为厝火积薪之下，不可谓安。……加之水旱时作，仓廪空虚，此正陛下宵衣旰食之时，岂得谓之太平，遽为乐哉！"

译　文

李绛说："汉文帝时，兵器钝弊，没有锋刃，家家富裕，人人丰足，贾谊尚且认为这是将火种放到堆积着的木柴下面，不能够说这是安定的。……再加上水旱灾害经常发生，库存的粮食空匮乏用，这正是陛下应当为处理国事而辛勤工作的时候，怎么能够将现在称为太平，忙着作乐呢！"

宪宗拆碑楼

"陛下，安国寺修治完毕，碑楼也建好了，只差功德碑的碑文了，要请一位饱学之士撰写。老奴已经准备好了一万缗钱，作为酬谢。"这天，宦官吐突承璀满脸堆笑地对即位没几年的唐宪宗说道。

"还是这个奴才贴心！"宪宗满意地朝吐突承璀点点头，不紧不慢地吩咐道，"让李绛写吧。"

李绛出身名门望族，早年高中进士，被宪宗任命为翰林学士。他得知天子要自己写碑文，急忙进言："唐尧、虞舜、夏禹、商汤从来没有立碑称赞自己的德行，只有秦始皇外出巡游时，到处刻石碑，为自己歌功颂德。不知道陛下打算效法谁呢？就算要写，也不过是说寺庙修建得多么壮丽，值得游览，能光大陛下的什么恩德呢？"

宪宗读了奏书，脸上火辣辣的。他自打登基以来，常常翻阅历朝实录，每当读到唐太宗和唐玄宗的故事，总是充满仰慕之情，他决心也像两位先祖一样，鼓励大臣们直言劝谏，自己做到虚心纳谏。这个李绛放着巨额的酬谢费不要，反倒直言相谏，这份忠心与耿直，颇有当年魏徵的风格啊，那么自己当然要向太宗看齐呀。想到这里，宪宗立刻命令吐突承璀："快去将碑楼拖倒！"

吐突承璀费了这么大心思拍马奉迎，不想让努力付诸东流，打算把事情拖一拖，回头再说服宪宗，便回答道："碑楼太大，没办法拖拉，请让老奴慢慢将它毁除吧。"

宪宗严厉地说："那就多找几头牛来拽！"吐突承璀吓得不敢再说话，最后用了一百头牛来拉，才把准备放功德碑的碑楼拆毁。

宪宗每当遇到重大的事情，必定要与各位翰林学士商量。可那段时间也不知道怎么的，他有一个多月没有召见翰林学士了。李绛因此上书说："臣等饱食终日，不用进言，若是为自己着想，是挺好的，但是对陛下就不好了！陛下若要定国安邦，必须广开言路，采纳谏言！"宪宗连忙下令："明天你们来麟德殿奏对吧。"

有一次，翰林学士白居易在议论某件事时，情急之下说了句"陛下您错了"。宪宗立刻板起脸，结束了谈话，随后，他悄悄召来李绛，恼怒地说："这个白居易，竟然对朕出言不逊，必须让他退出翰林院。"

李绛马上明白怎么回事，他先是大大地夸赞了宪宗一番："陛下胸怀宽广，能够容纳直率的进言，所以臣子才敢竭尽诚心，不作隐瞒。"见宪宗脸色稍稍缓和，他才开始替白居易辩解："白居易那样说话的确欠考虑，不够得体，但他的本意是要进献忠心。如果处罚他，我担心以后没人敢说真话了。"宪宗这才高兴起来，对待白居易也一如既往。

元和四年（公元809年），成德节度使王士真去世，部将推举他的儿子王承宗为留后，并请求朝廷正式任命。宪宗想趁成德军心不稳，结束河朔藩镇几十年割据的局面，便不顾李绛等人的反对，任命吐突承璀为主帅，出兵讨伐王承宗。

没想到吐突承璀来到前线后，军威政令不振，屡战屡败。更可悲的是，一向骁勇的大将军郦定进也战死，士气十分低落。

吐突承璀灰溜溜地回京，宪宗不但没处罚他，还让他继续担任左神策军中尉。大臣们义愤填膺，对吐突承璀展开了口诛笔伐。李绛的言辞尤其激烈："如果陛下不肯处罚吐突承璀，以后再出现战败的将领，怎么处治他们呢？如果诛杀他们，那便是同罪不同罚，他们定然不会服气；如果免了他们的罪，那以后将领们就会想着保全自身，姑息敌军。希望陛下狠下心来，依法处置吐突承璀。"宪宗只好下诏降了吐突承璀的官职，朝野上下争相庆贺。

可没过多久，宪宗又提拔吐突承璀为左卫上将军。李绛心中不满，当众痛斥吐突承璀骄横专断，把宪宗气得脸色都变了，责备道："他们虽然是宦官，可也是日夜在朕身边伺候的人，你这样声色俱厉的，未免太过分了吧！"

李绛哭着说："陛下亲近、信任臣，如果臣在陛下面前畏怯退缩，爱惜自身，不肯进言，这便是臣辜负了陛下。臣把话讲出来了，如果陛下讨厌听到，就是陛下辜负臣了。"

宪宗的怒气顿消，诚恳地说："你说的都是别人说不了或者不敢说的，让朕知道了原本无法知道的事情。你是一位真正的忠臣啊！以后尽管对朕说，不用担心朕会生气，就像现在这样。"

宦官们因此都很讨厌李绛，想办法把他从翰林院搞到户部做侍郎去了。

一天，宪宗问李绛："依照惯例，户部侍郎都要进献额外的税收，唯独你不肯进献，这是为什么呢？"

李绛不慌不忙地说："户部掌管的都是陛下府库中的物品，出入都有账簿记载，怎么会有额外的盈余呢？以前那个裴延龄移东就西，欺骗德宗皇帝，说是额外的收入，臣可不敢学他。"宪宗十分欣赏李绛的耿直，便拜他为相。

当时有个叫李吉甫的，也是宰相，他善于迎合宪宗的心意，经常和刚正不阿的李绛争论，而多数时候宪宗认为李绛是对的，二人因此结下了嫌隙。

有一天，李吉甫向宪宗进言说："天下已经太平，陛下可以好好享乐了。"

李绛当即反驳："汉文帝时，家家富裕，人人丰足，贾谊还认为不够安定。现在朝廷不能控制的地区，有河南、河北五十多个州，边境上的烽火多次报警，再加上水旱灾害经常发生，正是陛下宵衣旰食的时候，怎么能说已经太平，可以忙着享乐了呢？"

宪宗听了很欣慰，笑着对李绛说："你的话符合朕的心意。"

李吉甫满脸通红，还狡辩说："做臣子的，不应该固执地一味进谏。让君主欢喜，臣下安宁，不是也很好吗？"

李绛驳斥道："做臣子的，要敢于劝谏，哪怕冒犯君主的威严。有些话虽然听着不舒服，却真挚恳切。忠于君主，就不应该使君主陷在邪恶之中！"

宪宗严肃地说："李绛说得对啊。"退朝后，他对身边的人说："李吉甫专门阿谀献媚，像李绛那样的，才是真正的宰相哩！"假如李绛很长时间没有进谏，宪宗便会追着他问："难道是朕不能够接受你的意见吗？还是的确没有事情要进谏呢？"

又有一次，李吉甫对宪宗说："奖赏与惩罚，是君主的两大权柄，不能够偏废。自从陛下登基以来，对百姓的恩泽够深厚的了，而刑罚却过于宽松，应该严厉起来。"

宪宗看着李绛，问道："你怎么看？"

李绛回答说："英明的君主，应该推崇仁德，而不是刑罚，怎么能丢开周成王与周康王、汉文帝与汉景帝这些榜样，反而去效法秦始皇父子呢？"

过了十多天，又有人劝宪宗实行严苛的刑罚。宪宗就对宰相们说："这是个大大的奸臣啊，他劝朕实行严刑峻法，你们知道其中的用意吗？"

宰相们都回答说："不知道啊。"

宪宗看了李吉甫一眼，说道："他这是打算让朕失去人心啊。"

李吉甫惊慌得变了脸色，退朝后，一整天都低着头，不说话，也不笑。

元和七年（公元812年），淮南、浙江地区发生了水旱灾害。宪宗把宰相们召集到一块，问他们："最近有个御史从那里回来，说情况还好，没形成灾害，真相究竟是怎样的呢？"

李绛首先回答："臣仔细看了淮南、浙西、浙东进奏的文书，都说发生了水旱灾害，老百姓流离失散，请求朝廷想办法安抚。地方官员怎么可能在没有灾情的情况下，胡乱说本地遭受了灾害呢？至于那位御史，估计是想讨陛下的欢心吧。"

宪宗连连点头说："国家以人民为根本，一听说发生了灾情，就该赶忙去救济人民，怎么还要怀疑灾情究竟有没有发生呢？朕不该那样说。"说完，就下诏免除淮南和浙江的赋税。

从此，宪宗更加勤勉于政事，经常在延英殿与宰相们谈论治国之道，一谈就是一整天。夏天时，暑气重，汗水湿透了宪宗的衣服，宰相们担心他的身体，请求退下。宪宗却不让他们走，说："朕回到内宫，接触的只有宫女和宦官，朕喜欢和你们谈论治国的要领，一点儿都不觉得累。"

宪宗十分憧憬太宗和玄宗创下的盛世，希望大唐能在自己手里实现中兴，他经常对宰相们说："以太宗那样的圣明资质，群臣进献的谏言尚且需要往返三四次哩，何况朕这样愚昧寡闻的呢？从今以后，如果有什么不对的事情，你们应当对朕说十次，而不是说一两次就算了。"

成语学习 ①

宵 衣 旰 食

宵，夜间；旰，天已晚。天不亮就穿起衣来，时间晚了才吃饭。形容为处理国事而辛勤地工作。

造 句：	为了新中国的建设，周总理宵衣旰食，呕心沥血。
近义词：	握发吐哺、日理万机
反义词：	醉生梦死、得过且过

---

① 这个故事的原文里还有成语"闻所不闻"（听到从未听到过的。形容事物非常稀罕）。

【 孤军深入 】

《资治通鉴·唐纪五十六》

李愬（sù）还军文城，诸将请曰："始公败于朗山而不忧，胜于吴房而不取，冒大风甚雪而不止，孤军深入而不惧，然卒以成功，皆众人所不谕也，敢问其故？"

译 文

李愬返回文城栅驻扎，各位将领请教说："起初，您在朗山战败了，但并不发愁；在吴房取胜了，但并不夺取吴房；冒着大风暴雪，却不肯停止行军；带着孤立无援的军队深入敌境，但并不畏惧。然而，您终于因此获得成功，这都是大家所不明白的，我们冒昧地询问其中的原因。"

李愬雪夜袭蔡州

当初，李希烈兵败退守淮西，被部将陈仙奇杀死。没多久，李希烈的得力干将吴少诚斩杀陈仙奇，开始掌管淮西。吴少诚精明强干，四处扩张地盘。朝廷派出十七道兵马讨伐他，都未能取胜，最后不得不赦免他的罪行，正式任命他为淮西节度使。宪宗即位后，吴少诚病死，他的义弟吴少阳自立。朝廷知道淮西兵精，吴少阳控制又严密，只好承认其节度使的名分。

元和九年（公元 814 年），吴少阳去世，他的儿子、蔡州刺史吴元济隐瞒了父亲的死讯，以吴少阳的名义上表朝廷，称自己患病，由儿子统领淮西的军务。事情败露后，宰相李吉甫建议宪宗讨伐淮西，但宪宗决定先礼后兵，派遣使者前去吊丧，打算等淮西出现了不轨行为，再以兵力相加。没想到吴元济不肯迎接使者，还派出兵马到处屠杀掳掠，一直侵扰到东都洛阳附近。宪宗大怒，发动大军讨伐吴元济。然而，官军与叛军交锋了无数次，却胜少败多，尤其吴元济所在的蔡州城，经过吴氏父子三十多年的经营更是固若金汤。

战争持续了四年，先后更换了两位主帅，官军却久战无功。很多大臣劝宪宗退兵，只有宰相裴度力主继续讨伐："淮西地区是中原腹地，战略地位十分重要，那里的祸患必须根除。而且，朝廷已经讨伐淮西，河南、河北不少骄横的藩镇都在观望，以此决定未来对朝廷的态度。因此，讨伐吴元济绝对不能半途而废。"

"爱卿和我想到一处去了！"宪宗赞许地朝裴度点点头，为了平息撤军的言论，他对大臣们说："胜败乃兵家常事，现在该做的是把不能胜任的将帅撤换下来，发现哪里军粮不充足，便去帮助哪里，而不是轻言撤军！"

元和十二年（公元817年），宪宗任命太子詹事李愬为随、唐、邓三州节度使，统帅西路唐军。李愬是名将李晟的儿子，为人沉着勇敢、擅长谋略。刚到唐州时，李愬发现将士们都害怕出战，便对他们说："天子知道我是个心肠软、能忍受耻辱的人，所以派我来安抚你们，至于打仗这种事情，并不是我要做的。"将士们听他这么一说，悬着的心落了下来。此后，李愬每天都到军营中看望将士，尤其关心那些受伤生病的士卒。将士们见他从不摆官架子，与大家同吃同住，心里都很高兴。

为了迷惑吴元济，让他以为自己懦弱无能，从而放松警惕，李愬故意让军队看上去松垮涣散。吴元济果然上当，得意地对部下说："哈哈，看来朝廷无人了，前面两个主帅已经够无能的了，现在竟然派这么一个废物来对付我。这个什么李愬，我听都没听说过！"

于是，李愬开始谋划袭击蔡州城。他有十位得力猛将，叫"山河十将"，成员有马少良、董少玢、妳雅、田智荣、阎士荣等。一天，马少良率领骑兵巡回侦察时，遇到吴元济的将领丁士良，并将他擒获。李愬很欣赏丁士良的骁勇善战，没有杀他。丁士良感激涕零，便对李愬说："吴秀琳率三千兵马，驻扎在文城栅，就像是吴元济的一条胳膊。他之所以厉害，是因为有个叫陈光洽的人为他出谋划策。我替您把陈光洽捉来，吴秀琳自然会投降。"

过了几天，丁士良真的把陈光洽捉了回来。不久，吴秀琳果然率领文城栅的兵马向李愬投降。李愬根据他们的具体情况，一一做出安置，家中有父母需要照料的，便发给粮食与布帛，打发他们回去，还说："你们都是朝廷的百姓，不能丢下亲人不管。"投降的叛军都感动得哭起来。李愬发现有个叫李宪的降将，智勇双全，就替他改名为李忠义，并重用他。

经过李愬的努力，唐州官军的士气重新振作起来。李愬见将士们不像之前那么害怕打仗了，就让"山河十将"分别率兵攻打吴元济的各处栅垒。不久，捷报频频传来：董少玢占领马鞍山，攻克路口栅；马少良占领嵖岈（chá yá）山，擒获淮西将领柳子野；妫雅、田智荣先是攻克了冶炉城，接着攻破西平；阎士荣攻克了白狗、汶港两处栅垒；降将柳子野和李忠义袭击朗山，擒获了守将梁希果。

李愬每次得到归降的士兵，一定要亲自叫到跟前，询问淮西的底细，因此他对淮西一带的地形和兵力分布都了解得很清楚。这天，李愬把夺取蔡州的想法告诉了吴秀琳，征求他的意见。吴秀琳说："如果您打算夺取蔡州，非有李祐不可，我是无能为力的。"

李祐是淮西的骑兵将领，勇敢且有谋略，负责防守兴桥栅。这天，李愬探知李祐带着士兵在张柴村收割麦子，便吩咐一名部将："你带领三百骑兵在那片树林中埋伏下来，再让人在前面摇动旗帜，做出要焚烧他们的麦堆的样子。李祐平时轻视官军，一定会率领轻骑兵前来驱逐。这时，你便率骑兵偷袭他，肯定能把他擒获。"那名部将按照李愬说的做，果然活捉了李祐。

李愬亲自给李祐松绑，以宾客的礼节相待，李祐便归降了他。之后，李愬每晚把李祐、李忠义单独叫去，商议袭击蔡州的事，常常谈到半夜。有时，李愬还让李祐留下过夜，两人继续交谈，直到天亮还不睡。

很多人担心李祐是淮西的内应，躲在帐外暗中偷听，却只听到李祐感动的哭泣声。

李愬又募集了三千敢死勇士，天天亲自训练他们，让他们做好随时出发的准备。过了一段时间，李愬计划攻打吴房县，将领们都反对："今天是往亡日^①，不宜出战。"

"我们兵马少，正面作战，兵力不够用，只能出其不意地袭击。正因为今天是往亡日，所以敌人不会防备，这正是我们进击的好机会。"李愬说完，率军前往。

吴房的守军果然没有任何防备，官军很快攻克了外城，斩首

① 凶日名。旧历每月都有，这一天有许多禁忌。

一千多人。有人便劝李愬乘胜攻打内城。李愬拒绝了："这不在我的计划之内。"然后率领兵马返回营地。

这时，李祐觉得奇袭蔡州的条件已经成熟，便对李愬说："我得到消息，吴元济已经将蔡州的精锐兵马全都派往洄曲^①及四周的边境上，只剩下一些老弱残兵在守城。现在偷袭蔡州，一定能活捉吴元济。"李愬也觉得是出奇兵的时候了。

---

① 今河南漯（luò）河市沙河与澧（lǐ）河会流处下游一带，因河道迂曲回流而得名。

这年冬季，李愬命令李祐、李忠义率领三千人的敢死队作为前锋，自己与宦官监军率领三千人作为中军，又命令另一名部将率领三千人作为后军。军队出发后，大家都不知道要往哪里开进，有人问起，李愬就说："只管向东前进！"

军队走了六十里路，夜里到达张柴村，把村中戍守的淮西士兵和掌管烽火的人全部杀死，占领了敌军的栅垒。李愬命令将士稍稍休息，吃些干粮，整顿装备，然后留下五百人镇守张柴村，以截断洄曲与各条道路间的桥梁，又连夜率领兵马出了张柴村。

众将领请示进军的目标，李愬这才说："去蔡州活捉吴元济！"众将领都大惊失色，宦官监军更是哭着说："果然中了奸细李祐的诡计！"

当时，风雪大作，旌旗都被吹裂了，不少士兵和战马冻死在路上，再加上天色阴暗，从张柴村往东去的道路都是官军从来没走过的，每个人都认为这次死定了，但他们畏惧李愬，只能硬着头皮往前走。到了半夜，雪下得更大了，但官军也终于抵达蔡州城下。城外有一个喂养鹅鸭的池塘，李愬让大家哄赶鹅鸭，以遮掩军队行进的声音。

自从吴少诚抗拒朝廷命令，已经有三十多年没有官军来到蔡州城下，所以蔡州人没有任何防备，城里没有一个人知道官军已经来了。

李祐和李忠义用锄头在城墙上挖出坑坎，率先登城，强壮的士兵紧跟在他们后面。看守蔡州城门的士兵正在熟睡，李祐等人将他们全部杀掉，只留下巡夜打更的人，让他继续敲打木梆。接着，他们打开城门，让大部队进去。来到内城时，也是采用这种办法，城里的人都没有发觉。

鸡叫的时候，雪也停了，李愬已经进入吴元济的外宅。有人向吴元济报告说："官军到啦！"

吴元济还在睡觉，笑着说："不过是俘虏捣乱罢了！天亮后我就把他们都杀了。"

过了一会儿，又有人前来报告说："州城陷落啦！"

吴元济淡淡地说："一定是洄曲的子弟来找我，要求发放冬季的衣服。"他从床上起来，走到院子里聆听，却听到李愬军在发布号令："常侍传话。"响应号令的有将近一万人。吴元济这才害怕起来，说："这是什么常侍，竟能到这里来？"说完，率领左右亲信登上牙城①，抵御官军。

李愬派人进攻牙城，毁坏了牙城的外门，攻取了兵甲仓库，取出里面的军用器具。第二天，官军再次攻打牙城，放火焚烧了牙城的南门，百姓争着背柴草来帮助官军，射向城内的箭像刺猬身上的毛刺一样密集。很快，城门被毁，吴元济只好投降。李愬用囚车把吴元济送往京城。

返回军营后，将领们都跑来问李愬："在吴房打了胜仗，您却立即撤回，没有乘胜夺取吴房；狂风暴雪的天气，您让军队继续行军；孤军深入敌境，但并不畏惧。然而，您最终获得成功，大家都想不明白原因，所以前来向您请教。"

李愬笑着说道："如果夺取了吴房，吴房的人马肯定会逃到蔡州，与蔡州合力坚守，所以我把吴房留下来，以便分散敌人的兵力；狂风暴雪，天色昏暗，敌人无法通过烽火取得联系，也就不会知道我们已经到来；孤军深入敌境，大家没有退路，打起仗来反而会加倍出力。"将领们听了，都佩服得五体投地。

---

① 藩镇主帅所居之城，建牙旗（官署树立的旗帜），故称牙城。

孤军深入

孤立无援的军队深入到敌作战区。

造　句：	公元前119年，霍去病孤军深入，打了一场漂亮的漠北之战。回师之前，他登上狼居胥山，在那里筑坛祭天，以告成功。
近义词：	悬军深入
反义词：	里应外合

---

① 这个故事的原文里还有成语"腹心之疾"（腹心，比喻要害处；疾，疾患。比喻要害处的祸患）。

【 意气自若 】

《资治通鉴·唐纪五十五》

其小卒诣留守吕元膺告变，元膺亟追伊阙兵围之；贼众突出，防御兵蹑其后，不敢迫，贼出长夏门，望山而遁。是时都城震骇，留守兵寡弱；元膺坐皇城门，指使部分，意气自若，都人赖以安。

译 文

他的小兵前往洛阳留守吕元膺处告发了这一事变，吕元膺连忙追回屯驻伊阙的兵马，前来包围李师道的留后院。敌军冲了出来，吕元膺的防御兵马跟随在他们后边，不敢迫近。敌人出了长夏门，向山上逃去。这时候，东都的人们震惊恐骇，留守的兵马单薄微弱，吕元膺坐在皇城门前，指挥部署，态度还跟原来一样，东都的人们仰赖着他得以放下心来。

连环恐袭案

朝廷发兵讨伐淮西节度使吴元济时，曾号令各地节度使协助出兵。平卢节度使李师道[1]在震惊之余，产生了唇亡齿寒的恐惧感。他多次上表请求赦免吴元济，宪宗都没答应。当时，魏博节度使田弘正已经归顺朝廷，李师道害怕他攻打自己，不敢公开支援吴元济。

这时，李师道平时豢养的几十名刺客中，就有人给他出主意："出兵打仗，没有比粮草更重要的了。现在，江淮地区的赋税都存在河阴转运院，可以悄悄派几个人前去烧了它。另外，在洛阳募集几百个顽劣少年，让他们把洛阳城弄得鸡犬不宁，这样朝廷就会停止讨伐蔡州，忙着处理这些事。这也算是援助吴元济的一种办法。"

李师道采纳了这个建议。一天傍晚，几十个强盗攻打河阴转运院，杀伤了十多人，布帛谷物几乎被烧了个精光。此后一段时间，洛阳城中每天都有烧杀抢掠的事情发生，人们恐慌不安。很多大臣因此请求停止讨伐吴元济，但宪宗没有理睬。

于是，那名刺客又给李师道出了一个更绝的主意："现在朝廷所有军务都由宰相武元衡掌管，他力主清剿淮西，人称'铁血宰相'。还有那个御史中丞裴度，也是主张削藩的强硬派，让我前去刺杀他们。只要他们一死，其他大臣就会害怕，争着劝天子罢兵。"

李师道觉得这个办法好，当即给了这名刺客一大笔盘缠，打发

---

① 原平卢节度使李纳的儿子。

他前去行刺。

这天，晨曦微露，武元衡穿戴整齐，准备去上朝。他刚出家门，那名刺客便从黑暗中窜出来，朝他射了一箭，结果没射中，却惊得随从人员纷纷逃散。刺客趁机拉过武元衡骑的马，往前走出十多步后，一刀刺死了他，并砍下他的头颅。

随后，这个嚣张的刺客又跑去刺杀裴度，第一剑砍断了裴度的靴带，第二剑刺中他的背部，划破内衣，最后一剑击中他的头部。裴度跌下马来，幸好他戴的毡帽很厚实，因此伤得不深。刺客又挥剑追杀裴度。裴度的一名随从扑上去死死地抱住刺客，并高呼："快来人哪，有刺客！"那名刺客用力砍断了随从的右手，待要上前给裴度补上一刀，却听到巷子里传来嘈杂的脚步声，他心头一紧，大步消失在黑暗中。

刺客临走前，还撂下一句狠话："谁敢捉拿我，我就杀了谁！"因此有关官员不敢操之过急，凶手一直没能归案。

京城的人们都惊骇不已，老百姓天一黑就关门闭户，文武百官天没亮不敢出门，有时宪宗上朝，等了很久，官员还没到齐。宪宗震怒，命令在朝廷内外四处搜查刺客，拿获刺客的，赏钱一万缗，赐给五品官位，胆敢包庇刺客的，诛杀全族。全城开始了大搜捕，连公卿将相家的夹壁、复屋都翻了个底朝天，却始终没有抓到真正的凶手。

有人怀疑是某个藩镇干的，上书请求罢免裴度的官职，以安抚他们。宪宗生气地说："如果这样做，邪恶的阴谋就会得逞，朝廷也不再有法度可言。朕偏要和这些藩镇斗到底！"说完，下诏任命裴度为宰相，接替武元衡全权负责军务，加紧攻打吴元济。

李师道见这些办法不仅没有击垮宪宗，反而使他越来越强硬，便又生出一计。他在洛阳安排了上百号亡命之徒，准备火烧宫廷，连杀带抢，制造恐怖气氛。行动前一晚，他命人备下好酒好肉，犒赏这些人。

第二天，将要行动时，李师道手下的一个小兵因为害怕，偷偷跑到洛阳留守吕元膺那儿告发了这件事。吕元膺立刻带人前去抓捕。不料，这些亡命之徒冲出来，逃到了山上。洛阳的兵马不足，人们都很惊恐，吕元膺却意气自若，重金悬赏捉拿他们。

过了几天，有个山民前来报告，说一伙贼人抢了他的鹿。吕元膺猜这伙贼人就是自己要抓的人，便带着官军前去围剿，并全部抓获。果然是那伙亡命之徒，他们在山里躲了很久，实在饿得不行，就出来抢山民的鹿。而这伙人的首领，竟然是中岳寺的一名老和尚。

老和尚法号圆净，曾经是史思明的悍将，史思明失败后，他削发为僧。圆净虽然遁入空门，但是贼心不死，暗中勾结李师道，准备在洛阳起事，没想到计划失败。吕元膺下令将他们全部处死。临死前，圆净叹息道："你们耽误了我的大事，不能血染洛阳城了！"

经过审讯，杀害武元衡的幕后主谋李师道也浮出水面，吕元膺立即密报宪宗，并进言："藩镇骄横，没尽到做臣下的礼数，不算十恶不赦，但是李师道竟敢暗杀宰相，策划屠戮东都，焚烧宫殿，如此悖乱忤逆，必须诛讨。"宪宗虽然也愤怒，却因为朝廷正在讨伐淮西的吴元济，没有余力处治李师道，只得暂缓处理此事。

等到李愬活捉了吴元济，平定淮西之后，李师道既担忧，又恐惧，不知道该怎么应付。有人就劝他："你唯一的出路是向朝廷送人质、献土地，以此赎罪。"李师道听从了，派使者上表，请求让他的长子入朝，并献出三州之地。宪宗同意了。

但是，李师道的妻子魏氏不愿意让儿子入朝，哭着劝李师道："我们李家占据这些地盘已经有几十年了，怎么能无缘无故地献给朝廷呢？我们有几十万人马，朝廷如果派兵前来讨伐，我们未必会输，就算不能取胜，到时再献上三州也不迟啊。"

李师道平时就对魏氏言听计从，大小事都让她参与决策，听她这么一说，马上后悔了，上表称："我手下的那些将士，死活不同意送人质、献土地。我也是没办法呀！"宪宗大怒，命令义成①节度使李光颜联合魏博节度使田弘正共同讨伐李师道。

不久，魏博、义成两军将俘获的李师道的将领四十七人送往京城，宪宗一律释放不杀，还说："如果有人想回家照顾父母，就发给他们盘缠，让他们回去。朕要诛杀的，只有李师道一个人。"李师道的将士听说后，纷纷投降朝廷。

眼见官军日益逼近郓（yùn）州②，李师道十分惊恐，征发民夫甚至妇女去修治城池，加强防守，并命令部将刘悟率兵驻扎在阳谷，抵抗官军。刘悟治军宽容，士兵们都叫他"刘父"。这时，有人对李师道说："刘悟治军不严，是想收买人心，恐怕日久生变，应该早日除掉他。"李师道便派了两名亲信去杀刘悟。

刘悟听到风声，暗中派人杀了那两名亲信，然后召集众将领，声色俱厉地说："我和你们不顾死活抗击官军，但是李师道听信谗言，竟然派人来杀我。我如果死了，你们肯定也跑不掉。天子说了，只杀李师道一人，我们为什么还要跟着他一起灭亡呢？我打算奉行天子之命，诛杀李师道，这样不仅可以免除一死，而且还有富贵可享。"

接着，刘悟置办酒席，让士兵饱餐了一顿，才向全军下达命令："攻入郓州，每人赏钱一百缗。除军库外，所有东西，你们想拿就拿。此外，有仇的，也可以报仇。"

夜半时分，刘悟带着军队出发了。一路上，将士们嘴里都衔着

---

① 治所在今河南滑县东南。
② 治所在今山东东平西北。

枚，马匹的嘴用布包住，以防发出声音，碰到行人，就留在军中不让走，以免走漏消息。

当军队距离郓州还剩几里路时，刘悟命令将士原地待命，先派了十个人去城下，高声喊道："快开门，我们奉节度使的手令入城。"守门人请他们稍候，准备写书简禀报李师道，那十个人突然拔出刀来要砍，守门人吓得拔脚就逃。

城门大开，刘悟率军入城，并很快攻破内城，只有李师道所住的牙城还在抵抗。刘悟命令士兵用大斧劈开了城门。城中亲兵不过几百人，开始还有人发箭抵抗，后来见寡不敌众，都扔掉弓箭，伏地投降。

李师道和他的两个儿子藏在床底下，被刘悟的士兵搜了出来，押到节度使府门外的空地上。刘悟冷冷地对李师道说："我奉天子密诏，打算送您到京城面见皇上，但是您做下这么多悖乱忤逆之事，还有什么脸面再见皇上呢？"

李师道还想求饶，他的儿子却仰面叹道："事已至此，只盼死得快一点儿！"随后，父子三人都被斩首。

李师道被灭后，原本持观望态度的成德、横海等藩镇相继归附。宣武节度使韩弘还主动入朝，并两次贡献大量的丝绢、金银器皿、战马、粮食，还要求留在京师。这是中晚唐历史上第一次，也是唯一一次出现的一统局面。

成语学习 ①

意 气 自 若

自若，还像原来的样子。比喻遇事神态自然，十分镇静。

造 句：	地震时，老师意气自若地指挥同学们离开教室，前往应急避险场所。
近义词：	镇定自若
反义词：	惊慌失措

---

① 这个故事的原文里还有成语"不知所为"（不知道该怎么办）。

【 不识一丁 】

《资治通鉴·唐纪五十七》

雍辈复裁刻军士粮赐，绳之以法，数以反虏诟责吏卒，谓军士曰："今天下太平，汝曹能挽两石弓，不若识一丁字！"由是军中人人怨怒。

译 文

韦雍等人又克扣兵士的军粮，对不满的将士，动不动就绳之以法，并经常嘲笑责骂官吏和士卒为叛贼，他们对兵士说："现在天下太平，你们虽然能拉开两石的强弓，但不如认识一个字。"军中将士听了，个个怨恨愤怒。

大唐再失河朔

唐宪宗平定藩镇叛乱，带领国家走向元和中兴，自觉立下不朽功勋，渐渐骄奢起来。他听信奸臣皇甫镈（bó）的谗言，罢免了贤相裴度。到了晚年，他为了追求长生不老，开始服用丹药，性情变得暴躁易怒，动不动就打骂或诛杀身边的宦官。

元和十五年（公元 820 年）正月，在毫无征兆的情况下，宪宗暴亡。人们普遍怀疑他是被宦官害死的。随后，太子李恒在宦官王守澄等人拥护下即位，为唐穆宗。

穆宗虽然才二十多岁，却丝毫没有宪宗刚即位时那种锐意进取的劲头，他喜欢四处游玩，热衷于观看歌舞、杂技表演。宪宗一下葬，他就迫不及待地带着随从外出打猎，举办盛大的宴会，欣赏神策军的杂技表演，沉溺在各种享乐之中。一些忠直的大臣看出不好的苗头，多次上书劝谏，穆宗看了只是笑笑，并不改正。

有一阵子，穆宗迷上了书法。他看到大书法家柳公权的墨迹，赞不绝口，还虚心地向他请教："爱卿啊，你的字为什么写得这么好？"

柳公权想了想，认认真真地答道："臣以为，写字运笔的关键在于用心，心正，笔就正。"穆宗听出柳公权话里有规劝自己之意，便一言不发。

穆宗之所以沉迷享受，疏于理政，有一部分原因是觉得吴元济、李师道被诛杀，河南、河北各藩镇都归顺了朝廷，说明天下太平了。

当时有这种想法的大臣不少，宰相萧俛（miǎn）、段文昌就是其中的代表，他们向穆宗进言："现在天下安定，应该逐步裁减军队。请陛下给各地秘密下诏，凡是有兵的军镇，每年一百个兵士中允许有八人逃走或死亡，注销其军籍。这样一来，既能控制藩镇的兵力，又能缩减军费开支。"穆宗觉得很有道理，便采纳了二人的建议。谁知，看上去一劳永逸的"销兵政策"却为即将到来的河朔三镇复叛埋下隐患。

当初，幽州节度使刘总是杀死父亲和哥哥才掌握军政大权，他常常感到内疚，睁眼闭眼总能看到父兄的亡魂。为此，他在府内供养了几百位僧人，日夜诵经拜佛，每次处理完公务，都会与僧人们吃住在一起。可是这样过了十来年，刘总仍然寝食难安，他又看到河南、河北的藩镇都已归顺朝廷，担心自己孤立无援，便上表朝廷，请求落发为僧，将幽州归还朝廷。穆宗当然求之不得，下诏赐刘总法名为大觉，将其私宅命名为报恩寺。

诏书还没到，刘总就剃度出家了。临走之前，他建议朝廷将幽州分为三道，由宰相张弘靖、平卢节度使薛平、代理京兆尹卢士玫各负责其中一道。接着，他又把骄纵强悍的将领，如朱克融①等人，全部送到京城，请朝廷奖励并予以提拔，好让幽州人都能产生羡慕朝廷官爵俸禄的心思。

然而，穆宗只顾着享乐，宰相崔植、杜元颖又缺乏深谋远虑，他们没有按照刘总的建议做，仅仅分出两个州给卢士玫，其余各州则由张弘靖统领。而朱克融等人在京城客居很久，窘迫到借衣讨食的地步，他们每天到中书省去请求授予官职，崔植、杜元颖都不理。等到朝廷正式任命张弘靖为幽州节度使，勒令朱克融等人返回幽州

---

① 幽州节度使朱滔的孙子。

时，朱克融等人愤怒不已。

以前，幽州节度使都能冒着严寒酷暑，与士卒同甘共苦。而张弘靖出身于河东张氏，是继祖父张嘉贞、父亲张延赏之后张家的第三位宰相，喜欢雍容闲雅的生活。来到幽州后，他也不改奢华的作风，进进出出都坐着轿子，尚武的幽州人很看不惯。张弘靖每十天才处理一次军政事务，日常政务大多委托他的幕僚处理。

张弘靖的判官韦雍等人都年少轻浮，吃喝玩乐，十分放纵，进出官府时，随从大呼小叫，有时晚上从外面回来，烛火满街。韦雍等人还经常克扣军粮，并嘲笑将士们："现在天下太平，你们只会拉弓射箭，管屁用啊，还不如多识一个字呢。"军中将士个个愤怒不已。

一天，韦雍外出，一名小将骑马冲撞了他的仪仗队。韦雍很生气，命人把小将从马上拉下来，打算在大街上杖责。河朔地区的将士不习惯受杖责，那名小将拒不服从。韦雍立即向张弘靖告状。张弘靖勃然大怒，叫人拘捕小将，狠狠惩处了一通。当晚，幽州将士冲入节度使府，囚禁了张弘靖，并杀死韦雍等人。

第二天，将士们后悔了，跑去对张弘靖说："我们昨天太鲁莽，请张相公宽恕，以后我们一定洗心革面，听从您的号令。"张弘靖冷漠地看着他们，一句话也不肯说。将士们就商议道："张相公不说话，是不肯原谅我们了。既然如此，我们拥立幽州老将朱洄为新主帅吧！"

朱洄是朱克融的父亲，这时正在家养病，明白众将士的来意后，就对他们说："诸位一片诚心，老夫原本不该推辞，无奈老夫年老多病，恐怕命不久矣。我儿子朱克融已回幽州，不如让他替我当这个留后。"将士们都同意了。于是，幽州再次叛离朝廷。

不久，成德也复叛了。原来，成德节度使王承宗死后，穆宗调魏博节度使田弘正前去接任，有臣子反对："魏博和成德这两个地方，长期相互攻打，结下世仇，这种安排恐怕会生出变故。"穆宗不听。

田弘正也知此行凶多吉少，就带着两千魏博士兵赴任。在路上，他奏请朝廷供给这两千人的军饷。户部侍郎崔俊（líng）认为魏博、成德各自有兵，不能开这个先例。田弘正又多次上书恳求，都没有得到回复，只好把这两千士兵遣回了魏博。

成德军中有个叫王庭凑的将领，性情狡诈，经常借小事激怒将士，试图作乱。之前由于魏博那两千士兵在，他不敢贸然行动，等到魏博士兵离开，他立即纠集了一些军士，冲进节度使府，杀死了田弘正，自己做起了留后。

当初在宰相崔植、杜元颖建议下，被注销军籍的士兵很多，他们没有其他谋生的手段，便聚集在深山江湖中做盗贼。等到朱克融、王庭凑叛乱，这些士兵都投奔到他们的麾下。朝廷征发各道军队讨伐他们，由于各道兵力少，都临时招募士兵，因此军队素质低，多是乌合之众。

此外，宦官充任军队监军，制约了主将的指挥权，但凡取得小胜，监军就飞书向朝廷报捷，作为自己的功劳，失败了则胁迫主将，把罪责推给他们。监军还挑选骁勇的兵士保护自己，而派老弱病残去作战。

更要命的是，前线的军事行动都由远在后方的朝廷授予作战方略，也不管作战方略是否切实可行，只是责令将士遵照执行，急速出战。所以每次战斗，官军大多失败。穆宗很焦虑，便任命田弘正的儿子田布为魏博节度使，让他率领魏博军队协助朝廷平叛。

任命书下达时，田布正在为父亲守丧，几次推辞不过，只得赴任。临行前，他预感到自己可能会重复父亲的老路，流着泪对家人说："我这一去，可能再也回不来了！"说完，骑马上任。距离魏州三十里时，他披散着头发，赤着脚，痛哭入城。

早先，田布跟随父亲在魏博时，对牙将史宪诚十分重视，多次在父亲面前称赞他，并推荐他担任要职。等到田布当上魏博节度使，便以史宪诚为亲信，将军中的精锐兵力都交给他统辖。

当时天气酷寒，大雪纷飞，道路交通受影响，前线将士的军需供给遇到困难，魏博军心动摇，毫无斗志。田布只好征发魏博六州的租赋供给军需，将士们很不高兴，说："按照惯例，军队出境之后，军需应由朝廷供给。现在您却搜刮我六州的民脂民膏来供军，虽然您一心为了国家，可是为什么要我六州百姓遭这份罪呢？"

史宪诚野心勃勃，早就觊觎节度使之位，他察觉到魏博将士受幽州、成德叛军的影响，想回到割据状态，便趁机煽动士卒的不满情绪。恰逢王庭凑带着乱兵攻打深州，穆宗命魏博分兵前往救援。大多士卒都跟着史宪诚，田布只好率领八千人返回了魏州。

两天后，田布和部将们再次商议出兵计划。诸将冷冷地看着他，傲慢地说："如果您按以往河朔割据的惯例做事，我们一定誓死相随；如果您只是让我们为朝廷出战，恕难从命。"

田布见此情状，知道无力回天，便叹道："我立功报国的愿望无法实现了！"当天，他写下遗书，向穆宗报告情况，然后挥刀自杀。史宪诚获悉，兴奋地向将士们宣布，他将遵循河朔的惯例，实行割据。魏博将士十分高兴，拥戴史宪诚为留后。

这时，朝廷讨伐幽州、成德已经一年多，耗尽了国库资财，却没有什么结果。等史宪诚宣布魏博割据，朝廷再也无力征讨，只好将他和朱克融、王庭凑都任命为节度使。至此，朝廷再度丢失河朔三镇，直到唐朝灭亡，都未能收复。

成语学习 ①

不 识 一 丁

形容一个字也不认识。

造　句：旧社会，很多人上不起学，不识一丁。	
近义词：目不识丁、胸无点墨	
反义词：学富五车、满腹经纶	

---

① 这个故事的原文里还有成语"被发徒跣"（披散着头发，赤着脚走路。形容悲痛到极点）。

〖 博古通今 〗

时事起苍猝，守澄以翰林学士韦处厚博通古今，一夕处置，皆与之共议。守澄等欲号令中外，而疑所以为辞。处厚曰："正名讨罪，于义何嫌；安可依违，有所讳避！"

译 文

由于诛讨贼党的事件决定得极为仓促，枢密使①王守澄认为翰林学士韦处厚知道很多古代的事，也通晓不少现代的事情，所以，当天晚上的所有决定，都和他一起商议。王守澄等人打算对朝廷内外发号施令，疑虑用什么名义来措辞。韦处厚说："讨伐贼党的目的是为了端正国家的名分，这时忠君的大义有什么嫌疑呢？在这个关系国运的紧要时刻，怎么能够为了躲避嫌疑而犹豫不决！"

---

① 唐代宗永泰年间开始设置枢密使，由宦官担任，职责是在宫廷奔走，宣传机密诏奏，承受表奏，然后进呈，若皇帝有所处分，则交付政事堂及翰林院学士。到后来侵夺宰相之权，干预朝政，甚至废立君主。

滑稽的染匠暴动

安抚好河朔三镇，穆宗继续疯狂游乐，直到长庆二年（公元822年）的冬天才算有所收敛。原因是，有一天，穆宗和宦官们打马球时，一名宦官不慎从马上掉下来，穆宗感到恐慌，想到殿前休息。他翻身下了马，突然感到头晕目眩，双腿也软绵绵的，站都站不稳。太医一检查，发现穆宗中风了。经过一年多的调理，穆宗的病渐渐痊愈，渴望长生的他开始学他父亲宪宗服食丹药，导致旧病复发，没过几天就驾崩了。

公元824年，年仅十六岁的太子李湛登上皇位，即唐敬宗。敬宗的游乐无度，比起穆宗有过之而无不及。即位没几天，他就跑到中和殿去踢球，此后，游宴玩乐多得连史官都记不全。

贪玩的敬宗自然不会勤于政事，每次上朝都很晚。有一天，太阳已经很高了，他还没出现，百官等得脚都麻了，有些老臣因为体力不支差点儿跌倒在地。有人就叹息道："昨天我上了一份奏疏，劝皇上以后上朝要早一点儿，不料今天更晚。"

等到敬宗来了，议完事，百官退朝，大臣刘栖楚独自留下，进言道："陛下年纪正轻，即位之初，应当早起晚睡，励精图治，怎么能贪睡晚起呢？先皇的棺木都还没下葬，治丧的鼓乐声还在耳边奏响，陛下勤政的名声还没显扬，不孝的恶名却已经天下皆知了。"说完，用头叩撞台阶，血流不止。

"好了，朕知道了！"敬宗很不耐烦，连连挥手命令他出去。

刘栖楚一边继续叩头，一边说："陛下如果不采纳臣的意见，臣请求立即死在陛下面前。"

"您不用这样，朕以后改还不行吗？"敬宗吓一跳，赶紧安抚他。刘栖楚这才退下。

然而，敬宗不但没改，还变本加厉，一个月也难得上朝几次，大臣也很难见到他。

听说小皇帝行为荒唐，民间都议论纷纷，有个叫苏玄明的占卜术士就动起了歪脑筋："如果我能推翻这个昏庸的皇帝，再辅佐一位君王建立功业，必定有享不尽的荣华富贵。"可是，苏玄明不过是一个平头百姓，和宫里根本搭不上关系，更不要说其他了。他思来想去，最后想起好朋友张韶在宫里的染坊当役夫，经常抱怨工作辛苦，便想拉张韶入伙。

这天，苏玄明神秘兮兮地对张韶说："我给你算了一卦，你猜怎么着？"

张韶很紧张，忙问："卦上怎么说？"

苏玄明凑上前，在他耳边低语："卦上说你会走进皇上的宫殿，坐在御座上，享受御膳——当然我也在，咱俩推杯换盏，共享富贵……"

"你是不是疯了？竟敢说这种灭族的话？你想死，我还不想呢！"没等苏玄明说完，张韶就吓得脸色煞白，赶紧捂住他的嘴，拼命埋怨道。

苏玄明一本正经地说："卦上是这么说的！你看当今皇上，一天到晚，不是踢球就是游猎，大多数时间不在宫中，这是上天给我们机会，要我们图谋大事啊！"

张韶半信半疑："你是说真的？"

"那还有假！"苏玄明赌咒发誓。

张韶稀里糊涂地竟相信了苏玄明的鬼话，答应和他一起造反。

苏玄明大喜，忙说："光咱俩不行，得找些人一块干！"

两人一合计，暗地里游说染坊的工匠，说他们占领皇宫后，有享不尽的荣华富贵，再也不用当牛做马了。就这样，他们纠集了一百多号人马。

这天，染匠们把兵器藏在车上的柴草中，打算通过银台门进入大明宫，等天一黑就起事。不料车子通过宫门时，卫兵见车上的柴草竟然把车轮压得嘎吱作响，怀疑柴草里藏了东西，便朝张韶等人喝道："站住！车里装的是什么？"

张韶等人本就心怀鬼胎，面对卫兵的盘问，他们支支吾吾，情急之下就杀了这名卫兵。这样一来，众人的形迹也暴露了。他们心一横，索性换了衣服，抽出兵器，大喊着向宫中杀去。

敬宗这时正在清思殿踢球，宦官发现有人向宫中冲来，赶忙关闭宫门，跑去向敬宗报告。很快，张韶等人攻破宫门，冲进宫中，直扑大殿而来。

平时敬宗宠爱右神策军护军中尉梁守谦，每次左右神策军比试武艺，敬宗都为右军助威，这时就想去右神策军的军营中避难，左右侍从劝道："右军太远，路上万一遇到盗贼可怎么办？左军近，还是去左军吧。"接下来，一帮宦官护着敬宗来到左神策军的军营。

左神策军护军中尉马存亮得知敬宗驾临，急忙跑出军营迎接。他激动得两手捧住敬宗的双脚哭泣不已，亲自把敬宗背到营内，再命部将率领骑兵入宫讨伐作乱之人。

此时，染匠们已经进入清思殿。张韶一屁股坐在御榻上，见面前摆满了为敬宗准备的美味珍馐，抓起就往嘴里塞，还不忘招呼苏玄明一起吃，并说："老兄，我果然坐上御座，用上御膳，你的卦真灵啊！"

苏玄明却突然被惊醒一般，失声道："我们造反就为这个吗？以后怎么办？"

张韶一听，刚刚还得意扬扬的脸上立刻浮现出一丝恐惧，他一骨碌从御榻上下来，撒腿就往外跑，却被赶来的神策军将士死死按在地上。跟着，神策军将士如秋风扫落叶般把这帮乌合之众给消灭了。

这场滑稽的事变发生得突然，平息得也迅速，以致敬宗久久回不过神来。

第二天早上，文武百官才知道这件事，要求把张韶等人经过的宫门的监门宦官，共三十五人，全部处死。敬宗不忍，下令打他们一顿，又重重赏赐了护驾有功的神策军将士。

翰林学士韦处厚趁机劝敬宗减少游乐："先帝穆宗皇帝由于酒色过度招致疾病，减损了寿命。当时，臣没有冒死劝阻，是考虑到陛下您已经十五岁，长大成人了。可现在，陛下的儿子才一岁，臣怎么敢怕死而不规劝呢？这次染匠谋反，就是对陛下的提醒，可见陛下贪玩的名声，不仅传遍皇宫，甚至越过宫墙，传到长安城的坊肆中，才给了无赖匪徒可趁之机啊。"

敬宗被这番话打动，表示要痛改前非。可是才消停了几天，他就玩性再起，三天两头游乐宴饮。

一天，敬宗突然想去骊山游幸，群臣极力劝阻，他就是不听。大臣张权舆拜伏在紫宸殿下，一边磕头一边劝道："从周幽王以来，游幸骊山的帝王都没有好的结局。秦始皇葬在那里，秦朝只传到二世就灭亡了；玄宗皇帝在骊山修建行宫，导致安禄山叛乱；先帝穆宗去了一趟骊山，回来便驾崩了。"

"哦？！"敬宗反而来劲了，"骊山真的这么不吉利吗？朕倒要亲自去一趟，验证一下你的话。"他执意前往，当天就返回宫中，对身边的人说："那个磕头劝朕不要去的人所说的话，能信吗？朕不是好好的吗？哈哈！"

后来，敬宗又喜欢上了摔跤，禁军和各道藩镇投其所好，争相进献大力士供他游乐。敬宗性情极为急躁，玩兴一来，往往没有什么顾忌，有的大力士恃宠不逊，他就抄起棍棒毒打一顿，宦官小有过错，轻则辱骂，重则流放。敬宗还喜欢半夜带人外出捕捉狐狸，有几名宦官因为配合不好被削职。这些人对敬宗既畏惧，又怨愤。

宝历二年（公元 826 年）的一天夜里，敬宗外出打猎回到宫中，与宦官刘克明、田务澄、许文端，以及踢球军将苏佐明等二十八人一起饮酒。酒兴正浓时，敬宗进房中换衣，打算游戏一番。这时，殿内火烛忽然熄灭，敬宗正要开骂，苏佐明等人冲进来杀死了他，然后假传圣旨，宣布由敬宗的叔叔、绛王李悟暂时代理朝政。

为防内侍省①掌权的宦官跳出来阻挠，刘克明等人打算把他们全撤掉，换成自己的人。不料消息泄露，枢密使王守澄当即派禁军前去迎接敬宗的弟弟、江王李涵入宫，同时命令左、右神策军讨伐杀害敬宗的宦官，将他们全部斩首。

由于诛讨刘克明等宦官的事决定得很仓促，王守澄认为翰林学士韦处厚博古通今，所以，当天晚上的所有决定，都和他一起商议。

第二天，文武百官在紫宸殿外廊拜见江王李涵。两天后，李涵正式继承帝位，改名为李昂，即唐文宗。

---

① 皇帝的近侍机构，管理宫廷内部事务，包括传达谕旨、守御宫门、洒扫内廷、内库出纳和照料皇帝的饮食起居等。

成语学习①

博古通今

原文为"博通古今"。通，通晓；博，广博，知道得多。对古代的事知道得很多，并且通晓现代的事情。形容知识丰富。

造　句	王教授博古通今，上课时总是
	引经据典，滔滔不绝，深受学
	生欢迎。
近义词	满腹经纶、见多识广
反义词	孤陋寡闻、不学无术

---

① 这个故事的原文里还有成语"积忧成疾"（长久忧虑就会得病）。

〖 相见恨晚 〗

《资治通鉴·唐纪五十九》

乃使注往谒守澄，守澄初有难色，不得已见之，坐语未久，守澄大喜，延之中堂，促膝笑语，恨相见之晚。

译 文

李愬就让郑注去拜见王守澄。王守澄开始还面有难色，后来不得已接见郑注。交谈不久，王守澄大喜，把郑注引到正堂，两人促膝交谈，笑声不断，恨相见太晚。

诛灭宦官的卧底

唐文宗为人恭俭儒雅，博览群书，曾经对左右说："若不甲夜视事，乙夜观书①，何以为人君耶？"意思是说，如果不在初更时处理公务，在二更时读书，怎么能当好皇帝呢？所以，他一即位，就恢复了过去的制度，每逢单日都去上朝，向文武百官咨询朝政大事，经常很晚才罢朝。遇上大臣去世要辍朝，以及因酷暑或雨雪天气而放朝，也都尽量安排在双日，以免影响单日上朝。

在处理朝政以外的闲暇时间，文宗仅仅以读书观史为乐，对女色、音乐和外出打猎不感兴趣，他把三千多名没有担任职务的宫女遣散出宫，五坊中的鹰犬除了保留少数用于有限的游猎外，其余一律放掉。他还要求宫中的日常用品一律按照贞元②年间规定的数额供给，不得增加，敬宗时期在规定数额之外向各地索要的东西，一律停止进献。朝廷内外都相互庆贺，认为天下太平大有希望。

然而，此时的大唐帝国，犹如一位身染重病的老人，再难恢复生机，如果说拥兵自重、蔑视朝廷的藩镇势力是一颗毒瘤，宦官乱政则是另一颗性质更恶劣的毒瘤。宦官们傲慢欺主，甚至可以决定皇帝的废立及生死，宪宗、穆宗便是死在他们手里，而凶手还在文宗身边当侍从。文宗很想铲除他们，但考虑到自己刚即位，实力不够，便选择了隐忍。

---

① 甲夜、乙夜，指初更、二更时分。视事，处理政务。后遂称皇帝亲阅为"乙览"。
② 贞元（785—805）是唐德宗的年号。

太和二年（公元 828 年），文宗亲自主持科举考试，考生刘蕡（fén）在对策中，愤怒地抨击宦官的专权罪行："如今，忠正贤良的大臣得不到朝廷的重用，宦官小人却窃取了废立皇帝的大权，从而给了骄横跋扈的藩镇借清君侧的名义发动叛乱的机会。如果陛下真的想励精图治，就应当亲近百官，重用骨鲠之臣。但是，为什么您放任身边的五六个宦官专制朝政？这样下去，恐怕要祸起萧墙。"考官们读了，赞不绝口，十分佩服刘蕡的才能和胆识，但是由于惧怕宦官，而不敢录用他。

刘蕡所说的五六个专权宦官中，以神策军中尉王守澄最为嚣张。当初王守澄因为拥护穆宗即位有功，被任命为监军，敬宗时更被提拔为权力与宰相相当的枢密使。敬宗死后，他又拥立文宗即位，掌管禁军，一时权倾朝野。

太和四年（公元 830 年），已经在位四年的文宗越发不能忍受王守澄等宦官的恣意妄为，决心找人诛除他们。找谁呢？宰相牛僧孺与李宗闵都与宦官关系密切，不是合适的人选。文宗苦思冥想了几天，终于秘密召见了翰林学士宋申锡，与他讨论宦官专权的问题。

"陛下，宦官之所以敢废立皇帝，根本原因是他们手里有禁军，要想剪除宦官的势力，必须一步步解除他们的兵权。"宋申锡明白文宗的心意后，马上提出建议。

文宗连连点头，又觉得宋申锡性情深沉宽厚、忠正谨慎，可以信任，便提拔他为宰相，筹划诛除宦官事宜。宋申锡推荐吏部侍郎王璠（fān）为京兆尹，向他透露文宗打算诛除宦官的计划。没想到，王璠嘴不严，转身告诉了王守澄。王守澄大惊，赶紧让人去找心腹郑注来商量。

郑注原本是一个名不见经传的江湖郎中，靠行医游走四方，有时候连饭都吃不饱。后来，他以精湛的医术得到徐州一名牙将的赏识。在牙将的推荐下，郑注结识了昭义节度使李愬，并治好了困扰他多年的顽疾，得以留在节度府任职。由于郑注巧言谄媚，深受李愬的宠爱。渐渐地，郑注开始干预军政，李愬的部将不满，便悄悄向当时的监军王守澄打小报告。王守澄便要求李愬赶走郑注。

当时监军直接听命于皇帝，权力很大，平时李愬对王守澄还是颇为忌惮的，这次却极力为郑注说话："此人虽然有这样那样的毛病，却是一个难得的奇才。您不妨和他先见个面，再决定是不是赶走他。"

话说到这分上了，王守澄也不好拂李愬的面子，便答应见郑注。没过多久，身材瘦小、相貌丑陋，眼睛还有点儿斜视的郑注进来了，王守澄对他爱搭不理的。没想到，郑注不卑不亢，侃侃而谈，王守澄心里想什么，他都能说得分毫不差，把王守澄听得一愣一愣的。王守澄马上改变态度，将他引入内室，促膝交谈，大有相见恨晚之感。

第二天，王守澄对李愬说："您说得对，郑注确实是个旷世奇才。"从此对郑注宠信有加。后来王守澄被穆宗召回朝廷，就将郑注也带上，为他建造住宅，供给财物。等到王守澄当上枢密使，郑注也跟着飞黄腾达。如今大祸临头，王守澄最先想到的就是找郑注商量。

郑注弄清事情的原委后，也很害怕，想了老半天，才阴阴地对王守澄说："皇上的弟弟、漳王李凑德才兼备，很有声望，我们找人诬告宋申锡企图拥立漳王为帝。若能除掉宋申锡，皇上就像少了左膀右臂。"

"好主意！就这么办！"王守澄拍手说道。

他们的计策果然奏效。文宗收到诬告宋申锡的奏章后，相当恼怒，便罢免了他的宰相职务，并命宦官审理此案。当时从宰相到大臣，都不敢为宋申锡申辩，只有京兆尹崔琯、大理卿王正雅接连上疏请求御史台复核。迫于压力，宦官对此案的审讯才稍稍放缓。

审讯结束后，文宗召集宰相们商议。宰相牛僧孺质疑道："做臣子的地位再高也不过是宰相，现在，宋申锡已经拜相了，假如他真的想谋反，拥立漳王，那他又能得到什么呢？我认为他绝不会傻到这种地步！"文宗听了，若有所思。

郑注害怕他们的骗局被揭穿，便劝王守澄奏请文宗尽快结案。次日，宋申锡被贬为开州司马，最后死在被贬之地。诛灭宦官的计划就这样搁置了。

太和七年（公元833年），文宗突然中风，不能说话，御医试了各种方子，也不见效。王守澄就向文宗推荐郑注。文宗听闻郑注人品低劣，心里有点儿打鼓，又不好推却，便同意了。没想到，吃了郑注开的药后，文宗的病情迅速好转，再加上郑注善解人意，往往能想文宗所想，文宗开始宠信起他来了。

而在郑注眼里，王守澄只是一个得势的宦官，皇帝才是真正的靠山，从此，他一心一意地侍奉文宗。王守澄对此毫不知情，还为在文宗身边安插了自己人而高兴，跟着他又向文宗推荐了一个叫李训的，说此人精通《周易》。文宗便召见了李训。

李训是宰相李逢吉的侄子，年轻时进士及第，在太学担任助教，后因罪流放，直到朝廷大赦才返京。为了出人头地，他投靠了郑注，又结识了王守澄，从而得到朝见天子的机会。

见了面，文宗见李训高大魁梧、潇洒豪爽，言谈又机智幽默，十分欣赏，任命他为翰林侍讲学士[1]。

王守澄扳倒宋申锡后，越发不可一世，文宗心中虽然憎恨，但

---

[1] 负责给皇帝讲授经史等书。

是不露声色。李训揣知文宗的心思，便利用讲读经典的机会，多次指斥宦官擅政。文宗越发觉得李训才华横溢，是可以共谋大事的人，而且李训和郑注都是王守澄推荐的，不会引起宦官们的怀疑。一天，文宗召见李、郑二人，向他们掏出自己的心里话。

二人听罢，向文宗建议道："要想天下太平，得先除掉宦官，再收复河湟失地，最后平定河朔三镇。"文宗深以为然。

打那以后，李训、郑注便以诛除宦官为己任，经常与文宗商议、谋划。外面的人只知道二人依靠王守澄的权势作威作福，却没有察觉到他们和文宗的密谋。

当初文宗被拥立为皇帝时，宦官仇士良也有很大的功劳，但他受到王守澄的压制，因此两人有矛盾。李训就建议提拔仇士良以分割王守澄的权力。文宗欣然采纳，任命仇士良为左神策军护军中尉。王守澄对此很不高兴。

李训、郑注又建议文宗擢拔王守澄担任左右神策军观军容使。这是一种荣誉性的最高级军职，表面上是对王守澄的尊崇，实则夺取他的兵权。文宗也照做了。王守澄更生气了，却无可奈何。

趁着为文宗出谋划策的机会，李训、郑注还把得罪过自己的宰相李德裕、路隋、李宗闵先后踢出朝廷，之后只要遇到厌恶的官员，都指斥他们是李德裕与李宗闵的同党。如此，每天都有人被贬逐，以致上朝时百官的班列为之一空，朝廷上下人心惶惶，连文宗都觉得有些过了，下诏说："凡是李德裕与李宗闵的亲朋故旧，以后一律不再追究。"人心这才安定下来。

文宗将郑注视为老师和朋友，任命他为工部尚书，对李训也是全心全意地重用，短短一年后就拜李训为宰相，朝廷的大政方针都由他决断。宰相王涯等人对李训阿谀奉迎，唯恐得罪他。从神策军护军中尉、枢密使到禁军将领，见到李训无不恭敬小心，迎拜叩首。

太和九年（公元 835 年），李训、郑注觉得时机成熟了，便秘密建议文宗诛杀王守澄。文宗欣然同意，给王守澄送去一壶毒酒，命他自杀。

郑注、李训都是通过王守澄的推荐才得到重用的，最后却合谋把他杀死。所以，文武百官在对王守澄被杀拍手称快的同时，也对阴险狡诈、恩将仇报的李训、郑注深恶痛绝，这直接导致二人在之后与宦官的斗争中孤立无援，反被宦官诛杀。

成语学习①

相 见 恨 晚

只恨相见得太晚。形容一见如故，意气极其相投。

造　句：	他们俩虽是初次见面，却聊得热火朝天，大有相见恨晚的感觉。
近义词：	相知恨晚
反义词：	白头如新

---

① 这个故事的原文里还有成语"祸起萧墙"（萧墙，古代宫室内当门的小墙。指祸乱发生在家里。比喻内部发生祸乱）。

〖 泣下沾襟 〗

《资治通鉴·唐纪六十二》

上曰："朕岂敢比尧、舜！所以问卿者，何如周赧（nǎn）、汉献耳？"墀（chí）惊曰："彼亡国之主，岂可比圣德！"上曰："赧、献受制于强诸侯，今朕受制于家奴，以此言之，朕殆不如！"因泣下沾襟，墀伏地流涕，自是不复视朝。

译　文

文宗说："朕岂敢和尧、舜相比！我问你的意思是，我是否比得上周赧王和汉献帝？"周墀大惊，说："周赧王和汉献帝都是亡国之君，怎么比得上陛下的圣德。"文宗说："周赧王、汉献帝不过受制于各地强大的诸侯，而今朕受制于宦官家奴。就此而言，朕实在还不如他们！"说完，泪水滚滚流下，沾湿衣服前襟。周墀也拜伏在地，流泪不止。从那以后，文宗不再上朝。

甘露之变

杀死宦官王守澄，只是李训和郑注计划的第一步，接下来，他们要干一票更大的。经过谋划，李训推荐郑注外出担任凤翔节度使，准备二人内外同时发力，将整个宦官集团连根拔起。

二人还约定，等郑注到凤翔上任后，挑选几百名壮士，每人手持一根白色棍棒，怀揣一把锋利的斧子，作为郑注的亲兵。等到王守澄下葬那天，由郑注率领亲兵前去护卫葬礼现场，并奏请唐文宗命令神策军护军中尉以下所有宦官都去送葬。到时，郑注将下令关闭墓门，命亲兵砍杀宦官。

这本是将宦官集团一网打尽的好计划，问题是李训的心态此时发生了变化。李训虽是经郑注引荐而得到重用的，但是当他的职位与权势都达到顶点时，开始容不下同样受文宗器重的郑注了。所以，郑注一走，李训就琢磨开了："如果这个计划成功，那么诛除宦官的功劳就全部归郑注了。我不如自己招募一些壮士，提前在京城杀了这帮宦官，事成之后再干掉郑注。"

主意打定，李训找来左金吾卫大将军韩约、御史中丞李孝本、邠宁节度使郭行余、京兆少尹罗立言、河东节度使王璠等亲信，商讨诛灭宦官的计划，再上报文宗。文宗也想彻底摘除宦官这颗毒瘤，便同意了。

太和九年（公元835年）冬季的一天，文宗驾临紫宸殿，文武百官列班站定。按照惯例，文宗升御座之后，左金吾卫大将军韩约要大声奏报平安。但是这天，韩约却奏称："左金吾衙门后院的石榴树上，发现有甘露降临，这是祥瑞，祝贺陛下！"说着，他扬起手臂，转动双腿，行了一个舞蹈礼，口中喊着"万岁万岁万万岁"。

李训等宰相见状，也率领百官向文宗祝贺，还说："陛下，请移驾观看甘露，以便接受上天赐予的祥瑞。"

文宗装出一脸兴奋的样子，带领百官移驾含元殿，然后命李训等人先去左金吾后院查验甘露。

过了很久，李训等人才回来奏报说："臣等检查过了，恐怕不是真正的甘露。"

文宗假装吃了一惊，又吩咐宦官仇士良和鱼弘志："你们到左金吾后院查验一下。"

宦官们一走，李训就召唤郭行余和王璠率兵入宫。不料，王璠因为紧张，不敢进殿，只有郭行余率兵前来。

而左金吾后院里，仇士良正带着众宦官查验甘露，他发现陪同在一旁的韩约紧张得满头大汗，脸色十分难看，便关切地问道："大将军怎么了，是不是生病了？"

就在这时，仇士良隐约听到院内的帐幕后有兵器碰撞的声音，正疑惑间，一阵风吹来，帐幕被掀起，露出埋伏在那里的精兵，他们个个手持利刃。仇士良大惊，抬脚就往外跑。守门的士卒想关门，但在仇士良的一声怒喝下，吓得松开了手。

仇士良急急跑回含元殿，对文宗说："韩约要谋反！"又催促道："事情紧急，请陛下赶快回宫！"随即唤宦官抬来软轿，搀扶文宗上轿。百官都被眼前这一幕吓蒙了，好不容易回过神来，也纷纷逃离大殿。

李训见宦官要带着文宗跑，一个箭步冲上去，拉住软轿，大声呼喊："快来保护皇上！"话音刚落，罗立言率领京兆府的三百多士卒从东边冲出，李孝本则率领御史台的两百多名随从自西边奔来，他们一齐登上含元殿，二话不说便杀向宦官。不一会儿，十几个宦官就倒在血泊中。

　　仇士良急了，与众宦官一边抵抗，一边护着文宗进入宣政门。李训死死抓住软轿的扶手，急迫地呼喊"快来护驾！"文宗生怕祸及自身，便大声呵斥李训。一名宦官趁机给了李训一拳。李训登时眼冒金星，跌倒在地，等他挣扎着起身，已经不见文宗等人的身影。

计划失败，李训只好换上低级官吏的绿色官服，骑马往宫外逃。为了不引起怀疑，他装成一个被贬的官员，一路上大声扬言："我犯了什么罪，要把我贬逐！"人们并不怀疑，他因此得以逃出城去。

与此同时，宫中的仇士良也琢磨开了。他仔细回想文宗当天的言行举止，终于意识到这场针对宦官的诛杀行动，是得到文宗首肯的。他怒火冲烧，对文宗出言不逊。文宗既羞愧，又惧怕，不敢作声。仇士良又联合鱼弘志，各出动左、右神策军五百人，逮捕"贼党"。

这时，政事堂里，王涯等几位宰相正准备吃饭，忽然有官吏报告说："一大群神策军的士兵从宫中冲出，逢人就杀！"王涯等人一听，丢下碗筷，狼狈逃奔。中书、门下两省和金吾卫的士卒与官吏一千多人也争着向门外逃跑。很快，大门被关上，尚未逃出的六百多人全被杀死。

仇士良又下令关闭各个宫门，搜查南衙各司衙门。各司的官吏和担任警卫的士卒，以及正在里面卖酒的百姓和商人等一千多人也全部被杀，尸体狼藉，流血遍地。各司的大印、地图、户籍档案、办公用具被捣毁，扔得满地都是。

杀红了眼的仇士良再命左、右神策军各出动一千多名骑兵，出城追击逃亡的贼党，同时派兵在京城进行大搜捕。宰相舒元舆换上民服后，独自骑马从安化门逃出，被骑兵追上逮捕。宰相王涯步行到永昌里的一个茶馆，被禁军逮捕，押送到左神策军中。王涯这时已经七十多岁，因为无法忍受毒打，只好违心承认和李训一起谋反。

王璠则逃回家中，闭门不出，神策军将士前来搜捕，在他家门口大喊道："王涯等人谋反，朝廷打算任命您为宰相，派我们来通知您！"王璠信以为真，马上出来相见，才知被骗。到了左神策军中，王璠见到王涯，埋怨道："你们谋反，为什么要连累我？"王涯斥责他："你还好意思说，当初你担任京兆尹时，如果不把宋申锡诛除宦官的计划透露给王守澄，哪里会发生今天的事？"王璠自知理亏，低头不语。

宰相贾𬇙（sù）换了官服，在百姓家里躲了一夜后，觉得终究跑不掉，便换上丧服，骑着驴来到宫门口说："我是贾𬇙，你们把我抓起来吧！"守门人立即把他押送到右神策军中。

李孝本打算投奔凤翔的郑注，刚到咸阳，就被追兵逮捕。而李训逃到了终南山，僧人宗密想为他剃发，扮成僧人，藏在寺院中，却遭到弟子们的反对。李训只好前往凤翔投靠郑注，不料路上被地方官吏逮捕，押送回京城。走到昆明池，李训害怕到神策军军营后被毒打污辱，对押送他的人说："现在禁军到处搜捕我，他们一定会抢夺我，你们不如现在把我杀了，拿我的首级送到京城，一定会得到重赏！"押送的人觉得有理，便杀死他，割下他的头送往京城。

罗立言、韩约也先后被捕。除了李训已被斩首，其他人最后都遭到腰斩的酷刑，首级挂在兴安门外示众。

此前，郑注按照和李训的约定，率领五百亲兵从凤翔出发，到达扶风县时，才知道行动失败，就立刻返回凤翔。

仇士良派人前往凤翔，命令监军张仲清杀掉郑注。张仲清害怕郑注的亲兵，迟疑着不敢动手，下属李叔和给他出了一个主意："我以您的名义，好言好语邀请郑注前来赴宴，在宴席上，我们想办法支开他的亲兵，将他杀死！"张仲清便依计行事。

第二天，郑注在亲兵保护下，大摇大摆前来赴宴。李叔和把亲兵引到门外款待，只让郑注和几个随从进入。郑注坐下来，刚想喝茶时，却见帐幕一动，几名伏兵挥刀朝他砍来。郑注来不及闪躲，当场身首异处。随后，门外的亲兵也全部被诛。

在仇士良的威逼下，文宗只好将这次事件定性为以李训、郑注、王涯为首的文官谋反，并下诏："凡讨伐贼党有功的人，根据功劳大小授予官爵，并赏赐财物。"

这场旨在消灭宦官的行动就是历史上著名的"甘露之变"。经此一变，文宗开始变得消沉，每当面对空空的朝堂，想起那些惨死的宰相大臣，他就叹息不已，实在无法排解心中的抑郁时，只好借酒浇愁。

一天，文宗坐在思政殿，召见翰林院值班学士周墀，和他一起喝酒。

喝着喝着，文宗突然问道："朕可以和前代的哪些帝王相比？"

周墀恭敬地回答说："陛下是尧、舜一类的帝王。"

文宗凄然一笑，说道："朕岂敢和尧、舜相比？朕的意思是，朕能否赶上周赧王和汉献帝？"

周墀大惊，忙说："周赧王和汉献帝都是亡国之君，怎么比得上陛下的大圣大德？"

文宗幽幽叹道："周赧王、汉献帝不过受制于各地强大的诸侯，而朕却受制于家奴。就此而言，朕实在还不如他们！"说完泣下沾襟。周墀也拜伏在地，流泪不已。

从此以后，文宗不再上朝，凡朝政大事都由北司的宦官决定，南衙的宰相仅仅奉命下达文书而已。宦官的气焰因此更加嚣张，他们威胁天子、鄙视宰相、凌辱百官如同草芥，几乎全面掌控了大唐帝国的朝政。中国历史上第二次，也是最惊心动魄的宦官掌权时代[1]就此开启。

---

[1] 第一次是在东汉中晚期，皇帝多年幼，政权就落入以皇太后为首的外戚手中。皇帝成年后，便依靠身边的宦官发动政变。宦官在皇帝支持下形成政治集团，从而操纵政权。

成语学习①

泣 下 沾 襟

襟：衣服胸前的部分。泪水滚滚流下，沾湿衣服前襟。哭得非常悲伤。

造　句：	唐代文学家韩愈与侄子十二郎
	感情深厚，得知十二郎病故，
	韩愈泣下沾襟，挥笔写下《祭
	十二郎文》一文。
近义词：	泪流满面

---

① 这个故事的原文里还有成语"出言不逊"（逊，有礼貌。指说话粗暴无礼）。

〖 日新月盛 〗

《资治通鉴·唐纪六十三》

天子不可令闲，常宜以奢靡娱其耳目，使日新月盛，无暇更及他事，然后吾辈可以得志。慎勿使之读书，亲近儒生，彼见前代兴亡，必知忧惧，则吾辈疏斥矣。

译 文

不能让天子有闲暇的时间，要不停地变着花样供他游戏玩乐，让他沉湎于骄奢侈靡的生活中，无暇顾及朝政。这样，我们这些人才可以得志。千万不要让他读书，亲近读书人。如果天子喜爱读书，明白了以往朝代兴亡更替的经验教训，惧怕丧失政权，就会励精图治，那么，我们就会被斥责疏远。

"内宫传诏问戎机"

开成五年（公元 840 年）正月，抑郁难舒的文宗终于病倒了，他把宰相杨嗣复、李珏召进宫中，打算由二人辅佐太子李成美代行皇帝职权，处理朝政。

左神策军中尉仇士良和右神策军中尉鱼弘志，觉得当初立太子的时候，自己没有一点儿功劳，担心太子即位后会失去权势，就上书说太子年幼，而且有病，建议废掉重立。

李珏坚决反对："太子的地位已定，怎么能轻易改变？"

仇士良、鱼弘志便假称文宗的诏令，立文宗的弟弟、颍王李瀍①（chán）为皇太弟，凡国家大事，由他全权决定，太子尚年幼，没有经过老师的训导，仍封为陈王。当天，仇士良、鱼弘志率领禁兵，迎接李瀍到少阳院。两天后，文宗驾崩。李瀍继承皇帝位，即唐武宗。

武宗性情深沉刚毅，处理问题十分果断，喜愠不形于色。他因为自己被立为皇太弟不是出于宰相的建议，所以即位后相继罢免宰相杨嗣复、李珏的职务，召淮南节度使李德裕入京，拜他为相。

李德裕是元和宰相李吉甫的次子，自幼饱读诗书，见识超远，后以门荫入仕，先后在浙西、西川等地任职，政绩卓然，文宗时被拜为宰相，后被郑注、李训排挤出京城。武宗早就仰慕李德裕的声

---

① 后改名李炎。

名，一登基便对他委以重用，却因此招来仇士良的忌恨。

一天，有人密报仇士良："宰相们正和有关部门商议起草制书，准备减少禁军的衣粮待遇。"其实，仇士良知道制书的内容是给武宗上尊号，却想利用这个机会整整李德裕，就扬言道："如果宰相们真要这样做，等到百官给皇帝上尊号那天，禁军将士肯定要当众闹事。"

李德裕听到风声，马上面见武宗，告知事由。武宗大怒，立即派人转告左、右神策军中尉："制书并没有这方面的内容，就算有，那也是朕的本意，而不是宰相的意思，你们敢怎么样？"

仇士良等人原本以为武宗跟之前的几位皇帝一样，是个软柿子，没想到他竟然如此霸气雄硬，顿时吓得惊慌失措，连连谢罪。

其实，武宗表面上尊重和礼遇仇士良，内心却对他充满厌憎。仇士良也逐渐感觉到了，就以年老多病为由，请求辞职担任散官。武宗也顺水推舟，解除了他的军权，让他主持内侍省的事务。

不久，仇士良退休回家。临别之际，他向党羽传授保持权力和恩宠的秘诀："不能让天子有闲暇的时间，要日新月盛地供他游戏玩乐，让他沉湎于骄奢侈靡的生活中，无暇顾及朝政。另外，千万不要让他读书，也不要让他亲近读书人，否则他明白了以前各个朝代兴亡更替的经验教训，成天想着励精图治，我们这些人就要靠边站啦。"党羽们听了佩服不已。

然而，令宦官们失望的是，武宗虽然热衷游猎，喜欢踢球、骑射、摔跤等游戏，却没有沉湎其中，而是始终保持着清醒的头脑，心系国家大事。他重用宰相李德裕，只要是李德裕提出的主张，他全部采纳。

会昌三年（公元843年），昭义节度使刘从谏病逝，他的侄子刘稹（zhěn）想仿效河朔三镇的做法，袭任节度使的职位。

武宗召集群臣商议，多数宰相认为，唐朝与回鹘的战事①刚刚结束，现在又要征讨昭义，恐怕国家的财政难以支持，不如答应刘稹的请求。

大多数官员都持同样的看法，只有李德裕坚决主张讨伐。他说："昭义的情况和河朔三镇不同。河朔三镇长期割据，人心难以感化，前几位皇帝都承认现状，不再讨伐他们。而昭义邻近京城，处于国家的心腹地区，而且那里的将士素来忠义，曾经击退反贼朱滔。如果朝廷沿袭河朔地区的惯例，任命刘稹为节度使，各地的藩镇一定也会效仿。到那时，恐怕找不到一个地方听命朝廷了。"

此言一出，朝堂上静悄悄的。过了好一会儿，武宗打破沉默，问李德裕："如果一定要讨伐，怎么制服刘稹呢？"

李德裕胸有成竹地说："以前朝廷讨伐别的藩镇时，河朔三镇都会跳出来捣乱。要想阻止河朔三镇援助昭义，朝廷必须派遣一位德高望重的大臣前往河北，明确表示三镇节度使的位子可以世袭，然后命令他们协助官军攻讨昭义，并允诺平定叛乱后，朝廷将给予三镇将士优厚的赏赐，如此必能大获全胜。"

"朕和德裕意见一致。"武宗大喜，忙派人前往三镇宣读诏书，命令幽州节度使张仲武率军在北部边境平定回鹘残部，魏博节度使何弘敬、成德节度使王元逵、晋绛行营节度使李彦佐、河东节度使刘沔、河阳节度使王茂元率领各自兵力，共同讨伐刘稹。

李德裕总结了之前朝廷讨伐叛乱的经验，得出以下教训：各藩镇离开自己的辖区后，军饷便由国家负担，导致他们出了藩镇就不再进军，或者攻占了敌人的一个县城或一个营地后，就向朝廷谎报战功，坐享朝廷的军需供给；二是宦官监军干预军事行动，束缚了

---

① 公元840年，回鹘汗国被北方民族黠戛斯击败，可汗被杀，族人四散。回鹘残部立贵族乌介为新可汗。两年后，一心想复国的乌介可汗向唐朝索要粮食、牛羊，遭到拒绝后又提出借取天德城。武宗不答应，乌介可汗就率军进犯唐朝边境。在宰相李德裕的谋划下，唐军大破回鹘军。

将帅的手脚。所以，讨伐昭义的兵马开拔后，他奏请武宗，命令五路人马直接攻取叛镇的心脏地区，沿途不准攻打小县城，监军不得对军事行动指手画脚。

很快，各路兵马似尖刀一样直插昭义，军队号令简明统一，将帅们的谋略得到施展，捷报不断传到京城。

朝廷上下欢喜雀跃，认为叛乱很快能平定，李德裕却丝毫不敢松懈，时刻注意前线的作战情况，发现问题，立刻处理。当李德裕听闻李彦佐从徐州出发后行动迟缓，便认定他没有讨叛的意思，及时改派骁将石雄取代他。石雄领军的第二天，攻破了昭义的五个营寨，俘杀叛军近千人。

然而，战场态势瞬息万变。没过多久，昭义叛将薛茂卿攻破河阳的科斗寨，俘虏了大将马继等人，掠夺并焚烧了十七个小寨。朝廷震惊，百官议论纷纷，有人建议停止讨伐，理由是昭义有精兵十万，粮草可支持十年，难以攻取。武宗听了，也有点儿动摇。

李德裕却毅然决然道："小小失败，是兵家常事。希望陛下不要听信这些议论，此次讨伐昭义必定成功！"

武宗瞬间信心大增，对宰相们说："传诏下去，如果有人再敢上疏劝阻讨伐昭义，朕一定要在贼兵的边境上把他斩首！"百官的议论这才停止。

李德裕又上奏道："自从官军在科斗寨失败后，叛军的气焰愈加嚣张。现在我们要提防叛军集中兵力进攻河阳，因为河阳一旦失守，就会危及东都洛阳。请陛下马上向河阳增兵！"武宗当即调拨了五千人增援河阳军，并及时补足了军事装备，从而稳住了阵脚。

为了补充兵力，朝廷调动太原横水的戍卒①，却因为犒赏不足，

———————————————

① 守卫边疆的士兵。

引发士卒怨怒，都将杨弁（biàn）趁机发动兵变，攻占了太原。朝中再次掀起了轩然大波，又有人建议罢兵。武宗派宦官马元实前往太原，向闹事的士卒讲明利害得失，劝他们归顺朝廷，同时窥测杨弁的兵力强弱。

没想到马元实收受了杨弁的贿赂，回朝后大肆为他吹捧："杨弁兵多将广，军资充足，最好不要讨伐他，直接任命他为节度使算了。"

李德裕明察善断，质问道："正是由于太原无兵可发，才命横水的戍兵增援前线，库房中的兵器也早已带到前线，杨弁怎么可能突然有这么多的士兵和武器呢？"

马元实早有准备，答道："太原人性情剽悍，个个是当兵的材料，这些士兵都是杨弁临时招募的。"

李德裕盯着马元实，又问："招募士兵要有财物，这次就是由于欠士卒一匹丝绢，才导致动乱，杨弁又是从哪里搞来财物的呢？"

马元实顿时哑口无言。李德裕立即调兵进击杨弁，并很快捉住了他，平定了太原兵变，坚定了百官对讨伐昭义的信心。

就这样，李德裕排除了一个又一个的障碍，加快了讨叛战争的进程。刘稹的部将郭谊、王协见势不妙，便杀死刘稹，投降了官军，以示赎罪。

李德裕识破了郭谊等人的缓兵之计，对武宗说："刘稹只是个傻小子，调兵遣将抗拒朝廷，都是郭谊为他出谋划策。等到刘稹势孤力单时，郭谊又出卖他以求自保。这种人若不诛除，又怎么惩治恶人？"武宗赞同他的意见，命石雄将郭谊、王协等人押送到长安，全部斩首。

平定昭义之乱是唐王朝干涉地方藩镇割据的最后一次胜利，有效地维护了社会安定。这次胜利是武宗对李德裕信任和重用的结果，这在李德裕的诗《长安秋夜》中也有所体现："内宫传诏问戎机，载笔金銮夜始归。万户千门皆寂寂，月中清露点朝衣。"①

之后，在李德裕的全力辅佐下，武宗在政治上也进行了一系列的改革，包括严惩贪官污吏，裁减冗（rǒng）官，提高入仕门槛，限制门荫特权，朝廷内外一度呈现中兴局面，史称会昌中兴。

---

① 大厦之将倾，全仗栋梁扶持，一"传"一"问"，反映出武宗对李德裕的殷切期望和高度信任。全诗的意思是：皇宫传出诏书，询问前方战场情况，我在金銮殿处理完国事，深夜才归。偌大的长安城，坊间寂无声息，千家万户都已沉入梦乡。月光洒在长安道上，不知什么时候我的朝服上已经缀上亮晶晶的露珠了。

成语学习①

日 新 月 盛

每天每月都有变化、增加。形容不断发展。

造　句：	新鲜事物不断涌现，大有日新月盛之势。
近义词：	日新月异
反义词：	一成不变

① 这个故事的原文里还有成语"喜愠不形于色"（高兴和恼怒都不表现在脸色上。指人沉着而有涵养，感情不外露）。

〖 车马辐辏 〗

《资治通鉴·唐纪六十三》

李德裕亦谏曰:"归真,敬宗朝罪人,不宜亲近!"上曰:"朕宫中无事时与之谈道涤烦耳。至于政事,朕必问卿等与次对官,虽百归真不能惑也。"德裕曰:"小人见势利所在,则奔趣之,如夜蛾之投烛。闻旬日以来,归真之门,车马辐凑。愿陛下深戒之!"

译 文

李德裕劝阻武宗说:"赵归真是敬宗朝的罪人,这种人不应当亲近!"武宗说:"朕只不过是在宫中没事的时候和他谈论道教,以解除烦闷罢了。至于朝政大事,朕肯定要和你以及其他宰相、次对官商议,即使有一百个赵归真,也不可能迷惑我。"李德裕说:"小人唯利是图,看到有利的地方,就拼命钻营,如同黑夜中的飞蛾扑向烛火一样。听说近十多天以来,赵归真家门口车马拥挤,不少人看他得陛下的宠爱,争相去和他交结。希望陛下深加戒备。"

唐武宗灭佛

"陛下，全国一共有佛教寺院四千六百座，小佛祠四万座，僧尼二十六万零五百人。"掌管祭祀事务的祠部官员向武宗报告。

"唔，寺院规模都超过皇家的宫殿了。"武宗面露不悦。

"佛是外来的神，华夏民族应该信仰自己本土的道教。"道士赵归真趁机说道。

武宗做亲王时，就崇信道教，经常和一些道士来往，做天子后，尤其宠信道士赵归真，命他在三殿建置九天道场，亲自接受他授予的道家法。很多人见赵归真得到武宗的宠爱，争相和他交结，以致赵归真的家门口车马辐辏（còu）。

李德裕对此颇为不满，还劝武宗说："赵归真向敬宗皇帝游说神仙术，后来遭到流放，是奸佞的罪人，陛下不应该亲近这种人！"

武宗笑道："朕只是在没事的时候和他谈论道教，解解烦闷而已。至于朝政大事，朕肯定要和你以及其他宰相商议。你放心，即使有一百个赵归真，也不可能迷惑朕。"

李德裕听了，不好再多说什么，只是提醒武宗要多加戒备。而赵归真仗着武宗的宠信，经常在武宗面前诋毁佛教。

武宗虽然崇信道教，对佛教也有所了解。早在汉朝时，明帝刘庄听说西域有一神，名字叫作"佛"，就派使者前去寻求佛教道义。使者在西域找到了佛经，并带着精通佛家道义的沙门回到中原。佛教崇尚慈悲，不杀生，认为人死后，精神不灭，可以再次投胎转世，而人生前所做的善事恶事，全都会有报应，因此提倡修炼精神，直至成"佛"。当时，只有极少数的王公贵族喜好佛教。后来崇信和传习佛教的人虽然更多了些，但也仅限于臣下和普通人，皇帝并没有接受。到了汉桓帝时，才开始笃信佛教，他经常亲自祭祀、祈祷，从此佛教越发盛行。

魏晋时期，社会动荡，儒学衰微，玄学兴起，其"以无为本"的思想与佛教"以虚无为宗"的精神相契合，使得佛教在士大夫阶层迅速传播。到了南北朝时期，无论是北边的胡族，还是南方的中原民族，上至君主，下至平民百姓，十分崇信佛教，十家中往往有九家信佛。南朝梁武帝自从信仰佛教以后，只吃素食，不吃鱼肉，不穿绫罗绸缎，只穿布衣，一顶帽子戴三年，被子盖两年才换一床，每次裁决了重大罪犯，就一天不高兴，有人密谋造反，被揭发后，他也会哭泣悲伤一番，然后原谅这个人。

结束南北朝分裂局面的隋文帝，继续大力提倡佛教，下诏允许百姓出家为僧，因此隋朝佛教日益兴盛。

到了多元、开放、自由的唐朝，佛教更是进入鼎盛时期。武则天尤其崇奉佛法，把它的地位提高到道教之上。代宗在几位大臣的影响下，也十分崇尚佛教，经常在宫中设斋，还养了一百多名和尚，有敌人来时就命令他们祈祷免灾，敌人撤退后就赏赐他们丰厚的礼物。

唐宪宗在位时，曾派人前往凤翔法门寺迎佛骨，掀起社会上一股崇佛的热潮。时任刑部侍郎的韩愈却认为佛教的教义和儒家学说相悖，迎佛骨的行为会给国家造成巨大危害，于是不顾个人安危，写下《论佛骨表》劝谏宪宗。

文章开篇，韩愈揣摩皇帝迎佛骨的本意是"事佛求福，延年益寿"，因此先从年寿上立论，说明上古时没有佛教，但是黄帝、颛项、尧、舜和大禹都活了一百岁。那时天下太平，百姓安乐长寿。后来的商汤、武丁、周文王、周穆王也都长寿，而当时佛法还没有传入中国。显然，信奉佛教并不是他们高寿的原因。

接着，韩愈从反面说明"事佛有害"。自从汉明帝信佛之后，东汉皇帝一个接一个夭折，国运也不长久。宋、齐、梁、陈以来，人们信奉佛教越来越虔诚，可是国祚却越来越短，皇帝也多活不长。梁武帝算活了八十多岁，可他一生痴迷佛教，却被活活饿死，梁朝也很快走到头。事佛求平安，反而遭到灾祸，可见佛不足信。请宪宗不要示范迷信，使得愚顽的百姓纷纷效法，伤风败俗。

在文末，韩愈还提出了永绝根本的排佛措施："佛本身已经死了很久，留下的朽骨是污秽不祥之物，怎么能够请进宫殿！请求陛下将此佛骨扔进水里或火里，断绝天下人的疑惑，使百姓知道圣君所为，超过凡人千万倍！如果佛有灵性，能够制造祸福，那就让一切灾殃与罪责，都降在我身上好了。"

"这不是咒朕早死吗？"宪宗阅后勃然大怒，要用极刑处死韩愈，幸亏裴度、崔群等大臣极力劝谏，才将他贬为潮州刺史。巧的是，次年宪宗就死了。两年后，韩愈回朝担任京兆尹一职，神策军将士闻讯，吓得心惊胆战，私下里互相说："韩愈这人连佛骨都敢烧，我们怎么敢犯法？"

其实，佛教自从传入中原，一直与儒学、道教互为争胜，尤其道教与佛教的明争暗斗更是没有间断，并随着佛教实力的不断壮大而日趋尖锐化。武宗即位后，痴迷道教，让道士赵归真等人看到了希望，他们便鼓动武宗废除佛教。

"陛下，佛教是异端邪说，祸国殃民……"赵归真还想继续诋毁佛教，武宗明白其用意，懒懒地挥了挥手，示意他不要说了。

赵归真退下去后，武宗立即召见李德裕，对他说："朕想和你商量一件大事。朕自小亲近道教，对佛教无感。本来呢，这只是个人的喜好，无伤大局。但是，朕近来越来越厌恶和尚、尼姑，这些人不事生产，却耗费天下财物，朕想让他们还俗。你觉得可行吗？"

李德裕沉思良久，才说道："刚刚陛下所说的，只是佛教盛行的其中一个弊端：寺庙不向朝廷纳税，和尚不生产、不服徭役，却占有大量的土地，雇用大批劳动力，可以说，天下财富十有七八在寺庙。钱多得没处花，他们就放贷。这对国家财政收入是一个重大的损失。"

武宗问道："其他害处呢？"

李德裕接着说道："出家人多了，会影响兵源，导致打起仗来兵力不足，想征兵却无人可征。"

武宗边听边点头，又问："还有呢？"

李德裕说："发展壮大的佛教徒有可能像藩镇一样，与朝廷对抗。历史上就发生过几次佛教徒组织的叛乱。"

见武宗低头不语，李德裕继续说道："正因如此，之前中国境内有过两次影响较大的灭佛运动，一次是魏太武帝拓跋焘时[1]，一次是周武帝宇文邕时[2]。灭佛运动最直接的好处是充实国库和增加兵源。"

听到这里，武宗双眼一亮，迫切地问："他们是怎么做的？"

李德裕见他兴趣盎然，就耐心地讲述了拓跋焘开展灭佛运动的前因后果。

武宗意犹未尽，歪着头又问："那周武帝宇文邕呢？"

李德裕回答道："宇文邕干脆佛教、道教一块禁止，和尚、道士统统还俗，只尊儒教。"说到"道教"时，他特意加重语气。

武宗笑了笑，说道："佛教已经影响到了国家的长治久安，朕决

---

① 详见第六册《南北对峙》第七篇《死生荣辱：一部史书引发灭族》。
② 详见第六册《南北对峙》第四十六篇《言必有中：聪明的傀儡皇帝》。

定学习魏、周两位皇帝的做法。"

　　会昌五年（公元 845 年），武宗下诏陈述佛教的危害弊端，命令将山野之间的寺庙全部拆毁，长安和洛阳各留两所寺庙，每所寺庙只能留三十个和尚，全国其他地方则只能留一所寺庙，并分为三等：上等寺庙可留二十个和尚，中等寺庙可留十个和尚，下等寺庙可留五个和尚。除此以外，所有和尚、尼姑一律还俗。除了允许留下的寺庙以外，其他的由所在官府负责拆毁，拆下来的建筑材料用来修缮公家的官舍和驿站的房屋。佛寺的财产、田产全部没收，佛像、钟磬等器物熔化后用来铸造钱币。

　　不久，武宗又下令，洛阳寺庙只能留二十个和尚，其他地方上原来可留二十个的减去一半，留十个的减去三个，留五个的全部减去，一个不留。佛教圣地五台山有许多和尚因此逃往幽州，李德裕闻讯，马上派人警告幽州节度使张仲武："最好不要收留逃亡的和尚！"张仲武为表决心，封好两把刀，派人送给居庸关的守将，命令道："发现有和尚进入幽州地界，一概斩首。"

　　这次灭佛运动，一共拆毁了四千六百多座佛寺，四万多座佛祠，二十六万零五百名和尚、尼姑被勒令还俗，几千万顷的寺院良田和十五万名寺院奴婢被籍没入官，沉重地打击了寺院经济，增加了政府的纳税人口，扩大了国家的经济来源和兵源。佛教史上称这次灭佛运动为"会昌法难"。

车 马 辐 辏

　　原文为"车马辐凑"。人或货物像车轮上的辐条聚集在车毂上一样。形容车马拥挤。

造　句：	大力发展公共交通，是车马辐辏的现代城市的唯一出路。
近义词：	车水马龙、门庭若市
反义词：	门可罗雀

【 有害无利 】

《资治通鉴·唐纪六十》

彼若来责曰："何事失信？"养马蔚茹川，上平凉阪，万骑缀回中，怒气直辞，不三日至咸阳桥。此时西南数千里外，得百维州何所用之！徒弃诚信，有害无利。此匹夫所不为，况天子乎！

译 文

如果吐蕃国派人来责问朝廷："为什么要失信？"同时，他们在原州的蔚茹川蓄养战马，出兵直上平凉原，再布置一万骑兵在回中，怒气冲冲而又理直气壮，不到三天就会抵达咸阳桥头。这时，京城危急，而西川在西南数千里之外，即使收复一百个维州，又有什么用呢！按照李德裕的建议，只能使我国丢弃诚信，有百害而无一利。一般百姓也不愿这样做，况且陛下贵为天子呢！

牛李党争无赢家

"诛灭河朔三镇的叛贼容易，而去除朝廷的朋党实在太难了！"

唐文宗生前曾经发出这样的感叹，他口中的"朋党"，是指唐朝中后期的两个政治集团：一个是以李德裕为首的"李党"，成员大多出身于世家大族，门第显赫，往往依靠父祖的高官地位而进入官场，称为"门荫"；另一个以牛僧孺、李宗闵为首，称为"牛党"，他们大多出身卑微，靠寒窗苦读考取进士，获得官职。牛李两党争权夺势，历经宪宗、穆宗、敬宗、文宗、武宗五朝，是中晚唐时期的一大痼疾。

两党的结怨要从宪宗朝的一场科举考试说起。当时，年轻气盛的考生牛僧孺和李宗闵，在考卷中尖锐地批评朝政的过失。考官欣赏他们的文章，就推荐给一心想革除弊政的宪宗。不承想，宰相李吉甫认为他们在含沙射影揭自己的短，便说考官徇私舞弊。宪宗信以为真，将几位考官贬职，牛僧孺与李宗闵也长期不受重用。

原本大家以为这件事情已经结束，谁知李吉甫的儿子李德裕不肯善罢甘休，一心想找机会替父亲出口恶气。到了穆宗朝，李德裕以门荫入仕，成为翰林学士，而李宗闵也当上中书舍人，牛僧孺则做了户部侍郎。

在一次科举考试中，西川节度使段文昌、翰林学士李绅分别给主考官钱徽写信，要他关照和自己关系好的考生。可是，放榜时，段、李二人推荐的考生一个都没中，李宗闵的女婿等公卿子弟却榜上有名。段文昌便向穆宗告状："今年的考试很不公平，很多公卿子弟都是靠行贿和托人情才考中的。"

穆宗不信，就问李德裕与李绅。结果两人异口同声地说："的确如此。"穆宗仍半信半疑，叫人安排复试。没想到之前上榜的十四人中，仅三人勉强及第。穆宗这才彻底相信，便将李宗闵和牵涉其中的考官全都贬出朝廷。从此，李宗闵、牛僧孺等人和李德裕结下怨恨，朝中官员也分成了牛党、李党两大阵营，拉开了你争我斗的序幕。

两年后，穆宗想增加一名宰相，他心中的人选是牛僧孺。可是李德裕的呼声也很高，穆宗一时委决不下。宰相李逢吉一向厌恶李德裕父子，为了确保牛僧孺能当上宰相，李逢吉抢先推荐李德裕去浙西任职。

恰在这时，有个节度使的儿子为了巩固父亲的地位，向很多当权的官员行贿，被揭发后，朝廷派人审查，发现一个小本子，上面用红笔小字记载着："某年某月某日，送户部牛侍郎钱一千万，被他拒收。"穆宗大喜，对身边人说："朕果然没有看错人。"当即提拔牛僧孺做宰相。而李德裕在浙西一待就是八年，对牛僧孺的怨恨也与日俱增。

文宗登基后，召李德裕回京当兵部侍郎。李德裕以为总算熬出了头，喜滋滋地动身进京。可他没高兴几天，靠宦官当上宰相的李宗闵就给他泼了一盆冷水。原来，李宗闵担心李德裕进京后会威胁自己的地位，便调他去当义成节度使，又推荐牛僧孺担任宰相，兼兵部尚书。大权在握的牛、李二人合力排挤李德裕的党羽，逐渐把他们从朝廷中贬逐出去，连名相裴度也未能幸免。同年，李德裕被调往更偏远的蜀地，担任剑南西川节度使。

当时的西川接连遭受南诏的侵扰，残破凋敝。李德裕没有气馁，上任后，派人绘制西川的地形图，南到南诏，西到吐蕃。他每天召集熟悉边防情况的将士，询问山川、城市、道路的险易、宽窄和远近情况。不到一个月，他就对西川的情况了如指掌，如身临其境一般。

太和五年（公元831年），吐蕃维州①守将悉怛谋率众奔赴成都，请求归降唐朝。李德裕大喜，派部将进驻维州，将情况奏报朝廷，并说："臣打算利用这个机会，出兵直捣吐蕃的腹心之地，洗刷安史之乱以来它们侵占我边疆的耻辱。"

文宗召集百官商议，大家都请求批准李德裕的建议，只有牛僧孺反对："朝廷对戎夷的政策，一贯以信义为上。最近几年我们与吐蕃和好，双方约定共同减少边防兵力。如果批准李德裕的建议，吐蕃会怪我们不讲诚信，并以此为借口蓄养兵马，出兵侵犯，继而危及京城。所以，接收维州有害无利。一般百姓也不愿这样做，何况陛下贵为天子呢！"

这话听上去更有道理，文宗瞬间改了主意，命令李德裕将维州归还吐蕃，同时送悉怛谋等人回国。吐蕃国人痛恨背叛，把悉怛谋等人全部斩首，手段极为残酷。李德裕由此更加憎恨牛僧孺。后来，西川监军王践言入朝担任枢密使，多次向文宗提及此事："自从朝廷把维州投降的吐蕃人送还，就没人敢来投降了。"文宗也后悔，内心埋怨牛僧孺。

有个依附李德裕的官员趁机上言："牛僧孺和李德裕有矛盾，故意阻挠李德裕立功。"文宗听了，渐渐地疏远牛僧孺，不久就调他到淮南当节度使，召李德裕回京任兵部尚书。李宗闵担心李德裕会被进一步任命为宰相，却想不出办法阻止，就找京兆尹杜悰（cóng）

---

① 治所在今四川理县。

商议。

杜悰说:"我有一计,可以缓和你们之间的关系,只是恐怕您不愿采纳。"

李宗闵忙问:"什么计策?"

杜悰谨慎地说:"李德裕擅长文学,但是对自己没有经过科举考试获得进士,常常感到遗憾。如果能让他掌管科举考试,他肯定喜出望外。"

李宗闵沉默了好一会儿,才问:"还有别的办法吗?"

杜悰小心翼翼地说:"如果您不愿意让他掌管科举考试,那就任命他为御史大夫。"

御史大夫是朝廷举行大礼时在宫门纠察百官班列的重要职务,李宗闵犹豫了好久,才艰难地吐出俩字:"可以。"

第二天,杜悰去见李德裕。李德裕大感意外,老远就作揖相迎,热情地问:"什么风把您给吹到我这个被人遗忘的角落里来?"

"李相公派我来的。"杜悰笑眯眯地说出李宗闵将要任命他为御史大夫。

李德裕惊喜不已,流着泪说:"作为晚辈,我怎敢担当!"再三请杜悰转达他对李宗闵的谢意。

然而当晚,李宗闵又把给事中杨虞卿找去商议,没想到遭到他的反对,此事便没了下文。牛李二党的领袖就这样错过了和解的最好机会。

李德裕很快被任命为宰相,进宫向文宗谢恩。文宗和他谈起朝中朋党的问题。李德裕趁机说:"现今朝廷中有三分之一的人参与了朋党活动。"文宗深感忧虑,李德裕便找各种机会排挤牛党成员,杨虞卿就被贬到常州做刺史去了。

过了几天,文宗又和宰相们谈起朋党的问题。李宗闵抱怨说:

"究竟谁结朋党，臣一向都很清楚。事情明摆着，因为朋党的斗争，现在杨虞卿这样有才的人都只能当个常州刺史了。"

李德裕针锋相对："以前他在这里担任的给事中的职务难道不够好吗？这又是谁给他安排的？到底谁在结交朋党？"李宗闵知道李德裕正受文宗宠幸，只得暂时忍耐。

就这样，牛、李两党上演你方唱罢我登场、轮流做宰相的戏码。一年之后，一件谁也没预料到的事情发生了：李训、郑注得到文宗的宠信，大肆排挤有才德的人，李德裕与李宗闵被先后逐出了京城。

等到武宗即位，李德裕被再度任命为宰相，入宫谢恩时，他主动和武宗谈起朋党一事："治理天下的关键，在于辨别谁是正直的君子，谁是邪恶的小人。自古正邪不两立，所以，君子指斥小人邪恶，而小人也指斥君子邪恶，以致皇上难以辨别。臣认为，正直的君子一心一意地侍奉皇上，而邪恶的小人则争先恐后地朋比为党。先帝文宗皇帝深知朋党的危害，可他任用的官员大多是朋党的成员，这主要是因为他缺乏主见，导致奸邪小人乘隙而入。陛下如果能谨慎地选拔德才兼备的人担任宰相，罢免那些奸邪之徒，对宰相推心置腹，那么天下必将大治。"武宗称赞并采纳了他的建议。

自此，"李党"独掌朝政。整个武宗朝，运筹决策、选用能臣良将、征调士卒兵力、起草诏令等政事，全由李德裕独自决断。"牛党"被彻底排斥出朝廷，牛僧孺、李宗闵虽然早已身在外地，也被一再贬黜。

人们都以为"李党"笑到了最后。不料，李德裕最大的靠山——武宗因为服用金丹突然驾崩，年仅三十三岁。

公元846年，武宗的叔叔、光王李怡即位，改名李忱，为唐宣宗。宣宗做亲王时就厌恶李德裕专权，即位那天，由李德裕手捧册封的诏书。登基典礼结束后，宣宗对左右说："刚才站在朕旁边的是不是李德裕？他每看朕一眼，都让朕毛骨悚然。”

几天后，宣宗以雷霆般的手段，将李德裕调离京城，担任地方节度使，并一贬再贬，最后贬为崖州司户。之后，宣宗下诏起用牛僧孺与李宗闵。

李宗闵怀揣诏书，刚上路就死了。第二年，牛僧孺去世，李德裕也死在了崖州。随着两党主角谢幕，长达四十年的“牛李党争”也宣告结束。但是，这场漫长的文官集团的斗争，极大地消耗了国家的元气，使得原本危机四伏的李唐王朝加速走向灭亡。

成语学习①

有害无利

只有坏处没有好处。

造　句：这种事有害无利，最好不要	
做，不然迟早会后悔。	
近义词：有害无益、一无是处	
反义词：大有裨益、受益匪浅	

① 这个故事的原文里还有成语"坚定不移"（移，改变，动摇。形容毫不动摇）、"太平无象"（指太平盛世没有标准，后讽刺反动统治者粉饰升平）。

〖 从谏如流 〗

《资治通鉴·唐纪六十五》

宣宗性明察沈断，用法无私，从谏如流，重惜官赏，恭谨节俭，惠爱民物，故大中之政，讫于唐亡，人思咏之，谓之小太宗。

译 文

唐宣宗聪明细致，沉着果断，用法不徇私情，听从规劝像流水一样自然，不轻易将官位赏人，谦恭谨慎，生活节俭，爱护百姓的财物，所以大中年间的政治较清明，一直到唐朝灭亡，都有人思念歌咏，称宣宗为小太宗。

"傻子光叔"的帝王路

唐宣宗李忱是宪宗的第十三个儿子，也是敬宗、文宗、武宗三位皇帝的叔叔，若按继位的顺序，他是不可能当上皇帝的。但是，当时武宗病危，十来天说不出话，左神策军中尉马元贽等宦官就想立一位听话的皇帝，他们左挑右选，看中了三十多岁的李忱。

李忱性格木讷孤僻，打小不怎么说话，别人说什么他都一脸茫然。每次皇室成员聚会，他都是大家取乐的对象。文宗在辈分上是李忱的侄子，却常常在皇族成员聚会时逗他说话以作笑料，还唤他"光叔"。武宗性格豪爽，尤其瞧不起这个"光叔"，对他倨傲无礼。而李忱面对侄子们的捉弄，总是逆来顺受，好像一个"傻子"，也因此入了宦官们的"法眼"。

经过商议，宦官们以武宗的名义颁发了一份诏书，立李忱为皇太叔，所有军国政事暂时由他处理。令人意外的是，李忱处理政务时，聪明果决，明察善断，大家这才明白李忱装了几十年的傻。

几天后，武宗驾崩，李忱登基。即位之初，他将专权多年的宰相李德裕及其党羽罢官的罢官，贬职的贬职，并准备起用科举出身的牛党成员，他最先想到的是长期遭到李党排挤的白居易。

可是七十多岁的白居易重病缠身，不久就溘（kè）然长逝。宣宗感到十分惋惜和悲痛，特意写了一首诗悼念他："缀玉联珠六十年，谁教冥路作诗仙。浮云不系名居易，造化无为字乐天。童子解吟长恨曲，胡儿能唱琵琶篇。文章已满行人耳，一度思卿一怆然。"然后改任白居易的堂弟白敏中为宰相。

白敏中的学问不低于白居易，而且很有见识和器量，凡是以前受李德裕鄙薄，但有才能的人，他都一个接一个地加以重用。

有一次，宣宗把白敏中请到便殿，问："朕以前为宪宗发丧，去陵墓的路上正好下大雨，朝臣们都四散避雨，只有一个长得高大、胡须浓密的山陵使扶着宪宗的灵柩车驾，片刻也没有离开，这人叫什么名字？"

白敏中答道："他叫令狐楚，前些年已经过世了。"

宣宗神情黯然，又问："他有儿子吗？"

白敏中回道："有。他的大儿子令狐绪在地方上当刺史。"

宣宗追问道："他有没有当宰相的才能？"

白敏中想了想，说道："令狐绪身体不太好，他的弟弟令狐绹（táo）很有才德。"

宣宗大喜，马上给令狐绹升了官。令狐绹入朝谢恩，宣宗问起元和年间的事，令狐绹对答如流。宣宗十分高兴，开始重用他，后来又拜他为相。

朝堂上的辅政班子理顺了，宣宗打算给皇亲国戚上上规矩。这年冬天，宣宗最宠爱的女儿万寿公主要出嫁了，驸马是宣宗亲自挑选的才子郑颢。

礼官毕恭毕敬地对宣宗说："遵照旧例，公主出嫁，应该用银子装饰马车。"

宣宗沉思了一会儿，说道："朕正想以俭朴节约来教化天下人，就从朕的亲人开始吧，公主出嫁的马车改用铜装饰。"

礼官领旨退下后，宣宗又颁下诏书，要求万寿公主恪守妇道、谦恭待人，不能因为自己是皇帝的女儿就不守规矩，轻视丈夫家的人，并告诫说："如敢违背，恐怕太平公主、安乐公主的灾祸会降临到你的头上。"

有一次，郑颢的弟弟生了重病，宣宗派使者前去探视。使者回宫后，宣宗问："万寿公主在什么地方？"

使者回答："在慈恩寺看戏。"

宣宗勃然大怒，继而长叹道："怪不得士大夫家不愿与皇家结亲！"说完，立即召万寿公主入宫。

万寿公主急匆匆赶来，宣宗任凭她站在台阶下，看都不看一眼。万寿公主不知道自己做错了什么，吓得跪在地上哭泣。宣宗的心这才软下来，但依然严厉地责备道："哪有小叔子病危，嫂子不去探望，反而有兴致去看戏的道理？"公主听了，顾不上抹眼泪，连连向宣宗谢罪。

宣宗不仅对子女要求严格，对亲戚和近臣也不讲情面。有一次，宣宗和舅舅、平卢节度使郑光谈论为政之道。郑光既鄙陋又浅薄，宣宗很瞧不上他，就免去其节度使的职务。宣宗的母亲郑太后几次为郑光说情，宣宗却始终不肯再派郑光到地方上任职，只是赏赐给他丰厚的财物。

有一年，宣宗因为京都地区很久得不到治理，就任命翰林学士韦澳为京兆尹。国舅郑光庄园里的管家骄横无比，多年不向官府缴纳租税，前几任京兆尹都睁一只眼闭一只眼，韦澳新官上任三把火，到任当天就逮捕了这名管家。

郑光赶忙入宫请郑太后出面讲情。宣宗迫于母亲的压力，只好召来韦澳，问："爱卿啊，你打算怎么处置那个管家呀？"

韦澳斩钉截铁地说："抗交租税，按律当斩！"

宣宗拐弯抹角地说："郑光特别倚重这个管家，杀了他，以后他庄园里的事怎么办呀？"

韦澳并不理会，说道："陛下任命臣为京兆尹，是希望臣扫除京畿地区的积弊，如果饶了这个管家，那朝廷的法律就只是用来约束贫穷百姓的。"

宣宗内心斗争了很久，才说："你说得对，可是太后的面子朕还是要给的，你狠狠地打那人一顿，免他一死，行吗？"

韦澳勉强道："陛下既然要免他一死，臣不敢不听，但他必须把拖欠的租税交足。"

宣宗松了一口气："朕因为舅舅的缘故阻挠你秉公执法，深感惭愧啊。"

有了郑光这样的前车之鉴，整个宣宗朝，皇亲贵戚都老老实实地遵守礼法，不敢有所违逆。

宣宗通晓音律，经常去后苑听乐工们演奏。有个叫罗程的，很会弹琵琶，仗着宣宗的宠爱专横跋扈。有一次，别人朝他瞪了一眼，他竟然火冒三丈，把那人给杀了，因此被京兆府逮捕入狱。

乐工们想救罗程，等到宣宗来时，特意空出一个座位，在上面放上罗程的琵琶。宣宗看到后，奇怪地问："罗程呢？"乐工们马上起身跪拜，哭泣不已。

宣宗更加诧异了，又问："你们哭什么？"

乐工们便把罗程打死人被捕入狱的事告诉了宣宗，并说："罗程辜负了陛下的恩情，罪该万死，只可惜他那演奏琵琶的绝技就要失传，以后陛下再也听不到这么美妙的乐声了。"

　　宣宗怅然若失，缓缓地走到那个空座位前，拿起琵琶，抚弄了好久，才一字一顿地说："你们可惜的是罗程的琵琶演奏技艺，朕珍惜的是高祖、太宗留下的法律。"最终，罗程被处死。

　　有一天，宣宗让人读太宗撰写的《金镜》给自己听，当听到"在大乱之世也不应该委任不肖之徒为官，在大治之世也不应该不委任忠贤之士掌政"时，他说："凡是想要天下太平的君主，都应当以

这句话为首要信条，绝不能以个人好恶随意赏赐官爵。"宣宗说到做到，他授官爵的原则是，不到规定时间的不授，没有政绩的不授，哪怕是亲近的人，他也不私下赏赐官爵。

宣宗最重视地方刺史的任免，认为他们的政绩直接关系到民心向背。他规定，刺史人选确定后，不准直接上任，必须先到京城，当面向他阐述到任后的施政方略，再确定是否可以任命。刺史到任后，宣宗还会严格考察其政绩。为此，他密令韦澳将各州的风土人情以及民生利弊编成一本书，专供他阅览。有一天，邓州刺史薛弘宗入宫晋见，出来后对人说："皇上对邓州的事情了如指掌，好像去过邓州一样，令人惊讶啊。"

此外，宣宗还经常借外出游猎的机会了解民情。有一次，他在长安郊区游猎，看见十几位父老聚集在一个佛祠前祈祷。宣宗上前询问其缘故。父老们说："我们是醴（lǐ）泉县百姓，县令李君奭是个好官，可惜他的任期满了，我们不舍得他走，所以祈求佛祖让他留下来。"宣宗听后，牢牢记住了李君奭的名字。后来怀州刺史空缺，宣宗亲手写诏敕，任命李君奭为怀州刺史。

还有一次，宣宗到苑城北边游猎，遇到一位樵夫，便问他是哪个县的人。樵夫回答："泾阳县人。"宣宗又问："县令是谁?"樵夫回答："李行言。"宣宗再问："李行言干得怎么样?"樵夫回答："李大人挺称职的。前些日子，有几个强盗关押在县监狱，上司来县府说情，李大人就是不放，最后顶着压力把那几个强盗处死了。"宣宗回宫后，把李行言的名字写在一个帖子上，然后挂在寝殿的柱子上。不久，李行言被任命为海州刺史。

宣宗喜欢听规谏之言，凡是谏官们论事、门下省封驳，只要合乎情理，他大都能虚心接受。收到重臣上奏的章疏，他一定要先烧香，洗净手后才开始阅读。宰相奏对政事时，他的神态尤其威严，让人不敢仰视。等到宰相奏完事，他会忽然轻松下来，对大家说："现在我们可以谈些闲话了！"开始讲些街道闾巷里的琐碎小事。大概一刻钟后，宣宗又会收起面孔，严肃训诫宰相们："你们几个人要好自为之，朕经常担心你们会辜负朕，以致将来君臣不能再见。"说完就起身回宫。

宰相令狐绹经常对人说："我当了十年宰相，最得皇上宠幸，但每次与皇上奏对政事，都会汗流浃背！"

宣宗沉着果断，不徇私情，选贤任能，体恤百姓，从谏如流，所以大中①年间的政治比较清明，一直到唐朝灭亡，都有人思念歌咏，称宣宗为"小太宗"。

---

① 大中（847—859），唐宣宗的年号。历史上把这一时期称作"大中之治"。

成语学习 ①

从 谏 如 流

谏，直言规劝。听从规劝像流水一样自然。形容乐于接受别人的批评意见。

造　句：	唐太宗最难能可贵的品质，就是从谏如流，知错就改，很少有帝王能做到他那样。
近义词：	闻过则喜、广开言路
反义词：	独断专行、刚愎自用

---

① 这个故事的原文里还有成语"良有以也"（指某种事情的产生是很有些原因的）、"睚眦杀人"（睚眦：发怒时瞪眼睛，引申为极小的怨恨。因极小的怨恨而行凶杀人，形容骄横不法）。

【 亡命之徒 】

《资治通鉴·唐纪六十六》

于是山海诸盗及他道无赖亡命之徒，四面云集，众至三万，分为三十二队。其小帅有谋略者推刘晔（wàng），勇力推刘庆、刘从简。群盗皆通书币，求属麾下。甫自称天下都知兵马使，改元曰罗平，铸印曰天平。

译 文

由于裘甫打败了浙东官军，山林海岛中的盗贼以及其他地方的无赖和冒险犯法、不顾性命的家伙，四面云集于裘甫的旗帜之下，部众发展到三万余人，分为三十二个队。各队首领中较有谋略者首推刘晔，勇武者推刘庆、刘从简。群盗都向裘甫通信送款，要求归属于他的麾下。裘甫自称天下都知兵马使，改元称罗平，铸造的大印上刻着天平。

王式智平裘甫

大中十三年（公元859年）的夏末，开创"大中之治"的唐宣宗李忱病逝。由于宣宗生前没有立太子，他刚咽气，掌权的宦官们就为新皇帝的人选展开了争斗。最终，神策军左军中尉王宗实获胜，在他的支持下，宣宗的长子、郓王李漼（cuǐ）即位，为唐懿宗。

懿宗登基没多久，一个大麻烦就来了。原来，安史之乱后，北方的藩镇割据愈演愈烈，富裕的东南地区就成了朝廷的财政命脉，而历届的地方官往往贪得无厌，利用职权搜刮民脂民膏，老百姓被逼得无法生存。这年年底，平民裘甫揭竿而起，率领一百多名农民占领了象山，拉开了唐末农民起义的序幕。

次年春季，裘甫的起义军接连在剡（shàn）县①等地击败官军，他们打开粮仓，赈济百姓，又大肆招兵买马。附近山林海岛中的盗贼以及其他地方的亡命之徒都前来投奔，队伍迅速发展到三万余人。裘甫自称天下都知兵马使，改元罗平。随后，起义军攻掠衢（qú）州、婺（wù）州等地，而浙东②观察使郑祗德根本不是裘甫的对手，连连向朝廷告急。

浙东、浙西是朝廷税赋的主要来源，如果长期被裘甫占领，定会影响朝廷的财政收入。懿宗坐不住了，对宰相们说："赶紧选个厉

---

① 治所在今浙江嵊州市西南。
② 唐朝藩镇浙江东道的简称。

害的将领去把郑祇德换下来。"

宰相夏侯孜说："浙东一带山海幽深，交通不便，难以用武力强攻，只能以计谋获胜，而朝中武将才智都过于平庸。"

懿宗听得眉头直打结。夏侯孜见状，赶紧说："不过，臣倒是有一个合适的人选。"

"是谁？快说呀！"懿宗急不可耐。

"前安南①都护王式，虽出身于书香门第，却文武双全。之前，安南地区蛮乱不断，自从王式到任后，当地的华人、夷人都对他心悦诚服，很长时间不闹事了。臣以为，应该派王式去。"夏侯孜说道。

各位宰相都表示赞同。懿宗便任命王式为浙东观察使，又调忠武②、义成、淮南诸道军队配合他平叛。

王式的委任文书颁下后，裘甫感到担忧，召集心腹商议对策。部将刘暀很有谋略，建议裘甫学三国时期的孙权，先攻下越州③，再渡过长江，占据石头城，将来割据江东。谋士王辂却认为，划江称帝比较难办到，不如率部据险自守，平时种地打鱼，遇到危险时就逃入海岛。裘甫觉得他们说得都有理，一时拿不定主意。这件事情便搁置下来。

而王式的大军一刻也没耽搁，直扑越州而来。有一天，王式发现义成军的将士无精打采，队列也不整齐，怒道："把领兵的将领绑了，以军法处置。"话音刚落，左右卫兵就将那名将领绑得结结实实。众将士吓坏了，都打起十二分的精神赶路，队列也整齐有序。

---

① 唐高宗调露元年（公元 679 年）改交州都督府为安南都护府，简称"安南府"或"安南"。"安南"之名始此。
② 唐朝藩镇名。唐德宗贞元三年（公元 787 年）置陈许节度使，后改为忠武军，治所在今河南许昌市。
③ 治所在今浙江绍兴市。

王式这才消气，释放了那名将领。

正在这时，有名探子来报："裘甫派使者求降！"

王式呵呵一笑，对左右说："裘甫是来刺探我方的动静，什么投降，不过是想麻痹我们，使我们放松警惕。"使者进来后，王式威严地扫了他一眼，说道："你回去告诉裘甫，只要他自缚双臂亲自来投降，我一定奏请圣上免他一死。"

十几天后，王式进入越州，与原浙东观察使郑祗德交接政务。此前，郑祗德向相邻的浙西道求援。可浙西援兵抵达后，无心打仗，只想趁机发财。郑祗德犒赏他们的钱物比朝廷度支发给的还要多，援军将士仍然不满足，有的假称生病，有的要求提拔官职，到最后没有一支军队肯出战。王式查明情况后，重新修订军令，对他们严加约束。自此，嚷嚷军饷太少的人不吭声了，患病卧床的人也起来做事了，要求先升官再出战的人也不敢说话了。

王式又命令越州下辖诸县开仓放粮，赈救饥饿的百姓，有人就劝阻："裘甫的叛军还没消灭，我们正需要这些粮食，怎么能散发掉呢？"王式慢条斯理地说："这就不是你要考虑的了。"

当时，官军缺少骑兵，王式就说："有不少吐蕃、回鹘的降俘发配到江淮一带，他们精于骑射，可以起用他们。"左右将领便到官府查名册，最后选出一百多名骁勇强健的吐蕃人、回鹘人充当骑兵。这些"胡虏"远离家乡，被流放很久了，看管他们的军吏都凶恶狠毒。王式善待他们，还接济他们的父母妻儿，他们感激涕零，发誓要为王式出死力。此后，王式又用相同的办法征集了大量流放在越州境内的吐蕃人、回鹘人。唐军的骑兵因此得到充实。

有人建议王式："我们可以在各要塞建烽火台，一旦贼寇进犯，就点燃烽火告知贼寇的远近和人数的多寡。"王式笑了笑，没有答应。隔了几天，王式选了一些懦弱的士兵当侦察骑兵，并配给他们强健的战马和少量的武器。将士们都惊诧莫名，却不敢多问。

一切准备就绪，王式下令分东、南两路进攻裘甫的叛军。军队出发前，王式对将士们说："各位，你们的任务有难有易，无论如何，都要坚决完成。战斗时，不准焚烧老百姓的房屋茅舍，不准杀平民来增加首级冒功，平民被迫参加贼寇的，应招募他们归降。擒获的俘虏，只要是越州本地人，都放他们回家。"

几天后，东、南两路军接连传来捷报，他们攻拔了贼军的几座城寨，大破裘甫的得力干将刘暀、毛应天等人。裘甫被迫率残部逃入甬溪洞①。

王式立即命令忠武军将领张茵率领三百人屯驻在唐兴县，切断裘甫逃往南方的道路，并派义成军将领高罗锐率领三百人，加上台州地方的军队，进攻裘甫在宁海的巢穴，又让昭义军将领带四百人，协助东路军切断裘甫进入明州的道路。裘甫无处可逃，被迫出洞交战，却再次被打败。

之后，唐军的各支军队与裘甫贼军交战十九次，每战必胜。跟着，高罗锐乘胜攻克宁海县。唐军将士都欢欣鼓舞，王式却说："贼军接连战败，加上饥饿，必定会逃入大海。一旦他们得逞，我们短时间内很难将他们一网打尽。"于是安排高罗锐驻军海口拒守，命令云思益等将领率水军沿着海岸线巡逻。

很快，云思益在宁海以东的海面上堵住了裘甫的船队。裘甫的人马没想到官军水师这么快赶到，都抛弃船舰，上岸逃跑。

裘甫逃到宁海西南部的南陈馆附近时，被东路军追上。裘甫急

————————

① 在今浙江宁海西南。

中生智，下令将大量抢来的丝绸缯帛抛在路上，企图延缓官军的追击。东路军将领见了，严令士兵："胆敢捡东西的，就地斩首。"不过，裘甫熟悉当地的地形，还是逃到了剡县。

各路唐军全都赶来，将剡县团团围住。不料，剡县的城防十分坚固，官军久久攻不下来，王式的部将便扬言："我们马上断绝溪水，渴死城里的人。"裘甫信以为真，硬着头皮出城交战，却接连战败，只好投降。

唐军撤回越州，王式大摆庆功宴。席间，诸镇将领对王式说："这次能够跟随您攻破裘甫，实在是荣幸，但有些事我们到现在还没想通，想借此机会向您请教。"

王式呵呵一笑："但说无妨。"

将领们问："您刚到越州时，明知军粮紧张，为什么还要开仓放粮？"

王式答道："道理很简单，裘甫之所以能在短时间内聚集起那么多贼众，都是靠谷米引诱饥民，我分发粮食，那些饥民就不会被裘甫引诱入伙。再说，如果不散发，越州各县没有守兵，裘甫的贼军一到，官府仓库里的谷米正好成为他们的资粮。"

诸将都若有所思。过了一会儿，又有人问道："那您为什么不同意设置烽火台？"

王式反问："设烽火台的目的是什么呢？"见众人没吭声，他接着说道，"当然是为了求救。可我手下的军队都已安排了任务，越州城中没有军队可用于救援。所以，设烽火台不过是徒费功夫，不仅惊扰百姓，还会使我军自乱阵脚。"

"原来如此！"那人恍然大悟，又问，"您派懦弱的士兵侦察敌情，配给他们少量的武器，以及上好的战马，这又是什么道理呀？"

王式回答说："如果让勇猛的士兵当侦察兵，配给他们锋利的兵器，一旦遇到敌军他们就会忍不住上前搏斗。一旦侦察兵战死，谁回来报告军情？"

众将佩服得五体投地，齐声说："这些都不是我们的智力所能考虑到的啊！"

成语学习

亡命之徒

指逃亡的人。也指冒险犯法、不顾性命的人。

造　句：	那个满脸横肉的家伙，是个无恶不作的亡命之徒，得提醒大家小心。
近义词：	不逞之徒
反义词：	谦谦君子

〖 物议沸腾 〗

《资治通鉴·唐纪六十八》

　　修短之期，人之定分。昨公主有疾，深轸（zhěn）圣慈。宗劭等诊疗之时，惟求疾愈，备施方术，非不尽心，而祸福难移，竟成差跌，原其情状，亦可哀矜。而械系老幼三百余人，物议沸腾，道路嗟叹。

译 文

　　生命的长短，每个人都有定数。昨天公主患病，得到陛下深深的慈爱，医官韩宗劭等人为公主诊断治疗时，只希望能将病治好，施展了多种医术和药方，不能说是不尽心。但人的祸福原本就是难以左右的，最终公主还是亡故。不过，就救治的过程来看，各种医术未能奏效，当时医官们的情状也是值得哀怜。但因此怪罪医官，用刑具收捕他们的家属老幼三百余人，致使朝野议论纷纷，群情沸腾，道路上也常听到人们的叹息声。

懿宗宠女成灾

平定裘甫叛乱之后，懿宗把年号改为咸通。他的父亲宣宗曾经写过"海岳晏咸通"的句子，意思是天下太平。显然，懿宗想学父亲，做一个好皇帝，让大唐帝国再现盛世光景。然而，至高无上的权力带来无与伦比的快乐，懿宗沉浸其中，很快忘记了初心：首先是吃喝，他每日一小宴，三日一大宴，每个月总要大摆宴席十几次，八珍玉食、琼浆玉液，应有尽有；其次是观看歌舞表演，一天都不能少。宫中供养的乐工达五百人之多，懿宗动不动就赏赐他们东西。

有个叫李可及的乐工，擅长谱曲，懿宗很宠信他，想任命他为左威卫将军。有人劝谏说："太宗当年确定朝廷文武官员人数时，说过官爵只能委任给贤能之士，工匠、商人、伎巧等杂流人物不能当中央朝官。"懿宗并不理睬，照样授予李可及官爵。

有时，懿宗在宫里待烦了，想到长安郊外的行宫去，而且他想到了就要马上出发，等不及派人先去布置好，所以有关部门要备好乐器、饮食器具和小帐篷，以备随时调用。那些乐工优伶自然也要带上。亲王们平日里也都要备好马，时刻准备着懿宗招呼他们陪同外出。每次出宫游玩，随从人员达十多万人，花费之大难以计算。

所谓上行下效，皇帝带头享乐，很多臣子也跟着醉生梦死，穷奢极欲。晚唐诗人韦庄曾经写过"咸通时代物情奢"的诗句，描绘的正是当时的官场风气。

忙着纵情声色，自然不会勤于政事，懿宗对上朝的热情明显不如吃喝玩乐。宰相白敏中入宫朝见懿宗时，从马上摔下来，把腰伤到了，一直卧病在床，无法办公。他多次向懿宗上表，请求辞官，懿宗都不批准。这倒不是因为懿宗多么敬重这位前朝元老，而是他可以借故不理朝政。

右补阙[①]王谱因此上疏劝谏："陛下即位不久，治理天下大事，还缺乏经验，正是宰相尽心出力的时候，因此宰相不可或缺。白敏中患病已经有四个月了，陛下虽然也和其他宰相讨论政事，却常常谈不到三刻钟就结束了。希望批准白敏中辞职的请求，另外寻访德才兼备的人，帮助您变得更加圣明。"

懿宗看了这份奏疏，心里很不高兴，便下诏将王谱贬到地方上做县令。诏书到了给事中郑公舆那儿，他认为谏官不应该因为议论事情遭到贬斥，就把诏书驳回了，没有下发。懿宗更不高兴了，他命令宰相议论这件事。这些人竟然罔顾国家制度，认为王谱冒犯了白敏中，一致同意将他贬官。

宰相是辅助帝王管理国家的最高长官，其职责用西汉左丞相陈平的话说，是"对上辅佐天子，对下使各级官员都能得到发挥其专长的职务"，但是懿宗任用的这些宰相，不是碌碌无为、尸位素餐，就是贪婪卑鄙、徇私枉法。

有个叫路岩的宰相，生活奢侈豪华，爱收受贿赂，还经常把政事交给下面的小吏边咸去办。一个叫陈蟠叟的县令为此上书，请求召对[②]。

懿宗问他："你因为什么事要见朕啊？"

陈蟠叟说："请皇上抄边咸一家，抄得的财物足可赡养国家军队两年。"

---

① 掌供奉讽谏，隶属中书省。
② 君主召见臣下，命其回答有关方面的问题。

懿宗问："边咸是谁？"

陈蟠叟说："是路岩的手下小吏。"

懿宗听后大怒，不但没有惩治路岩和边咸，反而将陈蟠叟流放到偏远地方。路岩从此更加肆无忌惮，还和另一位宰相、驸马韦保衡狼狈为奸，打压异己，被当时人骂作"牛头阿旁"，意思是说他们像地狱里的厉鬼那样可怕。

还有的宰相喜欢施舍，下朝后总给道路两边的乞丐发钱，通过这种小恩小惠来博取虚名。也有个别宰相不愿同流合污，上表称病，辞去官职。

从懿宗即位以来，战乱一直不断。浙东的裘甫造反刚平息，徐州马上爆发银刀军兵乱，懿宗赶紧调王式去"灭火"。谁知，南诏国又来侵扰大唐边境，逼近安南都护府。焦头烂额的懿宗派名将高骈（piǎn）出任安南都护，才暂时稳住局势。然而，接二连三的变乱，不仅没有让懿宗警醒，反而促使他沉迷游玩宴饮，以逃避现实。

大臣刘蜕上疏劝谏："地方兵乱、南蛮入侵，天下大事多如乱麻，陛下游宴却应接不暇，您至少表面上要做出忧虑的样子，给远近的臣民看，否则将士们怎么肯在战场上拼死出力？希望陛下能节制欲望，等到远近地区都太平无事了，再游乐也不迟啊。"懿宗不理他，照样我行我素。

懿宗子女众多，可不知怎的，他独宠同昌公主，甚至到了偏执的程度。公主成年后，懿宗经过千挑万选，选中韦保衡为驸马。公主出嫁时，懿宗把宫中的珍宝古玩几乎全部挑出来送给她，赐给她的宅第豪华到窗户都用珠宝修饰，院内的井栏、平时用的药臼和马槽柜子也用金银制造，连筐箕都用金丝编成。

只可惜同昌公主福薄，出嫁才一年就病死了。噩耗传到宫中，懿宗摧肝裂肺，涕泗纵横。等心情稍稍平复，他马上把为公主治病的翰林院医官韩宗劭等二十多人全杀了，这样还不解恨，又把这些医官的家属三百多人逮捕入狱。

宰相刘瞻心急如焚，立即召集谏官，请他们上言劝谏，竟没有一人敢进谏。刘瞻只得亲自上疏："生命的长短，每个人都有定分。韩宗劭等医官肯定希望将公主的病治好，而且他们一定用尽了毕生所学，竟然不能妙手回春，也是值得哀怜。但因此怪罪医官，把他们的家属老幼三百多人收捕入狱，致使朝野物议沸腾，道路上也常听到人们的叹息声，实在有违常情。希望陛下能回心转意，释放这些无辜的人吧。"

懿宗看完刘瞻的奏疏，一张脸直接黑了下来。第二天，刘瞻又在朝堂上据理力争，懿宗大发脾气，将他叱骂出去。

韦保衡与路岩早就看不惯刘瞻，趁机诬陷他与翰林医官通谋，误投毒药，导致公主死亡。懿宗暴跳如雷，立即把刘瞻贬到康州①。路岩觉得贬得不够远，翻出全国地图，挑了距长安万里之遥的欢州，再贬刘瞻为欢州司户。

同昌公主死后，懿宗开始专心礼佛，以寄托哀思。唐朝自武宗灭佛以来，佛教势力受到沉重打击，宣宗在位时，陆续恢复了一些寺院，到懿宗时期，佛教在他的大力提倡下，又迅速发展起来。懿宗广建佛寺，大造佛像，甚至在宫中建造戒坛，为弃俗出家当尼姑的宫女受戒。他还多次前往各大寺庙，无限制地施舍财物。

吏部侍郎萧仿为此向懿宗上疏说："老子推崇慈爱节俭，孔子提倡仁义道德，他们已经成为百代的楷模，没有人能超越他们。佛陀舍弃父母，割舍至爱，而且佛徒出家后不婚嫁，断子绝孙没有后代，

---

① 治所在今广东德庆。

这也是人情最难以接受的，更不是帝王应该羡慕的事。希望陛下能多和大臣商讨朝廷大政，多费些精力处理军国事务，尽力除去人民的疾苦，而不是老想着给寺庙不该给的赏赐。"懿宗虽然没有贬黜他，却也没有采纳他的谏言。

懿宗崇奉佛教的高潮是继宪宗之后又一次大规模的迎佛骨活动。咸通十四年（公元873年）三月，懿宗安排迎佛骨的诏书一下，立即招致群臣的反对，大家认为此举劳民伤财，甚至有人说："宪宗皇帝当年奉迎佛骨，不久便驾崩了，这事多不吉利呀！"懿宗充耳不闻，还说："朕能活着见到佛骨，就算死了也不会有遗恨！"

这次迎佛骨的规模，比起宪宗时期是有过之而无不及，从京城到法门寺有三百里路，沿途之上，车马昼夜不绝。四月，佛骨被运到京城，欢迎的人群铺天盖地，绵延数十里，场面之壮观，远远超出皇帝主持的祭天大典。懿宗登上安福门，从楼上走下，向佛骨顶礼膜拜，激动得连眼泪都流了下来。

仿佛应验了什么似的，当年七月，懿宗得了重病，几天后就驾崩了。神策军左军中尉刘行深、右军中尉韩文约拥立懿宗最小的儿子、普王李俨继承皇位，即唐僖宗。

物 议 沸 腾

议论纷纷。指舆论强烈。

造　句：	不利民生的政策，势必导致物
	议沸腾，群情激愤。
近义词：	议论纷纷
反义词：	缄口不言

---

① 这个故事的原文里还有成语"徇私枉法"（迁就私情而违反法纪）。

〖 横行天下 〗

《资治通鉴·唐纪六十八》

　　黄巢以官不及己，大怒曰："始者共立大誓，横行天下，今独取官赴左军，使此五千余众安所归乎！"因殴仙芝，伤其首，其众喧噪不已。

译 文

　　黄巢见朝廷给官没有自己的份，勃然大怒，对王仙芝说："我与你曾共同立下誓言，要东征西战，到处称强，今天你独自获得朝廷的官爵而要赴长安为禁军左军军官，让我们五千多弟兄去哪里呢？"说着便殴打王仙芝，将他的头打伤，其余部众也喧闹不已。

满城尽带黄金甲

懿宗在位时，政局已经非常混乱，到僖宗朝时，不仅没有丝毫好转，而且日益加剧。朝廷为了抵御南诏长达二十年的侵犯，几乎耗尽了国库，老百姓头上的赋税因此更重了，再加上潼关以东地区连年遭受水旱灾害，很多穷人没有吃的，就去采草籽，捣碎后和槐树叶子混在一起当饭菜，有的饿得连采集草籽、槐叶的力气都没有了。以往碰到没有收成的年头，还可以逃到隔壁的州县讨饭，而现在到处都是饥荒，根本无处可去。地方官吏不把实情上报朝廷，反而欺上瞒下。走投无路之下，很多人便铤而走险，做起强盗来。一时间，天下盗贼成群，犹如风起云涌。

乾符元年（公元874年），是僖宗李俨即位的第二年，山东有个叫王仙芝的私盐贩子 [1]，和同乡尚君长、尚让兄弟聚集了几千人，在长垣县 [2] 起事。

山东的另一个私盐贩子黄巢，性格豪爽，善于骑马射箭，曾经读过一些书，好几次到长安参加科举考试，但都名落孙山，他心灰意冷，写了一首《不第后赋菊》："待到秋来九月八，我花开后百花杀。冲天香阵透长安，满城尽带黄金甲。" [3] 从此，他丢下笔，拿起刀，做起了强盗。他得知王仙芝起事，也召集了附近的几千人响应。

---

[1] 由于唐朝末年实行食盐专卖，官盐价格昂贵，老百姓吃不起，便向民间寻求价格更便宜的私盐，于是就有了很多私盐贩子。

[2] 今属河南。

[3] 意思是：等到九月重阳节时，菊花盛开，别的花就凋谢了。阵阵香气弥漫长安，遍地都是金黄如铠甲般的菊花。

二人合兵一处，威势大增，东攻西伐，占领了不少地盘。被官府沉重的税赋逼得无以为生的农民争相投奔他们，几个月内，起义军的队伍发展到几万人。

这年年底，王仙芝率军攻打沂州①，平卢节度使宋威上表朝廷，请求调拨五千人马给他，让他兼领本部人马前去征讨。朝廷就任命宋威为招讨使，拨给他禁军三千、铁甲骑兵五百，并下诏给河南各镇，要求各镇兵马都听从宋威的指挥。宋威仗着兵强马壮，在沂州城下大破起义军，王仙芝兵败逃走。宋威得意忘形，向朝廷报捷，说王仙芝已被他斩杀。

消息传到京城，文武百官无不欢欣雀跃，纷纷入朝，向僖宗祝贺。然而，才高兴了三天，地方州县的紧急奏报就呈上来了，说王仙芝还活着，正领兵四处攻伐，进逼汝州。汝州是东都洛阳的门户，一旦失守，洛阳也会跟着沦陷。僖宗吓得立即调拨人马据守潼关，以防起义军攻克洛阳后继续西进。

不久，王仙芝攻陷汝州城，活捉刺史王镣。消息传到洛阳，人心震动，士人百姓纷纷携家带口，争先恐后地逃出城去。王仙芝乘胜北上，接连攻下好几个州县，又向淮南推进。起义军在他的率领下到处流动作战，打得官军顾此失彼，疲于应付。蕲州②刺史裴偓（wò）不敢抵抗，开城迎降，并上表朝廷，为王仙芝求官。

宰相们几乎一致反对："王仙芝不过是一个小贼，赦免他的罪，还授予官爵，只会助长盗贼的反叛气焰。"只有宰相王铎坚持招降王仙芝，僖宗听从他的意见，下诏封王仙芝为左神策军押牙。

一个成天被朝廷追杀的私盐贩子，竟然成了朝中最有威势的神策军的将领，还有什么不满足的呢！诏书送达后，王仙芝激动万

① 治所在今山东临沂市西。
② 治所在今湖北蕲春西北。

分，憧憬自己穿着官服的样子。谁知，黄巢见封官没有他的份，把王仙芝臭骂了一通："我与你曾立下誓言，要率领大军横行天下，今天你独自去长安做大官，让我们这些兄弟怎么办？"他越说越愤怒，朝王仙芝头上就是一拳，砸得他鲜血直流。王仙芝正要反击，却见其他将领也攥紧了拳头，他意识到众怒难犯，红着脸撕碎了那份诏书。

事情虽然暂时平息了，但这么一闹，黄巢与王仙芝算是撕破了脸，义军也分裂成两部分，一部分人跟着王仙芝攻打附近的州县，另一部分人则随黄巢北上。

王仙芝虽然率领人马又攻下了一些州县，但他仍惦记着归顺朝廷，正好这时招讨副使杨复光派人前来劝降，王仙芝就让尚君长等人前去接洽。不料，这事被宋威知道了，他不想让杨复光立下大功，提前埋伏了人马在路上，把尚君长等人劫走，然后向朝廷谎称自己在战场上活捉了贼首。

杨复光急了，再三向朝廷说明尚君长等人确实是来投降，并不是宋威在战斗中擒获的。这下可把僖宗弄糊涂了，到底该相信谁的话呢？为了弄明原委，他命人前去调查，结果居然无法查明真相，只好将尚君长等人斩首。

归顺之路被斩断，王仙芝不得不继续对抗朝廷。乾符五年（公元878年），王仙芝的起义军被官军击溃，他本人也被斩杀，首级送到长安。尚让便率领残部投奔了黄巢，推举他为起义军的盟主，号称"冲天大将军"。

可是，黄巢接连被官军击败，只得离开中原。他们渡过长江，迅速拿下南方多座城池。朝廷震动，命荆南节度使高骈前去讨伐。高骈派兵分路围剿，多次打败起义军，有十几位起义军将领投降了高骈。黄巢见形势不利，就进军岭南。

　　由于连吃败仗，黄巢也产生了归顺朝廷的心思，他要求朝廷封他为天平①节度使。朝廷断然拒绝。黄巢不死心，退了一步，要求做广州节度使。僖宗命群臣讨论。宰相于琮说："广州虽然偏远，但每年有大量的外国船只往来，许多财宝货物聚集在那里，这么重要的地方怎么能让反贼控制呢？"最后朝廷只授给黄巢率府率②的官职。

　　黄巢怒不可遏，率军急攻广州，当天便攻陷。然而，由于起义军将士多是北方人，不习惯岭南的气候，很多人水土不服得了瘟疾，病死了十分之三四。黄巢意识到广州不是久留之地，又率军北上。

　　高骈预料到黄巢会北上，派猛将张璘渡过长江，击败起义军。黄巢被迫退到饶州。张璘紧追不舍，又攻克饶州。黄巢再退守信州，不料军中流行起了瘟疫，又死了很多士兵。

　　起义军处境十分危急，黄巢反而冷静下来，施起了缓兵之计：先用重金贿赂张璘，求其放缓行军速度，又写信向高骈诈降。高骈也想诱惑黄巢上钩，便许诺说会为他向朝廷求个不错的官职。当时其他藩镇的军队都赶到淮南，高骈担心他们瓜分自己的功劳，便上奏朝廷："过不了几天，这些贼寇就能全部平定，不用麻烦各道军队。"朝廷信以为真，将各道军队全部遣返。

　　黄巢大喜，立即与高骈翻脸，并四处出战。高骈震怒，命令张璘进攻黄巢，不料反被黄巢杀得大败，张璘也战死了，黄巢的势力因此得以恢复。

　　广明元年（公元880年），黄巢率军渡过长江，兵势相当强大。高骈因为各道援军都已遣散，张璘又战死，自觉无力阻止黄巢北上，所以只是命令部将严加戒备自保，再到后来，他干脆称病不出。黄

①　治所在今山东东平西北。
②　东宫警卫机构中的属官。

巢得以率领军队长驱直入，横扫沿途各州县。他派人把写好的牒文送到各镇军队，威胁说："我要亲率大军攻克东都，接着攻入京师，向朝廷问罪，与你们没关系，你们最好不要阻拦我！"

僖宗将宰相们召去商议办法，由于找不到御敌良策，他竟对着宰相们流泪。不久，黄巢军队攻克洛阳的消息传到长安，朝廷上下一片惊慌。无计可施的僖宗在宦官田令孜的建议下，命令神策军将领率领两千八百名弓弩手前往潼关，抵御黄巢大军。

神策军的士卒都是长安城里的富家子弟，靠贿赂宦官在军队挂名，从而获取丰厚的供给和赏赐。这些人平时身穿华服，骑着骏马，耀武扬威地在街头疾驰，从来没有参加过战斗，如今突然要他们上阵打仗，个个心惊胆战，抱头痛哭，但哭也没用，只能硬着头皮上前线。到了潼关，得不到粮草供应，朝廷答应的军饷更是连影子都不见，神策军将士们饿得饥肠辘辘，虚弱得连武器都拿不动。

这天，黄巢的大军抵达潼关城下，白色的军旗漫山遍野，望不到边际。神策军将士吓坏了，壮着胆子出战，结果刚一交锋就崩溃，潼关失陷。消息很快传到长安，文武百官纷纷找地方躲藏。僖宗在宦官田令孜带领的五百名神策军士兵的保护下，偷偷溜出长安，日夜不停地逃往成都。

傍晚时分，黄巢的军队进入长安，朝廷的金吾大将军张直方急忙率领几十名文武官员前往霸上迎接黄巢。黄巢坐着用黄金装饰的轿子，部将们全都披散着头发，身穿红丝锦绣衣裳，手持兵器跟着，他们身后的铁甲骑兵行如流水，辎重车辆塞满道路，大军延绵数里，络绎不绝。至此，黄巢实现了"满城尽带黄金甲"的豪言。老百姓走出家门，夹道观望，尚让挨个对他们说："我们黄王起兵，是为了百姓，不像李氏皇帝，不知道爱惜你们，你们只管安居乐业，不要害怕。"

一开始，起义军将士的确对百姓秋毫无犯，有些人因为起兵以来抢了许多财物，看到贫穷的百姓，还慷慨解囊。可没过几天，这些习惯打家劫舍的将士就故态复萌，开始烧杀抢掠，他们尤其憎恨官吏，抓到就杀。黄巢也把留在长安的李唐宗室、公卿贵族全部杀光。长安城到处弥漫着血腥的味道。

这年十二月，黄巢在长安称帝，国号为大齐。

横 行 天 下

形容纵横驰骋，不受阻碍。亦形容东征西战，到处称强，没有敌手。

造　句：	美国打出各种牌，阻挠中国的发展，其本质就是想继续横行天下。
近义词：	所向无敌
反义词：	寸步难行

【 持久之计 】

《资治通鉴·唐纪七十一》

　　陈人大恐，鄹（chōu）谕之曰："忠武素著义勇，陈州号为劲兵，况吾家久食陈禄，誓与此州存亡。男子当求生于死中，且徇国而死，不愈于臣贼而生乎！有异议者斩！"数引锐兵开门出击贼，破之。巢益怒，营于州北，立宫室百司，为持久之计。

译　文

　　陈州城内的人极其恐慌，赵鄹对他们说："忠武军向来以正义勇敢著称，陈州的兵马号称为最强有力的队伍，而我赵鄹一家长期食用陈州的俸禄，誓与陈州共存亡。男子汉当以死相拼谋求生路，况且以身殉国而死，不比向贼寇称臣苟且偷生要好吗？有异议者一律斩首！"赵鄹几次带领精锐人马出城攻打贼寇，挫败了贼寇的进攻。黄巢更加震怒，在陈州的北面建立行营，设立宫室百官，做长远的打算。

"鸦儿军"来了

唐僖宗逃出长安，走到骆谷时，凤翔节度使郑畋（tián）前去拜谒，请求僖宗留下。僖宗对郑畋说："贼寇兵锋太盛，朕不愿离得太近，暂且到蜀地去征发天下兵马。你留下来抵挡贼军，招抚各道军队一起杀贼，尽快收复京师。"

郑畋便回到凤翔，召集部下商议讨伐黄巢事宜。谁知将领们都说："黄巢的势力正盛，我们应该慢慢筹备，等待各道军队聚集后，再一起收复京师。"郑畋既气愤又失望地说："你们是不是还要劝我投降贼寇呢？"说完昏倒在地，直到第二天早上才能说话。

恰巧黄巢派使者带着赦书前来，将领们都毕恭毕敬对黄巢的赦免表示感谢，并设宴款待使者。当音乐奏起时，很多忠于李唐的士兵失声痛哭。使者感到奇怪，有个将领就掩饰说："节度使郑畋因病不能赴宴，所以大家感到悲伤。"

当地老百姓听说后，无不流泪。病中的郑畋得知，对左右说："看来天下人并没有对李唐王朝感到厌恶，黄巢身首异处的日子不远啦！"他命人加固城墙，修复军械，训练士卒，并秘密约请诸道军队到凤翔会合，一起讨伐黄巢。当时神策军八镇兵①坐镇于关中的还有几万人，他们知道僖宗逃往西蜀后，都无所归从，郑畋便派人前去招抚，军心就此大振。

---

① 神策军早期主要驻扎在京畿一带，后来驻防之地有所扩大，除京城长安外，还有奉天、武功、扶风、陕州等地。

黄巢听到风声，又派了一名使者前来招降，却被郑畋斩首。黄巢大怒，命尚让和另一名部将王播率领五万人马进攻凤翔。

郑畋让朔方节度使唐弘夫在长安到凤翔的路上设下伏兵，自己则率领几千士卒，举着许多旗帜，稀稀拉拉地在山岗高处布阵。起义军认为郑畋是一介书生，因此轻视他，一个劲儿地向前乱冲乱杀，不承想遭到伏兵袭击，在龙尾陂①大败而逃，被斩首了两万多人，伏卧在地的尸体多得长达数十里。

有些读书人就在尚书省的大门上写下诗句，嘲讽黄巢"要亡了"。尚让勃然大怒，下令在长安城中大肆搜捕能写诗的人，抓到就杀，三千多人因此丧命。

郑畋非常愤怒，含着泪向全国各藩镇发布檄文，号召天下藩镇合兵攻讨黄巢。当时僖宗逃到蜀地，诏令不通畅，各藩镇得不到消息，都传言大唐王朝不行了，这时得到郑畋的檄文，都争着调发军队响应。黄巢很恐惧，不敢再派兵进攻长安以西的地方。郑畋等人就筹划着发起反攻，对长安形成四面合围的攻势。

广明二年（公元881年），唐弘夫乘龙尾陂大捷的余威率军猛进，逼近长安。黄巢见势不妙，带着人马出长安向东撤退。泾原节度使程宗楚不甘落后，抢在唐弘夫之前率军进入长安城。长安居民十分欢喜，争先恐后地出来欢迎官军，欢呼声响成一片，有的人还用瓦砾投击起义军，也有人收拾箭头供给官军。

程宗楚、唐弘夫担心其他军队入城会分去他们的战功，竟不通报郑畋等人，并纵容士兵大肆抢劫，一些地痞流氓趁机掠人劫货，长安城内一片混乱。

黄巢探得消息，便率军返回，袭击官军。官兵由于抢劫的东西

---

① 在今陕西岐山境内。

太多走不动路，被起义军杀死的有十分之八九，程宗楚、唐弘夫也被杀。黄巢再次进入长安，想到之前长安居民帮助官军的行径，他就一肚子火，于是纵兵屠杀，长安城内血流成河。[1]

逃到成都的僖宗仍然寄希望于高骈，派了很多使者前去催促他讨伐黄巢。但高骈始终不肯出兵。这时，宰相王铎挺身而出，请求统兵讨贼，僖宗只好死马当活马医，让他代替高骈统领各道军队。

中和二年（公元 882 年），王铎命令各道军队从四面八方会集，向长安逼近。起义军的势力范围越来越小，平民百姓为了躲避战乱都逃进了深山，以致农事荒废，米价飞涨，一斗米值三十缗钱。黄巢的部下只好卖人来换取粮食，一个人大概值几百缗钱，买卖时常常以肥瘦来讨价还价。

偏偏这时黄巢手下有员骁将投降了朝廷，极大削弱了起义军的力量，动摇了军心。此人名叫朱温，在家中排行第三，人称"朱三"。他年少丧父，跟着母亲到萧县的刘崇家，出卖苦力为生。朱温长大后游手好闲，刘崇很瞧不起他，多次鞭打污辱他。刘崇的母亲见了，就告诫自家人："我看这个朱三相貌不凡，将来肯定会有出息，你们不要欺负他。"

黄巢起义后，朱温投身军中，立下不少战功，受到黄巢的器重，被封为同州刺史。但当时同州并不归黄巢所有，他对朱温说："你打下同州，就上任去吧。"朱温二话不说，带兵打下同州。

随着形势的变化，朱温见起义军的处境越来越难，预感到黄巢一定会失败，便率领同州全部人马投降了朝廷。僖宗喜出望外，给朱温封了官，并赐名全忠。

然而，此时黄巢的兵势还比较强，没到不堪一击的地步，在之

---

[1] 这幕人间惨象后来被唐代诗人韦庄记录在诗作《秦妇吟》中："家家流血如泉沸，处处冤声声动地""内库烧为锦绣灰，天街踏尽公卿骨"。

后的一段时间里，与官军多次交锋，互有胜负。有人就向王铎提了个建议："李克用骁勇善战，如果能来，平定贼寇不在话下！"

李克用是沙陀人①，本姓朱邪氏，因为立下军功被朝廷赐姓李。沙陀人是有名的雇佣兵民族，族人个个剽悍好战。李克用也不例外，他十五岁从军，在四处征战的过程中，冲锋陷阵，勇不可当，绰号叫"李鸦儿"。他手下的骑兵个个骁勇善战，以一当百，由于他们平日里穿的都是黑色的衣服，就被称为"鸦儿军"。黄巢起义爆发后，李克用与担任振武②节度使的父亲李国昌也趁机发动兵乱，却被归顺唐朝的吐谷浑首领赫连铎等人击败，流亡到了鞑靼（dá dá）部落。

赫连铎暗中送给鞑靼首领许多财物，要他们把李克用父子抓起来送往朝廷。李克用有所察觉，就主动邀请鞑靼首领一起打猎，他让人把马鞭、木叶或悬针放在远处当靶子，次次都射中靶心，这让鞑靼首领不由得心生英雄相惜之情。

打猎回来后，李克用又大摆宴席，邀请鞑靼首领一起喝酒。两人都是豪爽之人，你一碗我一碗，喝得酣畅淋漓，李克用趁机说："不瞒您说，我因为得罪了大唐天子，所以逃到这里。我听说黄巢挥师北进，必定祸乱中原！只要大唐天子赦免我，我就与您一同讨伐黄巢，为朝廷立下大功。如能这样，真是太痛快了！唉，人生短暂，谁愿意老死在这荒山沙碛之中！"鞑靼首领听了，知道李克用并不打算长期留下，就不想害他了。

朝廷正当用人之际，便赦免了李克用，召他回来参加平叛。李克用立即率领一万多名鞑靼骑兵返回中原，与驻军河中③的王铎会合。

"'鸦儿军'来了！我们最好避开他们的锋芒。"起义军将士都很

---

① 西突厥别部，即沙陀突厥，主要生活在今新疆博格达山以南、巴里坤湖以东一带。
② 治所在今内蒙古和林格尔西北。
③ 治所在今山西永济市西南。

害怕。黄巢也知道李克用是个狠角色，便派使者带着诏书和丰厚的财物前去，向他求和。李克用不动声色地收下黄巢的财物，赏赐给将士们，把使者打发回去，转身他就把黄巢的诏书烧了，带领大军继续向长安进发。

中和三年（公元 883 年），李克用率先出战。黄巢在渭桥迎击，三战皆败。其他各道军队趁机发起进攻，黄巢军大败。几天之后，李克用攻入长安，黄巢再次落败，不得不连夜率军撤出。撤退时，黄巢命人把辎重财物丢在路上，官军在长安大肆抢掠之后，又争夺道路上的财物，黄巢全军得以撤到河南境内。

在这之前，陈州①刺史赵犨曾对手下将领说："黄巢如果不是在长安战死，一定是向东逃跑，陈州则首当其冲，我们不能不做好准备。"他命人深挖堑壕，修缮盔甲武器，积储草料粮食，还招募了许多勇兵。

不久，黄巢的骁将孟楷果然来攻打陈州。赵犨做出势单力薄的样子，乘他没有防备，突然发动袭击。一番激战后，孟楷几乎全军覆没，他本人先被活捉，后被处死。

爱将死了，黄巢又惊又怒，调集所有人马围攻陈州。陈州城内的人惊恐万分，不少将士盘算着向黄巢投降。赵犨察觉后，激励大家说："忠武军素有正直果敢的美名，陈州兵又号称最强有力，而我赵犨一家长期领取陈州的俸禄，誓与此城共存亡。大敌当前，我们应当奋力死战。有异议者一律斩首！"军心这才安定。

赵犨几次带领精锐人马出城攻打起义军，挫败了他们的进攻。黄巢越发震怒，便在陈州的北面建立行营，设立宫室百官，准备做长远的打算。

---

① 治所在今河南淮阳。

然而一连攻了几个月，黄巢都没能攻克陈州城。不久，起义军的军粮耗尽，只好开始吃人。黄巢又放纵士兵抢掠邻近的几十个州县，搅得天翻地覆。

赵犨见黄巢一直不撤军，只好派人抄近路向邻近各道搬救兵。宣武节度使朱全忠[①]等人率领军队前往救援，却不敌起义军，便向因功被封为河东节度使的李克用求援。

中和四年（公元884年），李克用率领他的"鸦儿军"前往陈州，与各路官军一起击溃起义军。黄巢带着剩余的几百人逃到泰山东南部的狼虎谷，却被自己的外甥杀死。黄巢和他家人的头颅，还有他的侍妾，都被送到成都。

僖宗问那些侍妾："你们都是富贵人家的女儿，世代接受国家的恩惠，为什么要跟随黄巢这个反贼呀？"

站在前面的一位答道："贼寇逞凶作乱，大唐有百万军队，却不能守住宗庙，流落到巴蜀一带。陛下堂堂一国之君，不但不能击败贼子，还责备一个手无缚鸡之力的女子，那么朝中的王公大臣、将军统帅们又怎么说呢？"僖宗听得面红耳赤，无法反驳，便挥了挥手，下令将她们全部杀掉了。

黄巢虽然死了，但他与王仙芝领导的这场长达十年的农民起义，使原本摇摇欲坠的大唐帝国迅速走向分崩离析。

---

① 即朱温。

持 久 之 计

长远的打算或谋略。

造　句：我国要把重心放在自我发展	
上，这才是持久之计，否则就	
会受制于外部环境。	
近义词：长久之计	
反义词：权宜之计	

〖 同休等戚 〗

《资治通鉴·唐纪七十》

去冬车驾西幸，不告南司，遂使宰相、仆射以下悉为贼所屠，独北司平善。今朝臣至者，皆冒死崎岖，远奉君亲，所宜自兹同休等戚。

译 文

去年冬季，皇上车驾西行，不告诉南司宰相朝臣，致使宰相、仆射以下百官都被黄巢贼寇屠杀，只有北司宦官平安无事。如今朝臣能到达这里，都是冒着生命危险，经过崎岖之道，才得以远道来侍奉君上，所以大家应当从此同欢乐、共忧患。

马球状元

唐僖宗从小由宦官田令孜照顾起居，感情上很倚赖他，称他为阿父。所以即位后，僖宗先是任命田令孜为枢密院的主官，后来又提升他为掌管禁兵的神策军中尉。因此，朝廷重大决策都掌控在田令孜手中。

当上皇帝时，僖宗才十二三岁，正是贪玩爱闹的年龄。他兴趣广泛，喜欢骑马射箭、掷色子赌博、踢球、斗鸡、赌鹅，等等。

在众多爱好中，僖宗尤其擅长打马球。他能够骑在飞奔的马上，用球杆连续击球至数百次，快如闪电，令那些马球高手都叹为观止。他曾经不无得意地对陪自己打球的伶官石野猪说："朕如果参加击球进士的考试，一定能中状元。"石野猪虽是伶人，却也不希望僖宗玩物丧志，便借机劝道："要是碰上尧、舜那样的主考官，恐怕陛下就要落第了。"僖宗听出了他的话外之音，倒也不怪罪。

对于陪自己玩耍的人，僖宗动不动就赏赐上万的钱，时间一长，内府就渐渐空虚了。田令孜对此不但不劝阻，反而给僖宗出主意，让他把长安东西两市上的商人的货物没收入库，谁敢反抗就逮捕谁，交给京兆府用乱棍打死。

当时潼关以东已经盗贼遍地，有个叫侯昌业的谏官见僖宗不理政事，一心游戏，就上疏劝谏："陛下应当多关心国事，疏远宦官，否则天象发生变异，社稷将会有危险。"僖宗恼羞成怒，竟然命侯昌业自杀。满朝大臣吓得就像被铁钳钳住了嘴，不敢说一句话。

田令孜虽然是养马官出身，却读过不少书，很有心计巧思，他仗着僖宗的宠信，收取贿赂，随意任命官员，而且从来不请示僖宗。田令孜有个哥哥叫陈敬瑄[①]，在田令孜的运作下，他先是得到神策军的军籍，之后一路高升，做到了大将军。

黄巢起义后，田令孜见起义军的势力日益壮大，便暗中筹划带着僖宗逃往西蜀，他向僖宗建议让他哥哥陈敬瑄，以及他的心腹——左神策大将军杨师立、牛勗、罗元杲坐镇三川。

僖宗同意了。不过，三川中要数西川最富饶，让谁去呢？僖宗灵机一动，想出一个"妙招"，他将四人带到殿前的场地上，说："你们打一场马球定上任地，谁第一个进球，谁就去西川，第二名、第三名则去东川、山南西道。"结果，陈敬瑄获得第一名，当上了西川节度使。

陈敬瑄出身微贱，一向没什么功绩，所以由他主管西蜀的消息传出后，蜀地的人都非常惊讶，见了面就互相打听："这个陈敬瑄是什么来头啊？"

等到黄巢大军攻入长安时，田令孜率领神策军五百士兵护卫着僖宗逃出京城，随行的只有四个亲王和几个妃嫔，文武百官没有一个人知道皇帝去哪儿了。

一路上，僖宗等人不敢休息，日夜不停地赶路。西川节度使陈敬瑄得到消息，派了三千士兵前来迎驾。僖宗刚到成都时，蜀中的军队每人赏钱三缗，后来随着各地进贡的金帛越来越多，田令孜就自作主张，只赐给追随僖宗来到成都的外镇军士，蜀中的军队再也得不到什么奖赏，蜀地的将士们开始抱怨。

这天，田令孜为本土蜀军和外来客军的都头设宴，大家都用金

---

① 田令孜本姓陈，净身入官后才改姓田。

杯喝酒。后来田令孜又将金杯赐给各都头，都头们都拜谢接受，只有西川黄头军使^①郭琪没有接受，他站起来说："我们这些将领每月都有丰厚的俸禄，赡养一家老小绰绰有余，不敢贪得无厌，再接受金杯了。然而，蜀中军队和外镇各军一样保卫皇上，得到的赏赐却相差很大，以致蜀中士兵多有怨气，我担心会发生变乱，希望能把给将领的赏赐，平均赐给蜀军，使本土蜀军与客军得到的奖赏一样多。"

---

① 掌管军中赏功罚罪的将领。

田令孜顿觉扫兴，沉默了好一会儿才问郭琪："你立过什么军功？"

郭琪回答说："我曾经率军与党项作战十七次，与契丹作战十几次，全身上下都有伤疤，还出征过吐谷浑，被刺伤肚皮，肠子都流

出来了，用线缝上后马上又投入战斗。"

田令孜听完，重新拿了一个酒杯，亲自斟满酒，递给郭琪，皮笑肉不笑地说："将军劳苦功高，我敬您一杯！"郭琪知道那是杯毒酒，但没有办法，只能喝下。

回到家，郭琪立即想办法解毒。休养了几天后，郭琪就率领部下造反了。乱军到处焚烧抢劫，成都城内一片混乱。田令孜带着僖宗躲在东城，命令各军攻击造反的乱军。乱军溃散，郭琪跳江逃走。

原本这件事应该能让僖宗警醒，事实上他并没有引以为鉴，还是日夜和田令孜等宦官在一起，商量如何收复长安等国家大事，对外朝臣子却越来越疏远，对他们的礼遇也越来越薄。

左拾遗孟昭图实在看不下去，因此上疏谏诤："太平时期，尚且需要大家同心同德，如今国家多难，更应该团结一致。去年冬天，皇上西行避难，没有通知南司朝臣，导致宰相以下百官多被贼人杀害，唯独北司宦官平安无事。今天能够到达这里的朝臣，都是冒着生命危险，远道前来侍奉他们的君上，陛下理应和他们同休等戚。前几天西川黄头军作乱，陛下只是与田令孜等宦官躲到东城避难，根本不管其他臣子，第二天也没安抚他们。倘若是臣子不顾君上，他们自然罪该万死，但若是陛下不抚恤臣子，情理上也说不过去。大唐天下是高祖、太宗开创的天下，并不是北司宦官的天下；大唐天子是四海九州百姓的天子，也不是北司宦官的天子。岂有天子与朝臣形如路人的道理？这样下去，恐怕收复京师的日子，遥遥无期啊！"

这份奏疏被田令孜扣留，没有上奏给僖宗。第二天，田令孜伪造诏书，把孟昭图贬为嘉州司户，后来又派人将他扔进江中淹死。朝臣们都敢怒而不敢言。

东川节度使杨师立虽然是靠田令孜当上这个节度使的，但他也对田令孜兄弟肆意专权感到不满。陈敬瑄知道后，有意排挤他，便在派部将高仁厚去打仗前，对高仁厚说："只要你打胜仗回来，我就让皇上把东川节度使这个职位赏给你。"

杨师立得知此事，勃然大怒："西川和东川都是大唐的属地，两地节度使权力相当。你陈敬瑄有什么资格把我管辖的疆土许诺给别人，还有没有天理王法了？"

田令孜担心杨师立发动叛乱，就征调他到朝中当官。杨师立接到调令，更加愤怒，以讨伐陈敬瑄为名举兵反叛。高仁厚奉命讨伐，逼得杨师立自杀身亡。

陈敬瑄仍不解恨，下令把杨师立的三个儿子钉死。陈敬瑄的几个儿子去观看行刑现场，杨师立的三个儿子怒斥道："天道有轮回，这种事也会轮到你们家的，你们等着瞧吧！"

有个叫曹知悫的宦官，原本是富贵人家的儿子，为人有勇有谋。黄巢攻陷长安后，曹知悫回到长安附近的家乡，组织了一支武装军，经常潜入长安城，骚扰黄巢的军队。这些人经常变换服装和语言，模仿黄巢手下的人。起义军摸不着头脑，以为是鬼神作怪，士气大挫，黄巢又怀疑是手下人叛变，因此心神不定。朝廷知道后，特地嘉奖曹知悫，授给他内常侍的官职，并赐给他金印紫绶^①。

黄巢被剿灭后，僖宗因为长安宫殿被黄巢烧毁，没有马上回去。过了几个月，等到宫室修缮得差不多，关东的藩镇纷纷上表，请求僖宗返回京师。曹知悫听到风声，就对人说："我略施小计，各路官军才能有收复长安的大功，那些跟随皇上的朝臣什么都没干，等他们到了大散关，我要仔细审查，凡是我认为可以的，才能返回京师继续任职。"

---

① 高官配有的黄金印章和紫色绶带。

　　这话传到田令孜耳朵里，他又惊又怒，心想："你一个小小的宦官，立了一点儿小功，就把自己当人物啦？难不成还想把我挤下去？"便暗中假借僖宗的旨意，命人除掉曹知悫。曹知悫没有任何防备，全部人马都被杀死。

　　朝臣们听说后，觉得田令孜的骄横专权已经到了令人发指的地步，而渐渐长大的僖宗也开始厌恨田令孜不让自己主断事务，跟身边的人谈起来，常常痛哭流涕。

成语学习

同 休 等 戚

休，欢乐，吉庆；戚，忧愁，悲哀。指同欢乐共忧患。形容关系密切，利害一致。亦偏指共患难。

造　句：	越是处境艰难，我们越要同休等戚，团结一致。
近义词：	休戚与共、同舟共济
反义词：	漠不相关、不闻不问

【 冠盖相望 】

《资治通鉴·唐纪七十二》

克用乃上言："玫、昌符与全忠相表里，欲共灭臣，臣不得不自救，已集蕃、汉兵十五万，决以来年济河，自渭北讨二镇；不近京城，保无惊扰。既诛二镇，乃旋师灭全忠以雪仇耻。"上遣使者谕释，冠盖相望。

译 文

李克用就上疏说："朱玫、李昌符与朱全忠内外勾结，要一起消灭臣，臣不得不自救，现已集结蕃夷和汉族的军队十五万，打算明年过河，从渭河的北面讨伐朱玫、李昌符；但不逼近京城，保证长安不会受到惊扰。杀掉朱、李二人之后，便撤回军队消灭朱全忠，以报仇雪耻。"唐僖宗接连不断地派遣使臣前往李克用处进行规劝解释。

上源驿的一把火

中和五年（公元 885 年）三月，唐僖宗终于回到阔别四年多的京城长安。皇宫虽然修缮了一番，但整个长安城依然满目疮痍（yí），到处野草丛生，狐狸野兔四下乱跑，僖宗久久地陷在悲伤之中不能自拔，他根本想不到几个月后自己还会逃离长安，再次经历颠沛之苦。

在蜀地避难时，田令孜招募了五六万新兵，以补充神策军。当时很多藩镇占着田租赋税，不向朝廷进贡，朝廷的财政收入仅靠京畿地区和凤翔等几个州的租赋，日常开支都不够用，更谈不上赏赐军队，以致士卒牢骚满腹。田令孜担心发生兵变，想开辟财源笼络将士，一番绞尽脑汁后，他终于想到一个东西，那就是"池盐"①。

以前，朝廷有专门的官吏，叫盐铁使，负责池盐专卖。后来河中节度使王重荣独占安邑、解县两大池盐的收入，每年只是象征性地向朝廷进献三千车盐。

田令孜上奏请求恢复过去的制度，仍然由朝廷的盐铁使管理安邑、解县的两个盐池。僖宗批准后，田令孜就任命自己为这两地的榷盐使，把收上来的利钱用来供养军队。

嘴里的肥肉被叼去，王重荣自然不肯善罢甘休，不停地上奏申辩。僖宗派人前去安抚王重荣，但王重荣仍不服气。田令孜就想暗

---

① 从咸水湖中制取的一种食盐，主要分布在西北地区。

算王重荣，把他调到泰宁任节度使。王重荣拒不从命，还多次上表历数田令孜的罪状。田令孜就联合邠宁节度使朱玫、凤翔节度使李昌符，准备一起对付王重荣。

王重荣觉得自己势单力薄，便派人带着自己的亲笔信，向河东节度使李克用求援。李克用当时正准备联合北方胡族部落攻打朱全忠，所以回信说："等我先消灭了朱全忠，回头再收拾这些鼠辈，对付他们就像秋风扫落叶一样容易！"

李克用与朱全忠曾经是并肩作战的盟友，此时却成为不共戴天的仇敌。原来，当年应朱全忠之邀，李克用进兵陈州，击溃黄巢的起义军后，便退到汴州城外休整。朱全忠为表感谢，特意在上源驿置办了丰盛的酒席招待李克用等人。

一开始，气氛融洽，双方推杯换盏，有说有笑。可是，李克用自恃对朱全忠有恩，又多喝了几杯，说话狂妄，全然不把朱全忠放在眼里。朱全忠满腔怒火，却强忍着没有发作，待酒席散后，他命人围起栅栏，堵塞交通要道，再派兵包围了上源驿，准备干掉李克用。

驿馆外喊杀声惊天动地，屋内的李克用却醉得不省人事。几名亲兵见势不妙，赶紧拖他到床下，用凉水浇他的脸，然后告诉他发生的事。李克用这才彻底清醒过来，在众亲兵的掩护下冲到院中。谁知，浓烟烈火从四面卷来，几乎要将他们吞噬。李克用无处躲藏，绝望地喊道："难道上天要亡我吗？"

千钧一发之时，天降大雨，电闪雷鸣，李克用的亲兵们赶紧护卫他越过墙垣，借着闪电的光亮往前走，迎面却撞上朱全忠的军队。一番血战后，李克用逃出生天，但是他的几名得力干将与三百多名亲兵都倒在血泊之中。

回到自己的大本营，李克用红着眼睛下令："所有将士集合，马上随我去攻打朱全忠，为死难的兄弟们报仇！"他的妻子刘氏很有智慧，就死死抱住了他，劝道："当务之急是为国家讨伐贼寇，解救东面各路官军的燃眉之急。今天朱全忠阴谋害你，你应当报告朝廷，如果你擅自带兵去攻打他，那么这件事的是非曲直就说不清了，甚至很可能被朱全忠反咬一口。"

李克用这才冷静下来，率领军队离开。在路上，他写了一封信责备朱全忠。朱全忠推脱说："前天晚上的变乱，我实在不知道，是我手下人谋划的，我已经把他们处死。只能请你原谅了。"后来李克用多次上表，揭发朱全忠谋害自己的事，请求僖宗允许自己讨伐他。

僖宗考虑到刚刚平定黄巢，不希望再起战火，就派人去劝李克用，希望他以大局为重，放下此事。但是李克用执意向朱全忠开战，因此当王重荣求援时，他拒绝了。

王重荣急了，再次派人对李克用说："等您从关东回来，我已经成为阶下囚啦！不如先除掉皇帝身边的恶棍，再捉拿朱全忠就容易了。"

当时朱玫、李昌符也暗中归附朱全忠，李克用心想："也好。先把朱全忠的党羽干掉，省得攻打朱全忠时，这些人跑来帮他的忙。"于是，他上疏僖宗："朱玫、李昌符与朱全忠勾结，要一起对付臣，臣不得不自救，现已集结了十五万兵马，准备先讨伐朱玫和李昌符。杀掉此二人之后，再去消灭朱全忠，报仇雪耻。"僖宗派去李克用处劝和的使臣可谓冠盖相望，李克用却不为所动。

这年年底，田令孜派朱玫、李昌符带领他们的军队以及神策军共三万人征伐王重荣。王重荣派出军队进行抵抗，并再次向李克用告急。李克用立即率军赶到。

双方会战，朱玫、李昌符大败，分别逃回自己的地盘，李克用趁机逼近京城。田令孜再次带着僖宗逃离长安，奔往凤翔。

李克用不想背负恶名，便撤军到河中，并与王重荣一同上表，请僖宗返回长安，并指出田令孜的罪状，要求诛杀他。僖宗畏惧田令孜手里的兵权，不敢杀他。

田令孜知道后，悄悄地劫持僖宗前往宝鸡。翰林学士承旨[①]杜让能是初唐名相杜如晦的后人，处事机敏，深受僖宗倚重。当天杜让能值班，他听闻僖宗被劫持，跑步追赶僖宗的车舆，出了凤翔城十几里，捡到一匹别人不要的马，没有笼头缰绳，他就解下腰带绑在马脖子上，骑着追到宝鸡。后面赶来的大臣们半路上遇到作乱的军队，身上的衣服都被扒光了。

皇帝再次逃亡，天下人都感到痛心，认为是田令孜玩弄权势导致的，所以十分痛恨他。朱玫、李昌符此时也耻于被田令孜利用，并且惧怕李克用、王重荣兵力的强大，转而与李克用、王重荣联合起来，进逼宝鸡，激战的锣鼓声在僖宗的行宫里都能听见。

田令孜见势不妙，又挟持僖宗逃离宝鸡，他让神策军使王建带人在前面冲杀开路，留下禁卫军在后面阻击掩护。

僖宗一行来到大散岭时，发现登山的栈道已经被李昌符焚烧了一丈多长，眼看就要断了，王建赶忙搀扶着僖宗从烟火中跳了过去。夜里，大家就睡在木板下，僖宗枕着王建的膝盖入睡。醒来后，僖宗感念王建的忠心，脱下身上的御袍赏给他，并说："这上面沾满了泪痕，所以朕赏赐给你。"

历经一番艰险后，僖宗等人终于到达兴元[②]。朱玫考虑到天子在田令孜手里，一时半会儿奈何不了他，便拥立半路上被自己俘虏的襄王李煴（yūn）为新皇帝，遥尊僖宗为太上皇，然后率军返回了长安。

于是，各地进贡的赋税大多送往长安，而不是兴元，跟随僖宗的官员和卫士都缺乏粮食，僖宗为此痛哭流涕，不知如何是好。杜

① 为翰林学士之长，多为年深德重者。
② 治所在今陕西汉中市东。

让能便向僖宗建议，把王重荣争取过来。僖宗于是派人前往河中传达谕旨，王重荣当即表示听从朝廷的命令，派人送去十万匹绢，并请求征讨朱玫，以赎之前的罪过。

李克用得知朱玫拥立襄王李煴，勃然大怒，他的手下将领也说："皇上流离失所，天下人都怪罪我们，说是我们进逼京师导致的。现在如果不诛杀朱玫、废黜李煴，就没办法洗清我们自己。"李克用觉得有理，也向僖宗上表，要求讨伐朱玫。僖宗很高兴，便派了两万人马前去和王重荣、李克用的军队会合，共同讨伐朱玫。

这时，跟着朱玫拥立襄王李煴的李昌符不满朱玫自己当宰相独揽大权，便改变立场，向兴元的僖宗上疏表忠心。

孤立无援的朱玫命部将王行瑜等人迎战，却屡战屡败。这时，朝廷向天下发出檄文说："谁能斩下朱玫的脑袋，朱玫的官职就归谁。"

王行瑜连吃败仗，担心朱玫治他的罪，暗中与部下谋划，杀死了朱玫及其党羽。那些拥立襄王李煴的官员吓坏了，急忙护送李煴到河中，准备投奔王重荣。王重荣大喜，心想："我正要去找你呢，你倒主动送上门来了！"他假装出来迎接，趁机杀死李煴。

叛乱平息，僖宗启程回京，到达凤翔时，李昌符担心他回到京城后找自己算账，就以长安宫室破败不堪，需要时间修整为由，强行将僖宗留在凤翔。半年后，僖宗命武定节度使李茂贞诛杀李昌符，接管了凤翔，才顺利回到长安。

经过如此几番折腾后，僖宗的身体彻底垮了。回到长安的第二年，即公元888年，僖宗驾崩。大臣们都主张拥立贤能的吉王李保，可是神策军观军容使、宦官杨复恭执意拥立僖宗的弟弟、寿王李杰[①]。

这年三月，寿王李杰即位，为唐昭宗。

---

① 后改名为李敏、李晔。

冠盖相望

　　冠盖，官员的冠服和车盖，指代官员；相望，互相看得见。形容政府的使节往来不绝。

造　句：	卫青捉了匈奴右贤王，汉武帝
	高兴坏了，派往军中犒劳卫青
	的使者冠盖相望。
近义词：	川流不息、络绎不绝

---

① 这个故事的原文里还有成语"坐不安席"（形容心中有事，坐立不安）。

【 人尽其才 】

《资治通鉴·唐纪七十四》

建既得西川，留心政事，容纳直言，好施乐士，用人各尽其才，谦恭俭素；然多忌好杀，诸将有功名者，多因事诛之。

译文

王建得到西川节度使的官职后，注重行政事务，采纳进谏直言，喜好布施，乐于结交人才，用人能让他们充分发挥自己的才能，待人谦虚有礼，穿用节俭朴素。可是，王建性情多疑容易猜忌，因而常常杀人，手下将领中立功出名的人，大多因事而被杀。

"贼王八"逆袭记

唐昭宗虽然是宦官拥立的，但与宠信、亲近宦官的父亲懿宗、哥哥僖宗不同，他憎恨宦官专权，做梦都想扳倒他们。而诛除权宦田令孜，成为昭宗即位后的头等大事。在昭宗看来，僖宗之所以骄奢荒淫、长期流亡，罪魁祸首就是田令孜，他却至今逍遥法外。另外还有一个原因：田令孜得罪过昭宗。

此事要追溯到黄巢进攻长安那年，当时还是寿王的昭宗，跟随僖宗前往蜀地避难。由于出行仓促，准备的马匹不足，养尊处优的寿王只能徒步。他深一脚浅一脚地在高山深谷之中穿行了很久，累得上气不接下气，就躺在岩石上休息。田令孜见了，催促他快走。

寿王央求道："我的脚很疼，请你给我一匹马。"

田令孜板着脸，不耐烦地说："这深山野岭的，哪来的马？还不快走！"说着挥动鞭子抽打寿王。寿王摸着火辣辣的伤口，心中暗暗发誓，有朝一日定报此仇。

后来，田令孜知道自己挟持天子不会有好结果，就扔下僖宗，跑到西川投靠哥哥陈敬瑄去了。虽然僖宗下令革除田令孜的所有官职爵位，流放端州，但是田令孜仗着哥哥独霸一方，根本不理会朝廷的诏令。

怎么对付田令孜呢？昭宗正在苦思冥想，利州刺史王建等人上了一道表章，说："田令孜有恃无恐，都是因为有陈敬瑄撑腰，臣请求出兵讨伐他们。"

王建这个人，还颇有几分传奇色彩。他年轻时是个市井无赖，主要干些杀牛、偷驴、贩卖私盐的勾当，又因排行第八，被乡人称为"贼王八"。后来，他经人指点投身忠武军，并在征讨王仙芝时立下功劳。僖宗逃往蜀地时，他因护驾有功，受到田令孜的关注，做了田令孜的养子。

田令孜跑到西川后，新的左神策军中尉杨复恭开始排斥其党羽，王建因此被外派到利州担任刺史，归山南西道管辖。山南西道节度使杨守亮忌妒王建的勇猛果敢，多次想谋害他。王建为求自保，便在谋士周庠指点下，攻占了阆州①。

东川节度使顾彦朗之前也是神策军将领，和王建关系很好。王建占据阆州后，顾彦朗多次派人前去问候，还送去不少军需。陈敬瑄担心他们俩会联合起来算计自己，便和田令孜商量对策。

田令孜满不在乎地说："不必担心，王建是我的养子，为人最重义气，我写封信就能把他召来，让他为你效力。"陈敬瑄大喜，派人拿着田令孜的信去召王建。

王建读了信，兴奋地对顾彦朗说："我义父请我去，我也想去看看他老人家，顺便见见陈公，要一个大州容身，如果得到了，我的愿望就满足啦！"随后就率领两千精壮人马向西川进发。

等到王建到达鹿头关②时，陈敬瑄的谋士却说："王建是一头猛虎，怎么能引他入室呢？他是不可能心甘情愿地为您效力的！"陈敬瑄便后悔起来，立即派人去阻止王建，并下令加强防守。王建十分恼怒，不但继续西进，还攻克了沿途的好几座城池。

陈敬瑄大怒，派人前去斥责王建。王建理直气壮地回答说："我义父田令孜召我来，到了门口却又拒绝我，弄得我进也不是、退也

---

① 治所在今四川阆中市。
② 在今四川德阳市东北鹿头山上。

不是。我能怎么办呢?"

田令孜只好亲自出来劝说王建。王建与各位将领剃去头发,远远地朝田令孜下拜,说:"义父啊,现在我们也没地方可去了,只能和您道个别,从此去做贼寇啦!"

说归说,做归做,王建不但没走,还开始攻打成都,攻了三天也没有拿下,便在西川的辖县大肆抢掠了一番,才扬长而去。

西川境内人心惶惶,陈敬瑄以此为由不向朝廷纳税,这让刚登基的昭宗很烦恼。王建听说后,便对周庠说:"我长期在军中,发现军队的主帅如果没有天子当靠山,就不容易凝聚人心。我们不如向皇帝上表,痛斥陈敬瑄的罪行,让朝廷派主帅来讨伐。我们则请求辅助主帅,再慢慢发展实力。"说完,他让周庠起草表章,向朝廷请求讨伐陈敬瑄以赎罪,并趁机索求地盘作为讨伐的依托。

王建的上表正合昭宗心意,他下诏削去陈敬瑄的官爵,任命中书令韦昭度为西川节度使,王建为永平军节度使,让他们与东川节度使顾彦朗一起讨伐陈敬瑄。

一开始朝廷的军队势如破竹,接连攻占西川的数座城池,很快就逼近成都。然而,成都的城池坚固,防守严密,朝廷十几万人马攻了三年都没有攻下来,军粮物资的运送又供应不上,不少大臣就建议退兵。

大顺二年(公元891年),昭宗下诏恢复陈敬瑄的官职,命令顾彦朗、王建退兵,各回治所。

看着诏书,王建不甘心地说:"眼看大功就要告成了,怎么能放弃呢?"

"不如劝韦昭度返回朝廷,我们留下来继续攻打成都。"周庠马上出了个主意。

"就这么办!"王建采纳了他的建议,跑去劝韦昭度:"您早点儿回朝廷，与皇上谋划如何对付其他藩镇，陈敬瑄、田令孜就交给我吧。"

见韦昭度犹豫不决，王建暗中派人把韦昭度的一名亲信抓起来，诬赖他盗窃军粮，把他切成肉块吃掉了。韦昭度吓得魂飞魄散，走路都跌跌撞撞，急忙声称有病，把主帅的印信符节授给王建，任命他为西川行营招讨使，自己当天就启程返回长安。

韦昭度刚出剑门，王建就派重兵把守，不准朝廷的军队进来，随后便马不停蹄地猛攻成都。

此时的成都城内严重缺粮，到处都是饿死的人和被遗弃的婴儿，许多将士谋划出城投降，陈敬瑄就把他们及其家人全部斩杀，残忍到了极点。

有个叫王鹞的宰狗屠夫主动向王建请缨，说自己假装犯错，逃进城里，游说城内的士卒百姓背叛陈敬瑄。王建觉得这个办法不错，就同意了。

王鹞进城后，对陈敬瑄和田令孜说："打了这么久，王建的人马已经疲困不堪，而且粮食也吃完了，正准备逃跑呢。"然后，他跑到街市上卖茶，暗中向城内的官吏和百姓称颂王建英勇威武，兵强马壮。陈敬瑄和田令孜便放松了戒备，而城内的人民却更加恐惧。

王建又让部将郑渥诈降，借机入城观察军情。陈敬瑄丝毫不怀疑，还任命郑渥为将领，带着他登上城楼巡视。不久，郑渥设法出了城，向王建报告城内的虚实，王建就加紧了对成都的攻打。

眼见成都就要被攻陷，田令孜只好亲自登上城楼，向城外的王建喊话："老夫我待你一向宽厚，你为什么要这样苦苦相逼呢？"

王建摆出一副无可奈何的样子说道："我身为您的养子，不敢忘记养父的恩德。可这是朝廷的命令，让我前来讨伐不奉诏的人，我也没有办法啊！只要你们归顺朝廷，我王建绝对手下留情！"

田令孜信以为真，当晚就亲自前往王建的军营，送上西川节度使的官印符节。王建感动极了，声泪俱下地对他说："义父您的大恩大德，我一定记在心中。我们还是像以前那样做父子吧。"第二天，陈敬瑄打开城门迎接王建。

在此之前，王建为了让手下将士卖命，常常引诱他们说："成都城内繁荣昌盛、如花似锦，有朝一日占领了此城，城内的金银财宝随便你们拿，我和你们轮流做节度使！"

这会儿，王建却担心手下将士进城后烧杀抢掠，就让部将张勍先进城，然后告诫全军将士："三年来，我们苦战了上百仗，直到今天才占领成都，荣华富贵就在眼前，你们千万不要乱来。我已经派张勍负责城内的治安，凡是违反我命令的人，他如果抓来告诉我，我还可以赦免，但如果他先斩后奏，我也救不了你们啦！"

不久，士卒中果然有违反命令的人，张勍捉拿了一百多人，全部击打胸膛而死，尸体就堆积在街上，吓得其他士卒心惊肉跳，从此不敢再违犯禁令。张勍因此得了个外号，叫"张打胸"。

还有个叫韩武的将领，几次在节度使司的厅堂上起身上马，别人制止他，他就怒气冲冲地说："王建许诺过几天就让我做节度使，在厅堂上马算什么！"王建知道后，暗中派人刺杀了他。

大顺二年（公元891年），朝廷任命王建为西川节度使。王建虽然出身市井，大字不识几个，但他入主西川后，却能采纳谏言，还乐于结交人才，甚至对陈敬瑄的旧将也能够做到人尽其才。不过，王建性情多疑，不少立功出名的将领都死于他的猜忌。他还担心陈敬瑄、田令孜东山再起，便暗中指使人告发他们图谋作乱，最终将他们杀死。

成语学习

人尽其才

每个人都能充分发挥自己的才能。

造　句：理想的社会，是人尽其才，每个人都能找到适合自己的岗位。	
近义词：物尽其用	
反义词：大材小用	

〖 后悔无及 〗

《资治通鉴·唐纪七十五》

　　臣常虑其与河朔相表里，致朝廷不能制。今两河藩镇共请讨之，此千载一时。但乞陛下付臣兵柄，旬月可平。失今不取，后悔无及。

译 文

　　臣常常担忧李克用与黄河以北的藩镇相勾结，导致朝廷控制不了他们。现在河南的朱全忠、河北的李匡威共同请求讨伐李克用，这是千载难逢的机会。请求陛下授予臣统领军队的大权，一个月就可以消灭李克用。如果错失现在的良机而不争取，将来后悔都来不及。

围剿沙陀人

朝廷讨伐盘踞西川的陈敬瑄、田令孜的时候，河东节度使李克用也没闲着，他惦记着当年云州刺史赫连铎唆使鞑靼暗算自己的事，就率领沙陀大军找这个老冤家算旧账。这些年李克用兵力渐强，赫连铎哪里是他的对手，便向幽州节度使李匡威求援。幽州与云州是唇亡齿寒的关系，所以李匡威带着三万人马赶来支援。李克用见对方援军来了，再加上自己的一员大将战死、一名将领投降了对方，便率军返回河东。

赫连铎、李匡威不甘心，向朝廷上表，请求讨伐李克用。李克用的死对头朱全忠也帮着他们说话，向朝廷进言："李克用这个蛮族人，最终会成为国家的祸患，我请求率领汴、滑、孟三州的军队，加上河北三镇的人马一起去除掉他。"

昭宗也想借机号令北方藩镇，可又怕搬起石头砸自己的脚，就召集大臣们商议。

当时有个叫张濬的宰相，是靠宦官杨复恭的推荐才得到晋升的，所以对杨复恭百般讨好。后来杨复恭遭到田令孜的排挤，张濬马上变了脸，转而讨好田令孜。等到杨复恭因为拥立昭宗即位有功，再次当权时，自然对已经当上宰相的张濬恨之入骨。昭宗一心想对付宦官，知道张濬和杨复恭结怨，就格外地亲近和倚重张濬。张濬常常将自己比作东晋名相谢安，但是李克用一向鄙薄张濬的为人，听说他当上宰相，曾私下对传达诏令的使臣说："张濬这个人啊，只会夸夸其谈，不办实事。现在皇上听信他的虚名而重用他，只怕将来导致天下大乱的，就是这个人哪。"这话传到张濬的耳朵里，他从此对李克用怀恨在心。

因此当朱全忠等人请求讨伐李克用时，多数人认为不能这样做，张濬却极力赞成："先帝第二次被逼出长安，就是李克用和他的沙陀兵干的。臣常常担心李克用与河北藩镇勾结，如今河南的朱全忠、河北的李匡威都请求讨伐他，这是千载一时的机会，一旦错失，就后悔无及。请陛下授予臣统领军队的大权，保证一个月就可以消灭李克用。"

另一位宰相孔纬附和道："张濬说得对。李克用兵多将广，势力庞大，是朝廷的最大威胁。"

而杨复恭一向与李克用关系很好，就帮李克用说话："先帝流离迁徙，虽然是藩镇骄横跋扈造成的，但朝中大臣也难辞其咎。如今朝廷刚安定下来，不应当再兴兵大战。"

昭宗也有点儿犹豫，问道："李克用有打败黄巢、收复京师的大功，如果现在去攻打他，天下人会怎样说朕呢?"

孔纬就说："陛下所说的，是现在一时的体面，而张濬所说的，是今后世代的大利。请陛下当机立断，兴兵讨伐李克用!"

在张濬和孔纬一唱一和下，昭宗接受了他们的建议，下诏削去李克用的官职和爵位，任命张濬为主帅，京兆尹孙揆为副帅，镇国节度使韩建为都虞候，又任命朱全忠为南面招讨使，李匡威为北面招讨使，与赫连铎共同讨伐李克用。

大顺元年（公元890年），张濬统领的官军到达阴地关①，朱全忠派猛将葛从周带领一千骑兵在夜间偷偷攻入潞州②，又命其他将领

---

① 即今山西灵石南关镇。
② 治所在今山西长治市。

率领一部分人马在泽州①的北面驻扎，随时援助葛从周。潞州是重要的军事据点，张濬担心潞州从此被朱全忠的汴州军占据，就让孙揆也带领三千人马奔赴潞州。

李克用的爱将李存孝得知后，便带着三百骑兵埋伏在山谷中。当身穿宽大的衣服、头顶清凉伞的孙揆在将士们的簇拥下出现时，李存孝突然杀出。孙揆的人马猝不及防，四散溃逃，孙揆本人被生擒。李存孝给孙揆戴上刑具，用白色的布带捆绑起来，押到潞州城下，向城内的葛从周调侃道："朝廷任命孙揆为潞州统帅，葛从周你可以回去啦。"葛从周气得破口大骂。李存孝哈哈大笑，又押着孙揆扬长而去。

李克用打算委任孙揆做河东副使。孙揆狂笑道："我是天子委派的大臣，军队溃败而身亡，这是我的天数，怎么能屈服侍奉区区一方的节度使呢？"

"给我锯断他的身体！"李克用十分恼怒。可是，执行的人怎么都锯不进去，孙揆骂道："该死的狗奴才！锯人应当用木板夹起来！"执行的人便找来木板，把孙揆夹起来锯。一直到死，孙揆都骂不绝口。

不久，朱全忠的汴州军开始围攻泽州，向泽州刺史李罕之喊话："你仗着李克用这个靠山，经常向我们汴州军叫板。现在宰相张濬正围攻太原，葛从周攻占了潞州，一月之内，李克用的沙陀人马将无藏身之地，你又到哪里谋求活路呀？"

李罕之感到恐惧，向李克用告急。李克用派李存孝带领五千骑兵前去救援。到了泽州，李存孝挑选了五百精壮骑兵，绕着汴州军的营寨喊话："我们就是寻找藏身之地的沙陀人，现在要拿你们身上

---

① 治所在今山西晋城市。

的肉来喂饱我们的士兵，麻烦你们挑些肥胖的人出来决斗！"

汴州军的将领邓季筠也是一员猛将，立刻领兵出营交战，岂料被李存孝活捉。当天傍晚，李存孝、李罕之内外夹攻，大破朱全忠的汴州军，斩杀、俘虏数万人。

接着，李存孝又带领军队攻打潞州，葛从周也不敌，弃城逃回。朱全忠大怒，对打了败仗的将领责罚的责罚，斩杀的斩杀，然后退兵返回。

李匡威和赫连铎那边，开始时还算顺利，打了几个胜仗，但当李克用率领主力军队赶到后，李匡威、赫连铎的军队立刻溃败，连李匡威的儿子以及赫连铎的女婿都成了李克用的俘虏。

李克用乘胜杀向张濬。张濬此时已经从阴地关开出，抵达晋州。李克用派将领薛志勤、李承嗣带领三千骑兵在洪洞县安营扎寨，李存孝则带领五千人马在赵城县驻扎下来。

镇国节度使韩建打算在夜间袭击李存孝的军营，却因李存孝事先设下埋伏而没有得手。静难、凤翔等藩镇军队还没交战就后撤，李克用的河东军队乘胜追击，直达晋州城的西门。张濬只好亲自带领军队出城交战。由于队伍中不少是新招募的士兵，缺乏训练，根本无法与李克用的军队抗衡，一战即溃，大家争先恐后渡过黄河往西逃。张濬最后只剩下一万人，只好闭城固守，不敢再出战。李存孝围攻了三天后退兵，张濬才得以逃出城。官军渡过黄河后，一清点人数，发现没剩下多少。

在这之前，李克用就给朝廷上了一份表章，为自己鸣冤："黄巢叛乱时，如果没有臣，恐怕大唐早就完了。陛下您今天能够头戴帝王的冠冕，身佩洁白的玉玺，也不能说没有臣的功劳！如果因为攻打云州而认为臣有罪，那么朱全忠攻打徐州的时溥、郓州的朱瑄，为什么朝廷不去讨伐他呢？同样的举动，他受到奖赏，臣却遭受围攻！朝廷有危难的时候，就夸臣是当今的韩信、彭越，一旦天下稍微安定，就骂臣是北戎、蛮夷！既然朝廷派张濬来讨伐臣，臣也不能束手待擒，臣已经聚集了五十万大军，准备与张濬决一死战。败了，臣无话可说，一旦臣胜了，臣就要轻装骑马去敲皇宫的大门，到陛下的宝座下揭发那些奸恶之徒。"

表章送到朝廷时，张濬兵败的消息也传回来了，群臣无不震惊恐慌。大顺二年（公元891年），为了平息李克用的怒火，昭宗下诏将主战的孔纬贬为荆南节度使，张濬贬为鄂岳观察使。

李克用不满意，再次上表："张濬知道臣与朱全忠势同水火，便与朱全忠暗中勾结陷害臣。现在臣身上已经没有官职、爵位，是被朝廷指名讨伐的罪人，不敢再回去做陛下的藩镇，只想在河中一带留居，是进是退，如何行动，请朝廷指示。"

昭宗只好再次下诏，将孔纬贬为均州刺史，张濬贬为连州刺史，并恢复了李克用的官职和爵位。不久，朝廷又加封李克用为中书令，再贬张濬为绣州司户。

成语学习①

后悔无及

后悔已经来不及了。

造　句：	"同学们，如果你们现在贪玩，
	不好好学习，将来一定后悔无
	及。"林老师语重心长地说。
近义词：	追悔莫及、悔不当初
反义词：	悬崖勒马、迷途知返

---

① 这个故事的原文里还有成语"千载一时"（一千年才有这么一个时机。形容机会极其难得）、"万代之业"（指传万世的不朽大业）。

【 痛心疾首 】

《资治通鉴·唐纪七十四》

　　上从容与濬论古今治乱，濬曰："陛下英睿如此，而中外制于强臣，此臣日夜所痛心疾首也。"上问以当今所急，对曰："莫若强兵以服天下。"上于是广募兵于京师，至十万人。

译　文

　　昭宗从容地与张濬谈论从古到今的乱世治理，张濬说："陛下这样英明聪慧，可惜内受制于宦官，外受制于藩镇，这是臣日日夜夜痛恨到极点的事。"昭宗问张濬当今最为紧迫的事情是什么，张濬答道："任何事情都不如增强军队以威服天下重要。"昭宗就在京城招募士兵，组建了一支多达十万人的禁军。

昭宗卸磨杀驴

昭宗即位以后，杨复恭仗着拥立有功，骄横跋扈，不把朝廷法度放在眼里，为了巩固自己的地位，他广收养子，培植党羽，把他们一个个安插在节度使、刺史等重要的职位上，从而把地方军政大权牢牢控制在自己手中。昭宗看在眼里，恨在心中，他表面上做出很尊敬杨复恭的样子，但涉及朝政事务，大多和宰相商议。

有一次，昭宗与宰相张濬谈论从古到今的乱世治理。张濬说："陛下这样英明聪慧，却内受制于宦官、外受制于藩镇，这是臣日日夜夜感到痛心疾首的事。"

昭宗叹息了一声，问道："如今天下纷争，最要紧的事情是什么？"

张濬回答说："没有比增强军队实力更重要的事了。"昭宗便大量招募新兵，组建了一支多达十万人的禁军队伍。

宰相孔纬也劝昭宗抑制宦官的权力。杨复恭掌权后，经常乘坐轿子到太极殿，大臣们都不敢吭声。有一次，孔纬实在看不下去了，对昭宗说："刚刚陛下还和臣等谈论四方的叛乱，其实，陛下身边就有想谋反的人！"

昭宗惊惶地问："谁？"

孔纬指着杨复恭，不客气地说："他是陛下的家奴，竟敢乘坐轿子到前殿来。他还收养了很多义子，委任他们统领朝廷的军队，有的甚至跑到地方上做节度使、刺史，这不是谋反是什么呀？"

杨复恭急忙辩解说："臣收养义子，是想笼络将士的心、保卫国家，怎么能说是谋反呢？"

昭宗没好气地反驳他："你想保卫国家，为什么不让他们姓李，却要跟着你姓杨呢？"

杨复恭脸涨得通红，结结巴巴地说不出话来。

后来，张濬奉命讨伐李克用，昭宗亲自在安喜楼为他饯行。张濬屏退左右，对昭宗说："等我先消灭了'外忧'，再为陛下铲除'内患'。"

不料，这话被躲在门后的杨复恭偷听到，他知道张濬口中的"内患"指的是自己。等张濬出来后，杨复恭别有用心地劝酒。张濬推辞道："我已经醉了，不能再喝。"

杨复恭尖声调侃道："哎哟，张相公手握兵权，何必故作姿态呢？"

张濬针锋相对地说："等我干掉李克用回来，你就知道我为什么故作姿态了。"

杨复恭脸色一变，想发作却忍住了。之后，他暗中派人到前线给张濬添乱。

等到张濬灰头土脸地回到京城，昭宗也成了各藩镇的笑柄。迫于压力，昭宗将张濬与孔纬贬官。诏令一下，杨复恭感到前所未有的痛快，从此越发独断专行了。

这天，昭宗的舅舅王瑰提出想到地方上担任节度使，昭宗征求杨复恭的意见，却遭到拒绝。王瑰也不是善茬，当众臭骂了杨复恭一通。杨复恭当时低垂着头，一声不吭，隔天就推荐王瑰担任黔南节度使。这下王瑰得意了，觉得杨复恭畏惧自己，就带着家人宾客，趾高气扬地上任去了。

没过几天，就传来王瑰一行死于路上的消息。昭宗强忍悲痛，下令严查死因。很快，调查官回来报告说："陛下的舅父是淹死的。"

"怎么会淹死呢？"昭宗问。

"他乘坐的船意外沉了……"

"在什么地方沉的？"

"利州益昌县的吉柏津。"

利州是山南西道节度使杨守亮的地盘，而杨守亮是杨复恭的侄子。昭宗心里顿时跟明镜似的：一定是杨复恭让杨守亮弄沉了船！昭宗愤怒不已，恨不得马上把杨复恭大卸八块。不过，他很快冷静下来：硬碰硬很难扳倒杨复恭。

一天，昭宗假装不经意地问杨复恭："听说你有个叫杨守立的养子，勇猛果敢，是个人才，朕想调他到身边，你看如何？"

杨复恭巴不得在昭宗身边安插自己人，便把杨守立引见给昭宗。昭宗赐给杨守立新的姓名，叫李顺节，不到一年的工夫，就提升他为神策军的天武都头，兼任镇海节度使，不久又加封为宰相。

李顺节也是个官迷心窍的家伙，随着地位的提升，他产生了与杨复恭争权，并取而代之的念头，于是将杨复恭暗地里干的事全都告诉了昭宗。

昭宗手里有了这些筹码，决定向杨复恭摊牌，就下诏解除了他的兵权，把他外放到凤翔做监军。

杨复恭当时是六军十二卫观军容使、左神策军中尉，统领宫中负责宿卫的士兵，仗着手里的兵权，他拒绝赴任，声称有病，请求回家养老，想以此要挟昭宗。谁知，昭宗马上同意了他的请求，派使臣前去颁发诏令，准许他以上将军的官衔退休。

恼羞成怒的杨复恭暗中派亲信张绾埋伏在路上，刺死回宫复命的使臣。事后，他给侄子杨守亮写信说："先帝驾崩时，大臣们都主张拥立吉王李保，因为他年长，又有才能，只有我力主拥立寿王，就因为他是先帝的亲弟弟。想想当时我的处境多么艰难啊，他倒好，才当上天子没几天，就要卸磨杀驴，废掉我这个元老功臣，世间哪有这样忘恩负义的天子呀？你只管多积粮食，训练士兵，不要向朝廷进贡，只待时机一到就起兵。"

杨复恭的另一个养子杨守信是玉山营的军使，玉山营距离杨复恭的府第很近，平日里他经常去探望杨复恭。这时，有人发现他频繁出入杨复恭的府第，怀疑他们在谋划叛乱，便向昭宗告发了。

昭宗赶忙调派军队保护自己，同时命令李顺节带领人马攻打杨复恭，却遭到张绾的顽强抵抗。杨守信得到消息，也带兵前来援助。

双方打了一天一夜，也没分出个胜负。这时，守护宫门的卫兵想趁乱出去抢劫，偏巧遇到急忙赶来的宰相刘崇望。刘崇望呵斥他们说："天子正在亲自督战，你们都是护卫天子的士兵，应当前去杀贼立功，而不是贪图那点儿小财物！"卫兵们这才跟着刘崇望前去助战。

杨守信的人马看到宫中卫兵来了，当即溃散逃跑。杨复恭情知抵挡不住，赶紧带着家人出逃，直奔兴元。到达兴元后，杨复恭联合杨守亮，养子杨守贞、杨守忠，以及绵州刺史杨守厚，以讨伐李顺节为名，一同发动军队抗拒朝廷。

见事情越闹越大，昭宗有些烦躁，心想既然杨复恭打的是讨伐李顺节的旗号，那就把李顺节杀了，先平息叛乱再说，以后再找机会消灭杨复恭。偏巧这时，左、右神策军中尉刘景宣和西门君遂因为忌妒李顺节得势，跑来对昭宗说："李顺节倚仗皇恩，骄傲专横，出入皇宫常常带着卫兵，恐怕会发动叛乱。"

这可真是刚想瞌睡，就有人送上枕头，昭宗心中一喜，就命他俩除掉李顺节。这天，刘景宣和西门君遂拿着昭宗的诏令将李顺节请进宫中，乘其不备砍下了他的头颅。

然而，杨守亮等人并没有因为李顺节死了就偃旗息鼓，反而摩拳擦掌，准备进攻长安。凤翔节度使李茂贞、静难节度使王行瑜、镇国节度使韩建、同州节度使王行约、秦州节度使李茂庄五人一同向朝廷上疏，请求发兵讨伐杨守亮等人，还推荐李茂贞担任山南西道招讨使。朝廷担心李茂贞借机扩充势力，马上拒绝了。

李茂贞、王行瑜于是擅自发动军队攻打兴元。李茂贞尤其出格，一边不断上表请求授给他官职，一边给宰相杜让能、神策军中尉西门君遂写信，言辞傲慢不恭。

怒火在昭宗心中燃烧，他立即召集宰相和谏官，准备教训李茂贞等人。当时朝中有些宦官与李茂贞、王行瑜勾结，所以宰相们相互观望，不敢发言，只有给事中牛徽劝昭宗："不如满足李茂贞的要求，让他好好讨伐杨复恭，否则，山南地区就要生灵涂炭了。"昭宗顿时泄了气，只好照办。

景福元年（公元 892 年），李茂贞攻克兴元，"五杨"逃奔阆州。李茂贞又派兵攻克阆州，杨复恭等人逃往河东，打算投靠李克用，结果途中被韩建抓住并斩杀。

至此，宦官骄横跋扈、专擅朝政、废立皇帝的状况，在昭宗手里得到改善。宦官的势力多年来首次遭受重创，朝廷总算挽回了一点儿尊严。

成语学习

痛 心 疾 首

疾首，头痛。形容痛恨到了极点。

造　句：	看着儿子日夜沉迷于游戏，荒
	废学业，这位父亲感到痛心
	疾首，却又束手无策。
同义词：	深恶痛绝
反义词：	感恩戴德

【 举枉措直 】

《资治通鉴·唐纪七十五》

　　冬，十月，赐让能及其弟户部侍郎弘徽自尽。复下诏布告中外，称"让能举枉错直，爱憎系于一时；鬻狱卖官，聚敛逾于巨万"。

译　文

　　冬季，十月，唐昭宗赐令杜让能和他的弟弟、户部侍郎杜弘徽自杀，还向朝廷内外颁布诏书，说"杜让能荐举邪恶的人而不用直朴的人，对人的喜好和憎恶都凭一时决定；他拿案狱官司做买卖，卖官卖爵，搜刮的钱财超过上万"。

杜让能代君受过

扳倒杨复恭的喜悦没有持续多久，昭宗就笑不出来了。因为当他准备派遣官员到山南西道下辖的兴州、洋州等地任职时，凤翔节度使李茂贞却上表说："陛下，让臣替您分忧吧，镇守这些地方的人臣都安排好了。"随表附上一份任职名单，上面全都是李茂贞的子弟亲信。面对这明目张胆的讹诈，昭宗思虑再三，还是妥协了。

李茂贞见昭宗这么好说话，便得寸进尺，提出想镇守兴元府。昭宗也答应了，马上任命他为山南西道节度使，不过却派宰相徐彦若接任凤翔节度使一职。李茂贞老大不高兴，他想同时兼管凤翔，因此拒不奉行诏令。

这下昭宗头大了，觉得李茂贞这种武臣不好控制，如果其他藩镇也这样，那他这个皇帝真是吃不了兜着走。他越想越怕，索性把苏杭、黔中、镇海、岭南等地的节度使，全都换成皇室成员。

李茂贞知道昭宗此举是冲着自己来的，就上表发了一通牢骚。昭宗撕碎了表章，准备出兵教训李茂贞。李茂贞毫不示弱，提笔"唰唰唰"又写了一份表章，开篇说："陛下身为至高无上的天子，却连舅舅王瑰的性命都无法庇护，任由杨复恭这个家伙肆意妄为。"

这话真是太扎心了，想到惨死的舅舅，昭宗的心一阵阵抽搐，好不容易平复下来，他接着往下看："现在朝廷只看各节度使的实力强弱，不管事情的是非曲直。势力弱的，就用国法约束他们，势力强的，就对他们施加恩赏。

"军中情形千变万化，战争胜负难以预料，臣担心京畿一带的百姓又要遭受祸害，到那时，不知道陛下您还能逃到哪里去……"

读到这里，昭宗觉得早已破碎的自尊心，又被李茂贞狠狠地踩了几脚，他猛地站起身来，大声说道："这个该死的李茂贞！竟敢如此蔑视君上，朕一定要狠狠地教训他！"

"他也给杜让能杜相公写了信！"旁边的小宦官又念叨了一句。

"速传杜让能进宫。"昭宗马上命令道。

杜让能匆匆赶到时，昭宗的脸还涨得通红。一见他，昭宗劈头就问："李茂贞在表章里对朕出言不逊！你是不是也收到他的信了？"

"李茂贞丧失了做臣子的礼节，着实有罪，陛下念在他立了不少功劳的分上，不要和他计较……"杜让能马上明白怎么回事，赶紧安慰昭宗。

杜让能的话还没说完，昭宗就气呼呼地打断了他："他就是仗着有点儿小功劳，狂妄过头了，朕要讨伐他！"

"陛下即位不久，天下还不太平。况且，李茂贞在凤翔，离长安太近，万一不能消灭他，又结下怨仇，想后悔都来不及啊。"杜让能苦口婆心地劝道。

昭宗已经双眼发红，他哑着嗓子说："现在皇室的地位越来越低，朝廷的号令在京师以外的地方根本得不到推行。朕不甘心做一个软弱的君主，坐在这里等别人来欺侮。你只管为朕调动军队和粮草，朕亲自委派各位王爷统领军队，不论成败都不会追究你的责任。"

杜让能见昭宗态度坚决，只好说："如果陛下一定要对李茂贞用兵，那朝廷内外的大臣都应当齐心协力，帮助陛下实现宏图大志，而不是只任用臣一人。"

昭宗以为杜让能想推卸责任，不高兴地说："你身为宰相，应当与朕同甘共苦，不应该遇事躲避！"

杜让能见昭宗误解自己，怆然道："臣怎么敢遇事躲避呢？只是天时还有所不利，形势也不允许罢了。就怕将来有一天，臣会像汉景帝时的晁错一样，白白遭受杀身大祸，而不能平息吴楚七国之乱啊。"

昭宗不管，命杜让能留下来筹划调度，一个多月没放他回家。另一位宰相崔昭纬暗中与李茂贞勾结，替他探听消息，杜让能和昭宗早上说的话，李茂贞傍晚就知道了。于是，李茂贞指使他的党羽上演了一场戏。

这天，观军容使西门君遂骑马经过街头时，被成百上千的老百姓拦下来，他们挥舞着拳头，大声嚷道："李茂贞没有罪，为什么要征讨他，让老百姓遭殃？"

西门君遂见群情激愤，赶紧抱了抱拳，解释道："不关我的事，这是宰相们决定的。"

众人又去拦截宰相崔昭纬、郑延昌的轿子。崔昭纬却摆了摆手，对大家说："这件事皇上专门委派杜相公料理，我们事先也不知道……"

"啪"的一声，一只臭鸡蛋从不远处飞来，不偏不倚砸在崔昭纬的脸上，他还没有反应过来，砖块、瓦片、烂菜叶就纷至沓来。崔昭纬狼狈极了，慌忙下轿，与郑延昌一起躲到附近人家家里，才幸免于难，但官印和朝靴都在混乱中不知去向。

昭宗大怒，下令捕拿闹事者，出兵讨伐李茂贞的念头更加坚定了。长安城的百姓知道战事难免，纷纷逃到山谷中躲了起来。

景福二年（公元893年），昭宗任命覃王李嗣周为京西招讨使，率领三万禁军护送新任命的凤翔节度使徐彦若前往镇所，在兴平驻扎。李茂贞则联合邠宁节度使王行瑜，率领六万人马进行抗击。

由于朝廷禁军大多是刚刚从街上招募来的少年，还没来得及好好训练就仓促上了战场，而李茂贞、王行瑜麾下都是边防士兵，经历过大大小小上百次的战斗，所以，听闻李茂贞的军队快到兴平了，朝廷的禁军望风而逃。李茂贞乘胜追击，逼近长安。京师震动，不少百姓聚集在皇宫门前，请求诛杀首先倡议发兵征伐的人。

宰相崔昭纬忌妒杜让能得宠，想趁机陷害他，就偷偷派人给李茂贞送信说："这次用兵不是皇上的意思，都是杜让能的主意。"李

茂贞便在长安城西陈列军队，向昭宗上表陈述杜让能的罪行，请求将他诛杀。

表章摆在案几上，昭宗颓然地坐在御座上，他没想到禁军竟然如此不堪一击，他后悔没有听杜让能的。杜让能虽然早就料到这个结果，也做好了替天子受过的准备，但当这一刻真的到来时，也不免伤感。

"陛下，就请杀了臣来平息战事吧。"杜让能平静地请求道。

"不！都是朕的错！"昭宗带着哭腔说道。

"不杀臣，李茂贞是不会退兵的。"杜让能叹了口气。

昭宗想了一会儿，缓缓地说："朕把你贬为小官，另外处置几个人，李茂贞也许会退兵。"

杜让能潸然泪下，没有再说话。

昭宗看着他，凄然道："爱卿啊，朕只能与你分别了！"当天，他下诏贬杜让能为梧州刺史。

为了保住杜让能的命，次日一早，昭宗斩杀了观军容使西门君遂、内枢密使李周潼等人，再贬杜让能为雷州司户，然后派人去对李茂贞说："蛊惑朕出兵的，是西门君遂、李周潼等人，朕已经将他们处斩。"

李茂贞并不买账，坚持要求朝廷杀掉杜让能，这样他才会返回凤翔。崔昭纬也帮着李茂贞向昭宗施加压力。昭宗无奈，只好命令杜让能自杀。

杜让能死后，崔昭纬又说："杜让能虽然伏法，但天下人还有疑惑，最好再向朝廷内外颁布诏书，说明杜让能的罪行。"

昭宗闻言，身子微微一颤，他无力在靠在御座上，隔了好一会儿，才一字一句地口授诏书："杜让能举枉措直，对人的喜憎都凭一时意气；他拿案狱官司做买卖，卖官鬻爵，搜刮的钱财超过上万。"

说完，眼泪夺眶而出。

杜让能就这样应了自己的话，做了另一个"晁错"，而李茂贞、王行瑜从此愈加跋扈，朝廷的一举一动都要禀告他们。朝廷对一些事情的决断，如果不合他们的心意，他们就不停地上表辩论，朝廷若提出不同意见，他们就出言不逊。朝廷忌惮他们，往往不敢违背他们的意思，反而嘉奖他们。

不久，李茂贞就被重新任命为凤翔节度使兼山南西道节度使，从而占据了凤翔、兴元、洋州、陇秦等十五个州的全部地盘，势力大大增强。

成语学习①

举枉措直

枉，弯曲，比喻奸邪之人；直，笔直，比喻正直之人。任用奸邪小人，废黜正直者。

造　句：	唐朝宰相卢杞是个奸人，所以
	才举枉措直，陷害颜真卿。
反义词：	黜陟幽明

---

① 这个故事的原文里还有成语"以死继之"（不惜牺牲自己的生命来把某事干到底。比喻决心很大）。

【 泥首谢罪 】

《资治通鉴·唐纪七十五》

存孝泥首谢罪曰："儿粗立微劳，存信逼儿，失图至此！"克用叱之曰："汝遗朱全忠、王镕书，毁我万端，亦存信教汝乎！"

译文

李存孝跪在地上向李克用磕头认罪说："儿子我刚立了一点儿功劳，李存信便威逼我，以致于我失去考虑到这种地步！"李克用怒喝他说："你写给朱全忠、王镕的信，大肆毁谤我，这也是李存信逼你干的？"

冲动的惩罚

俗话说，"打虎亲兄弟，上阵父子兵"，河东节度使李克用深知这个道理，所以在军中收养了十几个骁勇善战的青年将领为养子，并委以重任。其中最出名的就是号称"河东第一猛将"的李存孝。李存孝勇猛果敢，每次作战他都充当先锋，身披沉重的铁甲，腰挎弓箭长矛，直冲敌阵，出入如飞，无人能挡。他经常带着两匹马作战，这匹马累了，他就在阵地上改骑另一匹。

也许是立了不少战功，也许是仗着义父对自己的器重，李存孝渐渐骄横起来。李克用的其他养子见了，心里都很不舒服，尤其是李存信。李存信立的军功也很多，受到李克用的宠爱，经常与李存孝争功，两人彼此厌恶对方。

李克用看出他们之间不对付，打算挫挫李存孝的锐气。当初攻打潞州时，李存孝不仅打得朱全忠狼狈溃逃，还生擒了朝廷大员孙揆，立下大功劳，当个节度使是够格了，可李克用故意只给了李存孝一个汾州刺史的官职。

李存孝气急败坏，嚷道："潞州是我打下的，为什么不封给我！"然后冲出营帐。为了出气，他到处放火，烧毁了不少百姓的房屋。回来后，他又几天不吃不喝，想到平时就与自己有矛盾的李存信，就怀疑自己没当成节度使是李存信在背后捣的鬼。

后来，李存孝击败宰相张濬率领的朝廷大军，又立新功，李克用才让李存孝做了邢州、洺州、磁州三州的留后，也就是代理节度使，但这并不能抚平李存孝的怨气。到了邢州后，李存孝心想："我要立一个大功，把李存信压得死死的，弄一个正式的节度使当当。"

当时，李克用与成德节度使王镕经常因为抢地盘而互相攻伐，李存孝就建议攻取镇冀，可是因为李存信从中作梗，李克用没有采纳。

不久，王镕在李匡威的幽州军的大力援助下，围攻尧山。李存孝奉命前去救援，却没能取胜。李克用就派李存信率军协助李存孝，一同攻打王镕。李存孝、李存信二人本就彼此猜忌，这时便互相观望，谁都不肯前进，战事陷入胶着状态。李克用没办法，只好改派李嗣勋等人前去，才将王镕打败。

李存信回到李克用那里，就打起了小报告："这次在前线，我看李存孝根本不想攻打王镕。我怀疑他们之间有勾结，义父您可要小心他。"

李存孝获悉，怨愤交加："我为义父出生入死，战功可比李存信多多了，可是义父却更信任李存信那小子。再这么下去，哪有我的立身之地啊？"他又气愤又害怕，冲动之下，就与王镕、朱全忠结交，并上表把邢州、洺州、磁州献给朝廷，还请求会合各道军队攻打李克用。昭宗任命李存孝为邢、洺、磁三州节度使，却不同意讨伐李克用。

消息传来，李克用气得在军中咆哮："谁都可以背叛我，你李存孝不可以，因为你是我儿子！现在倒好，你不仅背叛我，还和我的死敌朱全忠勾结，你真是活腻了！"他立即召集军队就去围攻李存孝所在的邢州，准备收拾这个叛逆者。

王镕怕事情闹大后影响自己，就给李克用写了封信，想从中劝解。不料，不劝倒罢，这一劝，李克用更加愤怒，转而攻打王镕。

王镕急忙派出三万人马迎战，却被李克用打得稀里哗啦。

李存孝赶紧发兵前去救援，然而兵力悬殊，两家加起来都不是李克用的对手。王镕只好向朱全忠救援，但朱全忠正忙着与徐州的时溥交战，无暇顾及王镕，便给李克用送去恐吓信，威胁说："我在邺下驻扎了十万精兵，我一声令下，他们就会前来。"

李克用根本不吃这套，轻蔑地说："我李克用可不是吓大的，你尽管放马过来，咱们决一胜负。"

王镕又向幽州的李匡威求救。李匡威及时赶来，并打败了李克用的河东军队。王镕对李匡威感恩戴德，拿出二十万金帛来酬谢他。

痛打宿敌李克用，还得到了一大笔财物，李匡威高兴地带着人马返回幽州。走到半路时，有个从幽州逃出来的部将慌里慌张地报告说："您的弟弟李匡筹已经占据了节度使司，关闭城门，不让您进城。"

原来，李匡威出发前，家人设宴为他送行。李匡威喝醉了酒，侮辱了美貌的弟媳。李匡筹痛恨哥哥的行为，趁他出兵在外，夺了他的节度使之位。

"岂有此理！我们去把幽州夺回来！"李匡威的部将都嚷嚷起来。

李匡威却大度地说："幽州被我这个做哥哥的失去，而让弟弟获得，仍然没有出我们李家的门，也没有什么遗憾的。只可惜李匡筹缺乏才干，不能够保住幽州。如果他能占据两年时间，就值得庆幸了！"

随后，李匡威向朝廷上奏，请求返回京师长安。长安接连遭受战乱，百姓听说李匡威要来，都大为恐慌，说："金头王李匡威要来图谋大唐皇位了。"有人甚至逃进山里藏了起来。

王镕知道后十分内疚，觉得李匡威是为了救自己才失去幽州的，因此派人把他接到自己的镇州①，为他建造府第，像侍奉父亲一样侍奉他。李匡威很感动，便留在镇州，为王镕整治护城堑壕，修理盔甲兵器，把他当作儿子看待。

渐渐地，李匡威喜欢上了镇州，心思也悄悄发生变化，他觉得王镕年少好欺，就想夺下镇州作为自己新的根据地。他开始向王镕的部下施以小恩小惠，想换取他们的好感。然而，王镕家族长期治理镇州，深得民心，镇州的将士并不买李匡威的账。

李匡威见软的不行，就想来硬的。这天是李匡威父母的忌日，王镕来到李匡威的府第吊唁。李匡威外面穿丧服，里面却穿着盔甲，他热情地将王镕迎进府，一进门，埋伏在暗处的伏兵就将王镕绑了。

王镕瞬间明白自己的处境，便哭着抱住李匡威说："当初我被李克用围困，全靠您出手相救才有今天。别说您要镇州，就是其他三州，冀州、深州、赵州，都没问题。不如您随我一同回到节度使司，我当众宣布把节度使的位子让给您，这样将士们就不会抗拒您了。"

李匡威也担心王镕的将士不服从自己，便同意了，和他并排骑马，在一队甲兵的护卫下前往节度使司。谁知，李匡威一进入镇州城的东偏门，王镕的亲兵立刻关闭大门，一个叫墨君和的屠夫突然从残破的墙壁后面跳出来，挥拳猛击李匡威的披甲士兵，并迅速把王镕夹在腋下，背着他爬上屋顶。

镇州军队见夺回王镕，立即攻打李匡威，并将他杀死，其亲族党羽也全部被杀。王镕当时才十七岁，身体瘦弱，被墨君和夹着，脖子疼痛，脑袋歪了好几天。

李匡威被杀时，他的部将刘仁恭正率部戍守蔚州②。刘仁恭为人豪爽放纵，极有智谋，眼见过了轮值期限还没有人来替代，顿时有

---

① 治所在今河北正定。
② 治所在今河北蔚县。

一种不祥的预感。一番打探之后，他才获悉幽州发生的变故，就带上人马准备抢回幽州，岂料反被李匡筹击败。刘仁恭只好投奔河东，并游说李克用攻打幽州。

李克用此时正在加紧攻打邢州的李存孝，他命人环绕邢州城挖掘堑壕，修筑营垒。李存孝不时地派出军队偷袭，导致李克用的堑壕、营垒不能建成。李克用就派人前去忽悠李存孝："你怕的只有李克用一人，我听人说等堑壕、营垒修好后，李克用就会返回他的镇所——晋阳，而他手下的那些将领都不是你的对手，那几尺宽的堑壕能起什么作用呢？"

李存孝深以为然，就任由李克用修筑工事，不再出城袭击。十几天后，李克用的堑壕、营垒造好了，坚固得即使插上翅膀也飞不过去。然而，李克用并没有返回晋阳，而是命令全军困死李存孝！

日子一天天过去，眼看邢州城内的粮食就要吃完了，李存孝无奈，登上城楼朝李克用喊话："托父亲您的福，存孝才有今天的富贵，若不是被奸邪小人逼迫，我怎么能舍弃父子之恩而去追随您的仇人呢？真希望能再见您一面，这样我就死而无憾了！"

李克用也很伤感，就让妻子刘氏入城去看望李存孝。不一会儿，刘氏就领着李存孝出城来。看到李存孝泥首谢罪，痛哭流涕的样子，李克用心一软，伸手想扶他起来，耳边却飘来李存孝的一句话："都怪李存信容不下我，以致我走到今天这一地步。"

都这个时候了，还替自己申辩！李克用已经平息的怒火再次燃起，他指着李存孝，喝道："你在写给朱全忠、王镕的信中，大肆毁谤我，这也是李存信逼你干的？"下令把李存孝带回晋阳，准备五马分尸。

一路上，李克用很纠结。李克用爱惜李存孝的才能，想放李存孝一条生路，可又担心那样做有损军威，所以希望有人为李存孝求情，这样他可以就坡下驴放了李存孝。令李克用意外的是，由于李存孝招人忌妒，直到被处死都没有一个人站出来为他说话。

李克用悲伤不已，十几天没有心情处理政务。有个叫薛阿檀的将领，他的勇猛与李存孝不相上下，也遭到军中诸将的忌恨，因此常常感到不得志，暗中和李存孝有来往。李存孝被处死后，薛阿檀害怕事情泄漏，也自杀了。李克用更加痛心，也因此更憎恨手下那些将领，恨他们见死不救，但又不能处罚他们。

恰好刘仁恭来投，还请求攻取幽州，李克用就把怒气全撒到李匡筹身上，带兵攻陷幽州。李匡筹兵败被杀，距离他夺得幽州不到两年时间，验证了李匡威当初的预言。李克用向朝廷上表，请求任命刘仁恭为幽州节度使，并留下心腹将领在幽州监视他，自己则回到晋阳。

然而，李克用因为连失两员猛将，实力逐渐衰弱下去，而他的仇敌朱全忠却打败了时溥，攻占了徐州。徐州地处南北交界，向来是兵家必争的战略要地，素有"得徐州者，得天下"的说法，朱全忠得了徐州，向东扩大了自己的战略纵深，确保了汴州的安全，又可以对朱瑄的郓州形成包抄之势，从此一家独大起来。

成语学习 ①

泥 首 谢 罪

把泥涂在脸上，表示自辱服罪。

造　句：	那名小将知道自己错了，赶紧
	泥首谢罪，请求主帅的原谅。
近义词：	负荆请罪

---

① 这个故事的原文里还有成语"逗留不进"（停顿不向前走）、"进退无所"（前进后退均无容身之处。比喻处境困难）。

〖 半济而击 〗

《资治通鉴·唐纪七十七》

行密、瑾、延寿乘胜追之，及于淠（pì）水[①]。从周半济，淮南兵击之，杀溺殆尽，从周走免。

译 文

杨行密、朱瑾、朱延寿率淮南军乘胜追击葛从周，一直追到淠水。葛从周的人马涉渡淠水到一半的时候，淮南军队发起进攻，葛从周的军队几乎全部被斩杀和溺死，葛从周本人逃跑免于一死。

---

① 淮河支流。

清口之战

朱全忠的地盘越来越大，野心也越来越大，接下来，他盯上了兖州和郓州，可是它们在天平节度使朱瑄手中，而且这个朱瑄对朱全忠有救命之恩。

当初，朱全忠受到占据蔡州的秦宗权[①]的进攻，危急时刻，他向天平节度使朱瑄求救。朱瑄派堂弟朱瑾带兵前去救援，最终大败秦宗权。朱全忠对朱瑄感恩戴德，与他结为兄弟。一年后，秦宗权被部将出卖，兵败身死，朱全忠便占据了蔡州。

"朱瑄有恩于我，就这么冲上去抢地盘会被天下人说三道四的，必须找个冠冕堂皇的理由才行！"朱全忠挖空心思想了一招，诬陷朱瑄招纳引诱自己的将士，写信责备他。

"好你个朱三，忘恩负义的东西！没有我朱瑄，你早死在秦宗权的手里了。你不报恩也就罢了，竟然敢打我的主意！"朱瑄读完信，气不打一处来，给朱全忠回了一封措辞强硬的信。

这下朱全忠找到借口了，他派部将朱珍、葛从周进攻朱瑄的地盘，接连占领了几座城池。从此，朱瑄兄弟俩与朱全忠结下了怨仇，双方你来我往打了几年，各有胜负。

乾宁二年（公元895年），朱全忠打败时溥，攻占徐州后，开始集中兵力对付朱瑄兄弟，他命葛从周攻打兖州的朱瑾，自己则督率

---

① 秦宗权原本是一名牙将，后来占据蔡州。黄巢起义时，他被黄巢打败，便投降了黄巢。黄巢失败后，他占据蔡州称帝，国号仍为齐，以示继承黄巢的衣钵。秦宗权的残暴程度令人发指，出征时他把盐腌的死尸装在车上，充作军粮。

大军跟在后面。

不久，朱全忠的军队包围了兖州。朱瑄立即派了三名部将率领一万人马袭击朱全忠，没想到反被朱全忠打得七零八落，死伤大半，三位将领被活捉，剩下的全部被俘虏。恰逢狂风大作，沙尘弥漫，朱全忠恶狠狠地说："老天爷发怒了，是嫌我杀人还不够数的原因！"于是将俘虏全部杀掉，然后押着三位将领来到兖州城下，向朱瑄喊话："你哥哥朱瑄已经被我打败，你为什么不识相点儿，早些投降呢？"

兖州城的将士们听了，情绪变得低落。朱瑾想鼓舞士气，便派使者假装向朱全忠投降。朱全忠大喜，亲自来到兖州城下与朱瑾谈判。

"我愿意献出官印，希望由我的堂兄前来交接。"朱瑾向朱全忠提了一个条件。

朱瑾口中的堂兄是齐州刺史朱琼，前不久举州投降了朱全忠。朱全忠觉得朱瑾的要求不过分，便命朱琼去接收官印。

朱瑾骑着马先出来了，他手捧官印，站立在城门桥上。朱琼来到桥上，跟朱瑾寒暄了几句，刚想伸手去接官印，突然一个人从桥下飞奔而来，抓起朱琼进了兖州城内。

不一会儿，城楼上抛下来一个血淋淋的脑袋，"咕噜噜"地滚到朱全忠的脚下。朱全忠定睛一看，正是朱琼，这才意识到自己上了当。

兖州城的将士精神为之一振，纷纷表示要与汴州军殊死一战。朱全忠怕硬碰硬占不到什么便宜，就率军先退回汴州，留下葛从周继续围困兖州。朱瑾紧闭城门，不再出来交战。

时间一长，葛从周也倦怠了，想打个胜仗回师，故意扬言说："天平和河东的援军到了，我得带领精锐人马到西北方向去拦截他们。"到了半夜，他带着人马又偷偷回到原来的营寨。朱瑾以为葛从周的精兵都离开了，派军队出来攻打城外的营寨。没想到葛从周率领人马突然冲出，斩杀一千多名兖州兵，还活捉了朱瑾的一员猛将，之后就撤军了。

由于一再受到朱全忠的进攻，兖州、郓州的百姓无法耕种，以致军中物资越来越匮乏，朱瑄、朱瑾只好向河东节度使李克用告急，希望他出手相助。

一听要对付朱全忠这个老冤家，李克用二话不说，先派大将史俨、李承嗣带着几千骑兵，向魏博节度使罗弘信借道魏州，前去救援，后来又命李存信率领一万骑兵前往兖州、郓州增援。

朱全忠自然要从中阻挠，他派人对罗弘信说："李克用想抢黄河以北的地盘，你放他的军队过去了，等他返回时就要算计你了。"再加上李存信对士兵约束不严，侵扰当地百姓，罗弘信大怒，夜间发兵袭击了李存信。李存信的军队毫无防备，溃败撤退，并连累史俨、李承嗣的部队无法返回河东。从此，罗弘信与李克用决裂，专心依附朱全忠。

李克用气炸了，派兵大肆侵扰罗弘信的地盘。朱全忠就调葛从周去援救罗弘信，还派部将庞师古攻打郓州的朱瑄。李克用于是转而攻打葛从周。

就在双方交战正激烈的时候，李克用的儿子李落落的坐骑被对方挖的沟坎绊倒。汴州军趁机将李落落活捉。李克用见爱子被捉，顿时乱了方寸，急忙上前搭救，不料他的战马也被绊倒。情急之下，李克用回身发箭，射中对方的一名将领，这才逃回营中。

收兵后，李克用低声下气向朱全忠求和，希望他能放了自己的儿子。朱全忠十分得意，把李落落交给罗弘信杀掉了。李克用痛失爱子，无心再战，只好回师晋阳。葛从周便率众渡过黄河，也去攻打郓州的朱瑄。

乾宁四年（公元897年）正月，在葛从周和庞师古的围攻下，势单力孤的朱瑄弃城逃跑，被汴州军抓获，而他的堂弟朱瑾的日子也不好过。由于兖州城内缺粮，朱瑾决定和河东将领史俨、李承嗣一起，带兵到徐州城抢些东西回来，留下部将康怀贞守城。不料，葛从周闻讯来袭，康怀贞献城投降。葛从周进入兖州城，抓获朱瑾的妻儿。朱瑾无处可去，只好与史俨、李承嗣等人率部南下，投奔淮南节度使杨行密。

杨行密喜得合不拢嘴，亲自出来迎接。淮南军队擅长水上作战，而不熟悉骑马射箭，这些北方骑兵的到来，正好弥补了淮南军的短板，杨行密因此声势大振。

史俨、李承嗣都是李克用手下猛将，李克用对他们投奔杨行密感到惋惜，就派遣使者抄小道南下，请求杨行密放回二人。杨行密不想得罪李克用，就爽快地答应了。可史、李二人还没动身北归，就传来朱全忠进攻淮南的消息。

原来，得到兖州、郓州等地后，朱全忠的势力更加强盛，他本就觊觎富庶的淮南之地，现在宿敌朱瑾往那里跑，等于给了他一个用兵的借口。朱全忠派庞师古带领七万人马在清口①安营，准备进军扬州，又命葛从周带领兖州、郓州等地的军队在安丰县设垒，计划攻打寿州，他自己则率军驻扎在宿州②，打算从三面合围杨行密。

淮南军队十分惊恐，因为经过长期混战，杨行密虽然在江淮一带站稳脚跟，但他只有三万人马，就算有刚刚入伙的朱瑾带来的几千骑兵，与朱全忠的军队相比，还是实力悬殊。杨行密只能硬着头皮迎击朱全忠，他命部将张训担任前锋，应付庞师古，安排小舅子朱延寿在寿州抗拒葛从周。

① 又名淮泗口、清河口，是古泗水入淮之口。因泗水又名清水，故名。泗水为中原水要道，清口扼南北交通咽喉，为历代战争要地。
② 今属安徽。

很快，杨行密就接到前线吃紧的报告，准备派人增援。起初，杨行密想先奔寿州，击退兵力相对更弱的葛从周。李承嗣却提出不同看法："朱延寿战斗力很强，又依托寿州要塞，对付葛从周不成问题。而张训的兵力支撑不了太久，如果清口失守，庞师古就会迅速攻打扬州，扬州一失，淮南军就大势已去。所以，不如先增援清口，利用水军的优势，击败庞师古，到那时，葛从周就会不战自退。"杨行密权衡再三后，采纳了他的建议。

庞师古按计划在清口安营扎寨，有人向他建议说："扎营位置地势低洼，就像一口池塘，不宜久待。"庞师古没有听进去。他还仗着自己人马众多，轻视淮南军，经常在营地下棋取乐。

杨行密率领援军抵达清口后，命人搜集敌方的情报，发现了庞师古军的弱点，就让朱瑾带人把淮水上游的水堵住，准备放水淹庞师古的营地。有人发现下游水位降低，跑去提醒庞师古。庞师古却眼睛一瞪，怒气冲冲地说："这是冬季枯水现象，很正常。你竟敢蛊惑军心！拖出去斩了。"

趁庞师古还没有醒悟过来，朱瑾与淮南将领带着五千骑兵偷偷渡过淮水，从北面奔袭庞师古的中军。张训的人马最先越过栅栏冲入敌营。庞师古的士兵完全没有防备，仓皇迎战。突然间，淮河之水滚滚而来，把汴州军冲得东倒西歪，乱成一片。

这时，杨行密也率领大军渡过了淮水，与先到的人马两面夹击汴州军。庞师古和一万多名士兵被斩杀，剩下的人马完全丧失作战能力，四散溃逃。与此同时，葛从周被朱延寿攻破营寨，狼狈地退到濠州，庞师古战败的消息传来后，他更加无心恋战，带着残兵屁滚尿流地往北逃窜。

杨行密、朱瑾、朱延寿率军乘胜追击，一直追到淠水，并对正在渡河的葛从周的人马进行半济而击。葛从周的人马淹死的淹死，被斩杀的被斩杀，最后渡过淮水的人连续四天没粮食吃，又逢天降大雪，不少人连冻带饿死在路上，返回的还不到一千人。

没想到两路人马都打了大败仗，朱全忠很沮丧。杨行密又让人送来一封信，上面说："庞师古、葛从周都不是我的对手，不如你亲自到淮水上游来，咱们较量较量。"朱全忠哪敢逗留呀，当即撤回汴州。

清口之战是一次具有决定性意义的战役，杨行密从此占据长江、淮水之间，遏止了朱全忠南下的脚步，从而奠定了以后几十年间南方割据势力与北方中原政权并存的格局。

成语学习 ①

半 济 而 击

半济，渡河渡到一半。当敌人渡河渡到一半的时候再去攻击。指善于捕捉有利时机攻击敌人。

造　句：与两晋时的淝水之战一样，唐
末的清口之战也采用了半济而
击的战术，最终以弱胜强。

---

① 这个故事的原文里还有成语"恃勇轻敌"（仗着自己勇敢而不把对手放在心上）。

〖 时不可失 〗

《资治通鉴·唐纪七十六》

李克用遣掌书记李袭吉入谢恩，密言于上曰："比年以来，关辅不宁，乘此胜势，遂取凤翔，一劳永逸，时不可失。臣屯军渭北，专俟进止。"

译　文

李克用派遣军府的掌书记李袭吉入京向朝廷谢恩，秘密对唐昭宗说："近些年来，京师长安一带不得安宁，现在乘着朝廷取胜的优势，应一举攻克凤翔，一劳永逸，时机不可丧失。臣现在驻扎在渭水北部，专门等候朝廷的命令以便行动。"

流浪天子

乾宁二年（公元895年），河中节度使王重盈死了，他的侄子王珂和他的儿子王珙、王瑶为了争夺节度使的位子打了起来。双方还各自找来重量级人物支援自己，朱全忠、王行瑜、韩建、李茂贞支持王珙、王瑶，李克用则站在女婿王珂这边。由于李克用的奏章先一步提交朝廷，唐昭宗就把河中节度使的职位给了王珂。

王行瑜、韩建、李茂贞觉得这是奇耻大辱，加上之前王行瑜想当尚书令遭到宰相韦昭度的拒绝，三人决定给朝廷一点儿颜色看看，于是各自带领几千精兵奔赴长安。

昭宗也不想躲，反正也躲不过，索性在安福门等他们。三位节度使到达后，把披甲军队大阵仗排列开来，然后向昭宗行跪拜礼。昭宗走到门楼前，劈头盖脸斥责道："你们擅自发动军队进入京城，究竟想干什么？如果你们不能侍奉朕，那么就请你们把位子腾出来，让给贤明的人！"

没想到一向顺从的昭宗说话这么强硬，王行瑜、李茂贞吓得浑身冒冷汗，说不出话来，韩建硬着头皮粗略地陈述了此次带兵进京的原因。

昭宗为了息事宁人，便设宴招待王行瑜、韩建、李茂贞。席间，三人说："韦昭度和宦官结党为奸，扰乱朝廷大政，臣等请求罢免他的职务。"昭宗没有答应。

王行瑜恼羞成怒，私下将韦昭度和几名宦官杀死，然后对昭宗说:"王珂才是王重盈的嫡子,请求任命他为河中节度使。"昭宗没办法,只好答应。三人仍不知足,觉得昭宗不太好控制,想废掉他,拥立吉王李保为帝。不过,没等他们动手,李克用就闻讯前来讨伐。三人吓得马上离开京城,返回各自的地盘。

李克用不想放过他们,率军快速攻克绛州,杀死刺史王瑶,接着攻占同州,击败王行瑜的弟弟、匡国节度使王行约。

"沙陀人来了!乌鸦儿来了!"王行约率领残兵逃到京城,与担任左军指挥使的弟弟王行实在城中大肆劫掠,还散播流言,制造恐怖气氛。

王行实想把昭宗劫持到邠州,右军指挥使李继鹏是李茂贞的养子,他则想劫持昭宗前往凤翔。双方意见不统一,便打了起来。昭宗听到动静,登上承天楼,想制止他们,不料一支飞箭从他身边掠过,差一点儿就射中了他。长安城内顿时大乱,不少人趁火打劫。

昭宗担心王行瑜、李茂贞出兵胁迫,就逃出长安城,急奔南山①。当时追随昭宗车驾的百姓有几十万,由于天热,抵达南山谷口时,竟有三分之一的人中暑而死。夜里,流亡的百姓又遭受盗贼的抢掠,哭喊的声音震动山谷。

此时,李克用的军队抵达华州,准备进攻韩建。韩建登上城楼,亲自向李克用喊话:"李公啊,我对您不曾有过失礼的地方,您为什么要来攻打我?"

李克用怒斥道:"你是大唐的臣子,却逼迫皇帝,你这样如果都算有礼,那么天下还有谁是无礼的呢?我今天要好好教训你!"他正要发起进攻,手下却报告说李茂贞和王行瑜各自率领军队,要去接

---

① 又名终南山、中南山。即今陕西秦岭山脉。

昭宗的车驾，他只好解除对华州的围攻，转而对付李茂贞和王行瑜。

李茂贞首先吃了败仗，恐惧之下，他斩杀了养子李继鹏，向朝廷请罪，并派使者向李克用求和。昭宗赦免了李茂贞，命令李克用全力讨伐王行瑜。

很快，李克用带领军队进逼邠州。王行瑜也学韩建登上城楼，对着李克用号啕大哭："我王行瑜没有罪，逼迫威胁皇帝的，是李茂贞和李继鹏，请您去讨伐李茂贞。"

李克用讽刺他说："你真是太谦虚了！我奉诏讨伐你和李茂贞、韩建三个乱臣贼子，你是其中的一个。"

王行瑜知道自己打不过李克用，就带着全家人弃城逃跑，途中却被手下部将斩杀。

昭宗回到长安，封李克用为晋王，以嘉奖他的平叛之功。李克用觉得李茂贞始终是个祸害，暗中派使者对昭宗说："近年来，关中一带不得安宁，现在朝廷应当乘胜一举攻克凤翔，一劳永逸解决李茂贞，时不可失。我现在驻扎在渭水北部，专门等候朝廷的命令以便行动。"

昭宗担心李茂贞被消灭后，李克用的势力会进一步扩张，就回复李克用说："李茂贞、韩建为了弥补自己的罪过，不断向朝廷进献赋税，姑且饶了他们吧。"

李克用叹息道："朝廷这是不相信我李克用啊！可是不铲除李茂贞，关中一带就永不安宁。"他只好率领人马返回晋阳。

没想到李克用一走，李茂贞、韩建就减少了对朝廷的进贡，进呈的表章言语也越来越傲慢。昭宗担心他们再次逼宫，便在左、右神策军之外，又设置安圣军、捧宸军、保宁军、宣化军等军队，增补了好几万士兵，由各亲王统领。延王李戒丕和覃王李嗣周又自行招募了几千人马。

李茂贞很不爽，对左右大发牢骚："皇上扩充军队，明摆着是要对付我！我要到长安去，跟皇上诉说我的冤屈！"他开始部署军队，准备进京。长安的士民吓坏了，争先恐后地逃到山谷里。

昭宗命通王李滋、覃王李嗣周、延王李戒丕带领各军，护卫京师一带。李茂贞更不爽了，上表说："延王无缘无故地率军讨伐臣，何必费劲，臣马上率军入京，请皇上当面治臣的罪！"

乾宁三年（公元896年），李茂贞进逼京畿一带。覃王李嗣周率领刚招募的新兵迎战，结果被打得丢盔弃甲。

昭宗不得不再次流浪。他逃离长安，想到李克用那里避难，不料刚到渭水北边，韩建就派人"邀请"昭宗去华州。昭宗一开始没有答应。韩建便再三上表请求迎驾。昭宗有些动摇，就召见韩建。

见了面，韩建磕头痛哭说："骄横跋扈的臣子，可不止李茂贞一人，臣担心陛下的车驾一旦渡过黄河，就再也没有返回的时候了。华州军队虽然不是很强大，但是控制关中京畿一带，还是可以的，而且物资充足，距离长安也不远。"这些话句句在理，昭宗便跟着他去了华州。

皇帝抢到手了，韩建开始作威作福了。他向各道发出檄文，命令他们以后把资财粮食运到华州。李克用知道后，长叹了一声："当初皇上若是听了我的话，怎么会有今天的祸患！"他向幽州节度使刘仁恭、成德节度使王镕等人征调军队，想和他们一同平定韩建，护送天子返回长安。谁知，刘仁恭以要对付契丹人为由拒绝出兵。李克用再三催促，刘仁恭就是不发兵。李克用气得发飙，亲自率军攻打幽州，没想到大败而归。二人从此结仇。

乾宁四年（公元897年），韩建因为憎恨诸王掌管军队，便诬告说："睦、济、韶、通等八位亲王图谋杀害臣，再劫持皇上的车驾到河中去。"

昭宗读了表章大为惊慌，召见韩建，想向他说明情况。韩建称病不去。昭宗又命令诸王亲自到韩建那里去解释。韩建又避而不见，还上表要求解散诸王手下的军队："陛下应该让王爷们回到十六宅①居住，并精心挑选师傅，教他们学习诗文书画，而不是让他们掌管军队，干预朝政。"他担心昭宗不依自己，就带领手下精壮士兵围困昭宗的行宫。

昭宗不得已，下诏解散军队，强迫诸王返回十六宅，将盔甲兵器交给韩建掌管。

韩建得寸进尺，又上奏说："陛下挑选贤良，任用能人，就足以清除祸患，平定战乱，何必另外设置安圣、捧宸、保宁、宣化这四支亲军呢？况且这四支亲军里，好多是街巷里游手好闲、奸邪狡猾的无赖，他们一定不会为陛下效力的，请求立即把亲军全部解散。"昭宗只好又解散了护卫自己的四支军队。

见昭宗丝毫不敢违逆自己的意思，韩建更加狂妄，把派到地方上担任职务的皇室亲王也全部召回并幽禁起来，然后上奏说："陛下即位以来，朝廷之所以与靠近京师的藩镇关系恶化，都是因为皇室诸王掌管兵权、逞凶作恶之徒喜好惹祸生灾的缘故，所以臣才请求朝廷罢免诸王的兵权，实在是担心会有难以预测的变乱。最近有人说延王李戒丕、覃王李嗣周在酝酿阴谋诡计，希望陛下在他们动手之前就采取措施。"

昭宗看了韩建的奏章，淡淡地说："怎么可能发生这样的事情呀！"几天过去都没有答复。

韩建大怒，便假借朝廷的诏令，发兵围攻十六宅。诸王惊慌失措，披头散发找地方躲藏，有的没处躲，就爬上墙头，登上屋顶，

---

① 唐末诸王共同居住的宅第。

狂呼："皇上快来救我！"

最终，韩建杀掉了十一位亲王，向昭宗奏报说："诸王谋反，臣已经诛杀了他们。"昭宗恨极了韩建，却无可奈何。

两年之后，韩建害怕李克用出兵讨伐自己，才放昭宗离开华州，返回长安。

成语学习

时 不 可 失

抓住时机，不可错过。

造　句	"这次乒乓球比赛是难得的锻炼机会，时不可失，你可一定要参加啊。"教练苦口婆心地劝他。
同义词	机不可失、时不再来
反义词	坐失良机、失之交臂

【 喜怒无常 】

《资治通鉴·唐纪七十八》

初，崔胤与帝密谋尽诛宦官，及宋道弼、景务修死，宦官益惧。上自华州还，忽忽不乐，多纵酒，喜怒不常，左右尤自危。

译 文

当初，崔胤与唐昭宗秘密谋划杀死全部宦官，等到宋道弼、景务修死后，宦官更加恐惧。唐昭宗自华州回到京城以后，精神恍惚，抑郁不乐，常常纵情饮酒，时而高兴，时而发怒，左右侍从尤其人人自危。

奴才囚禁主子

自华州回到长安之后，昭宗的处境更加艰难：一方面，朝廷威信扫地，各地强藩更加不把他放在眼里；另一方面，宦官刘季述等骄横专权，不可一世。

光化三年（公元 900 年），昭宗任命同样憎恶宦官的崔胤为宰相，日夜与他商量如何铲除宦官。时间一长，消息有所泄露，以崔胤为代表的南司和以宦官为代表的北司就相互憎恨，各自交结藩镇作为外援，争斗不断。

宰相王抟（tuán）担心这样下去会招致变乱，就向昭宗进言："君主行事，应当以大局为重，处事不偏不倚。宦官专权的弊病，谁不知道呢！但是他们的势力不可能马上根除，应当等候各种灾难渐渐平息，再通过正当途径逐渐肃清。另外，臣希望陛下说话要保密，以免加速奸邪小人的变乱。"

这话被崔胤知道后，他就诬陷王抟与宋道弼、景务修等宦官勾结，还让朱全忠不停地上表，请求罢免王抟。昭宗迫于压力，只好贬王抟为崖州司户，之后又勒令他与宋道弼、景务修自杀。打那以后，崔胤仗着有朱全忠撑腰，操纵朝廷政权，威震朝野，以刘季述为首的宦官们只能侧目而视。

昭宗此前被各地藩镇轮番胁迫，对他们极为憎恶，没想到自己倚重的崔胤居然投靠朱全忠。每念及此，昭宗的心中都愤懑不平，可又能怎么办呢？自从杜让能死后，他连个说话的人都没有了，只能日复一日地灌醉自己。由于长期酗酒，昭宗性情大变，喜怒无常，他身边的人都很害怕。

有时候，刘季述去劝谏几句，昭宗就怒目横眉，骂道："朕杀不了李茂贞那些人，还奈何不了你们这帮奴才吗？"

这可是说者无心，听者有意。刘季述以为昭宗准备对宦官们动手，就悄悄找来右军中尉王仲先，枢密使王彦范、薛齐偓等宦官，对他们说："皇上越来越难侍奉了，而且他凡事只听宰相的，他们天天商量怎么除掉我们这些人，与其等着灾祸降临，不如先动手，立太子为皇帝，尊皇上为太上皇，然后再让李茂贞、韩建作为我们的外援，控制其他藩镇，这样谁还能加害我们呢？"

光化三年（公元900年）的一天，昭宗在禁苑打完猎后，摆酒纵饮，夜里大醉回宫。第二天，日上三竿了，宫门还没有打开。刘季述急了，跑到中书省找来宰相崔胤，对他说："宫中一定发生了变故，我是内臣，能够根据实际情况自行斟酌处理，请让我进宫察看发生了什么事情。"不等崔胤回答，他便率领一千名禁军破门而入，只见几名宦官与宫女倒在血泊中，而昭宗正枕着长剑呼呼大睡。经过讯问，刘季述才知道昭宗昨晚因为心情不好，亲手杀了几名宫人。

"这样的皇上怎么能管理国家呢？废黜昏君，拥立明主，自古就有这样做的，这是为了国家着想，不算叛逆。"刘季述一脸忧虑，对崔胤说道。

废立皇帝？！崔胤看着刘季述阴沉的脸，觉得一股寒意从心底泛起，他张了张嘴，想说什么，却什么都没说。

刘季述就当他答应了，就在殿庭布置好军队，然后召集文武百官，对他们说："皇上行为荒唐，不适合再治理国家，因此宰相们奏请太子监国，这是联名状，大家在上面签字就好了。"众人不敢违抗，都签了名。

当晚，刘季述和王仲先率领一千名全副武装的将士，冲进宫中思政殿，见人就杀。昭宗听到异动，惊得跌到床下，就在他爬起来想往外逃时，刘季述和王仲先已经带着人闯了进来。

闻讯赶来的何皇后见了，低声下气地对刘季述和王仲先说："请不要惊着了皇上，有事好商量。"

刘季述拿出文武百官的联名状，对昭宗说："陛下既然厌倦了当皇帝，大臣们便希望由太子代为管理国家事务，请陛下到东宫颐养天年。"

昭宗哆哆嗦嗦地说："昨天朕喝多了，失手杀了几名宫人而已，怎么就到了这个地步呢？"

刘季述傲慢地说："这联名状不是我等起草的，是文武百官的意思，上面都有他们的签名，我们想阻止都阻止不了啊！请陛下暂且前往东宫，等到事情稍微安定后，我等再迎陛下回归正宫。"

何皇后害怕僵持下去会激怒刘季述，急忙劝昭宗说："皇上，赶快按照他们说的做吧！"说完取出传国玺印交给刘季述。

宦官们把昭宗、何皇后扶上一辆车，连同嫔妃、公主十几人，一块送去少阳院。

到了那儿，刘季述开始数落昭宗的罪过："某时某事，你不听我的话，这是一条罪。"如此说了几十条之后，刘季述亲手锁上少阳院的门，再以熔化的铁水将锁封死。

接着，刘季述命人在墙上凿了一个洞，然后对左右说："以后就从这个洞里给他们送吃的。"他还在少阳院周围布置了军队，并吩咐他们，昭宗一有动静就要向他禀报，凡是兵器针刀一类的东西都不能带进去。当时天气十分寒冷，嫔妃、公主没有足够的衣服和被褥，一个个冻得号哭不已。

当天，刘季述假传诏书，命令太子李裕代管国事，第二天又命令他继承皇位，尊昭宗为太上皇。

事后，除了重重赏赐参与此次事变的将士，刘季述还给百官加封爵位，想以此讨好众人。与此同时，他又派人把昭宗宠信的宫人、侍臣、方士、僧侣、道人等，用木棍打死。接连几天，载着尸体的车辆络绎不绝地进出宫门。

刘季述还想杀死宰相崔胤，但顾虑到崔胤的后台是朱全忠，没敢下手，而且为了笼络朱全忠，取得他对政变的支持，刘季述还派养子去见他，承诺只要他承认新皇帝，将来的大唐社稷就是他的。

朱全忠怦然心动，召集手下将领商议。多数人认为不要插手朝廷政变，只有天平节度副使李振说："王室有难，是成就霸业的资本，现在您就是大唐的齐桓公、晋文公，大唐的安危系于您一人身上。刘季述不过是一个宦官，竟敢囚禁、废黜天子，如果您都不能讨伐，又怎么号令其他藩镇呢？而且，一旦幼主君位确定，朝政大权就全落到宦官手里了，哪能轮到您说话呢？"

一席话让朱全忠醍醐灌顶，他立即囚禁刘季述的养子，派李振去长安探察事态变化。等李振回来后，朱全忠又派人前往长安，与崔胤谋划共同对付刘季述。

左神策指挥使孙德昭对刘季述废黜昭宗、强立太子愤愤不平。崔胤听说后，想把他拉到自己这边来，就派大臣石戬前去与他结交。

石戬经常请孙德昭喝酒，每次喝到酣畅时，孙德昭一定会为昭宗被废而痛哭。有一次，石戬就趁机劝他说："自从太上皇被刘季述、王仲先二人幽禁，内外大臣和军中将士，哪个不咬牙切齿？您如果能杀死这两个人，迎太上皇复位，就会富贵穷极一时，忠义流传千古。如果犹豫不决，这个功劳就要落到他人手上了！"

只听"砰"的一声，孙德昭一拳砸在桌上，慷慨说道："德昭虽然不过是个小军官，但只要是为了国家，德昭绝不敢惜命。"

石戬把孙德昭的话禀报给了崔胤。崔胤割下衣带，亲笔书写命令，交给孙德昭。孙德昭又结交将领董彦弼、周承诲等人。经过谋划，众人商定除夕那天在安福门动手。

光化四年（公元901年）正月初一，右军中尉王仲先入宫朝见，走到安福门时，被伏兵杀死。紧接着，孙德昭领兵前往少阳院，诛杀了刘季述安排的人员，然后冲院内高喊："逆贼王仲先已被诛杀，请陛下回宫。"

何皇后担心有诈，在里面喊道："果真是这样，将他的首级呈上！"

孙德昭便献上王仲先的首级，昭宗这才与何皇后砸坏门扇，走了出来。

崔胤迎接昭宗登上长乐门楼，率领文武百官称颂庆贺。这时，刘季述、王彦范等人已被周承诲抓获，带到昭宗跟前。昭宗义愤填膺，斥责他们的谋逆罪行，然后命人将他们乱棍打死。薛齐偓投井淹死，被捞出来斩了首级。他们的家人以及党羽随后都被处死。

其他宦官听说发生变乱，先是把太子藏在左军中，后来见势不妙，就献出太子和传国玉玺。昭宗说："太子年幼懦弱，被凶恶小人立为皇帝，不是他的罪过。"命令他回到东宫，废为德王。

在这次政变中，孙德昭、周承诲、董彦弼三人功劳最大，昭宗给了他们节度使的官职，都任命为宰相，让他们留在宫中负责夜间警卫工作，并分别赐姓名为李继昭、李继诲、李彦弼，当时人称他们为"三使相"。

喜怒无常

　　原文为"喜怒不常"。一会儿高兴，一会儿生气。形容态度多变。

造　句：	她是个喜怒无常的人，经常无
	缘无故发脾气。
近义词：	反复无常
反义词：	不动声色

【 挟天子令诸侯 】

《资治通鉴·唐纪七十八》

时朱全忠、李茂贞各有挟天子令诸侯之意，全忠欲上幸东都，茂贞欲上幸凤翔。胤知谋泄，事急，遗朱全忠书，称被密诏，令全忠以兵迎车驾。

译 文

当时，朱全忠、李茂贞都有挟制天子以号令诸侯的意图，朱全忠想要唐昭宗驾临东都洛阳，李茂贞想要昭宗驾临凤翔。崔胤知道谋杀宦官的计划已经泄露，事情急迫，就送信给朱全忠，假称奉有秘密诏书，让他派军队来迎接昭宗的车驾。

"回天再造大功臣"

唐昭宗复位后，对立下大功的宰相崔胤相当宠幸，让他辅领朝政，执掌大权。崔胤认为不杀完宦官，朝廷就不得安宁，就向昭宗进言："祸乱之所以发生，都是因为宦官掌握了军队。请让臣主管左军，由兵部尚书陆扆（yǐ）负责右军。这样藩镇就不敢侵犯长安，朝廷也能保持尊崇。"让文臣掌军权？昭宗犹豫心里直犯嘀咕，就找李继昭等人商量。

李继昭等人都说："我们世代在军中任职，就没有见过书生担任军队主帅的，如果让南司统领军队，一定会有很多变数，不如把军队交给北司掌管。"昭宗就回复崔胤："将士们不愿让文臣管，这事还是算了吧。"然后任命枢密使韩全诲为左军中尉，凤翔监军使张彦弘为右军中尉。

由宦官主管军队，终究是身边的祸患，崔胤很不安，想借助藩镇的力量遏制宦官。他婉言劝说凤翔节度使李茂贞派三千军队入京驻扎，并由其养子李继筠率领。翰林学士韩偓反对这种做法，崔胤就推脱道："我已经叫这些士兵回凤翔了，可他们不听，我能有什么办法！"韩偓看出崔胤别有所图，忧心忡忡地说："你当初为什么要叫他们来呢？留下这些军队，国家一定会有危险。应该马上命他们回去。"崔胤不听。

有了李茂贞的军队，崔胤增加了一些底气，就奏请昭宗处死全部宦官。韩全诲等宦官听到了一些风声，跑到昭宗跟前哭求哀怜。

昭宗便提醒崔胤："有事就上密封奏章，不要口头上奏，以免被人偷听了去。"

这也难不倒韩全诲等人，他们物色了几个识字的美女，送进宫中刺探消息，又暗中与李茂贞结交，密谋用武力挟制昭宗，并策划除掉崔胤。

崔胤当时兼任户部、度支、盐铁三司使，韩全诲就教唆禁军闹事，说崔胤减少了将士的冬季衣服。昭宗无奈，只好解除了崔胤的盐铁使职务。崔胤知道诛杀宦官的计划泄露了，情急之下给朱全忠写信说："韩全诲勾结李茂贞，想把皇上弄到凤翔去。您赶紧带人来，若迟他一步，恐怕将来要被李茂贞讨伐！"

当时，朱全忠和李茂贞心怀鬼胎，各自都想把皇帝抢到手里，学曹操当年"挟天子令诸侯"。所以，一接到崔胤的信，朱全忠立刻发兵，直奔京师。

韩全诲没想到朱全忠的动作这么快，慌忙去找李继昭、李继诲、李彦弼、李继筠，商量先把昭宗弄到凤翔去。除了李继昭，其他人都同意。这几个人日夜谋划，结成党羽，渐渐地在昭宗面前说话越来越强硬。昭宗觉察到后，想让他们出京任职，他们竟然都不去。

天复元年（公元 901 年）十月底，朱全忠的军队到达河中，他向朝廷上表章，请昭宗前往东都洛阳。京城内外大为恐惧，百姓纷纷逃往山谷躲藏，文武百官也不入朝了，宫门前寂静无人。

韩全诲等人率领禁军来到殿前，对昭宗说："朱全忠图谋帝位，正率领大军进逼京师，想把陛下劫持到洛阳。请求陛下驾临凤翔，臣等将召集军队进行抵抗。"说完，让人在后院放起火来。

又要再次流亡？昭宗心里万般不情愿，但在韩全诲等人的逼迫下，不得不与皇后、妃嫔、诸王等骑上马，一步一回头地望着已经被熊熊大火吞没的皇宫，向凤翔进发。

十天后，昭宗一行到达凤翔。这时，朱全忠的军队也到了长安，崔胤带领文武官员前去迎接。朱全忠见昭宗已经西行，想打退堂鼓，崔胤恳请他前往凤翔迎昭宗回京。为了打动朱全忠，崔胤拿出昭宗之前秘密写给他的亲笔信，末尾说："朕为了宗庙社稷，势必西去凤翔，卿等只管东行。惆怅！惆怅！"言语十分凄凉。朱全忠也很感慨，他权衡利弊后，率领大军奔赴凤翔。

韩全诲、李茂贞试图阻止朱全忠西进，他们假传诏令，对朱全忠说："朕避灾到这里，不是被宦官劫持的，你还是带兵返回汴州吧。"

朱全忠自然不会上这个当，很快率军抵达凤翔，在城东驻扎。

李茂贞登上城楼，朝城外的朱全忠喊话："天子逃难来到这里，并不是我劫持来的。是不怀好意的人把您骗了。"

朱全忠说："我知道是韩全诲把天子劫持到这里来的，我来是为了迎接天子回京。您如果没有参与其中，那就请把天子送出来吧！"

李茂贞自然不理会，还屡次假传昭宗的命令，要朱全忠返回他的汴州。朱全忠只好率领军队向北转移，在三原①安营驻扎。崔胤为此专程赶到三原，催促朱全忠迎驾。朱全忠便率领五万精锐再次来到凤翔城下。李茂贞派大批军队出战，却被朱全忠打得抱头鼠窜，缩回了城内。

天复二年（公元 902 年），朱全忠见凤翔城围了快一年，却始终没能攻克，加上长期下雨，不少士兵生病，就起了撤军的心思。部将高季昌劝他："李茂贞就快撑不下去了，现在放弃实在太可惜了！"

朱全忠叹了口气，说道："李茂贞像个缩头乌龟，躲在里面不出

---

① 今属陕西。

来，再这么耗下去，我们也会撑不下去的！"

高季昌就说："兵不厌诈，既然强攻不行，那就把他骗出来。"

有个叫马景的骑兵主动请缨，假装叛逃，混入凤翔城，对李茂贞说："朱全忠大军早就逃走了，只留下一万名伤员和生病的人守营，这些人今晚也要走，赶紧去攻击他们！"

李茂贞相信了，出动全部兵力进攻朱全忠的营寨，不料中了朱全忠的埋伏，差点儿全军覆没。李茂贞从此紧闭城门，固守不战。朱全忠每天派人在夜里击鼓鸣角，骂城上的人是"劫天子的贼"，城上的人就回骂城下的人是"夺天子的贼"。

这年冬天，天降大雪，凤翔城中的食物吃完了，冻饿而死的人不计其数，有的躺下还没有死，就已经被人割肉离骨。市中卖人肉，一斤值一百钱，狗肉一斤值五百钱。到最后，昭宗甚至需要卖掉自己和小皇子的衣服，来换取食物。

然而，以物易物的日子也很快维持不下去了。这天，昭宗把李茂贞、李继诲、李彦弼等人叫到一起，对他们说："十六宅诸王以下，每天冻死饿死的有好几个人；诸王及公主、妃嫔，一天喝粥，一天吃汤饼，现在也吃完了。接下来你们打算怎么办呢？"李茂贞等人都不回答。昭宗说："应当赶快与朱全忠和解！"

李茂贞也明白，和解是唯一的办法，便写信给朱全忠说："一切祸乱，都源于韩全诲。我把陛下迎接到凤翔，是为了防备别的盗贼。您既然立志匡复国家，就请您迎接皇上回宫，我愿带领破甲残兵，为您效力。"

朱全忠也见好就收，客气地回复道："我发兵到这里，只为迎接皇上回京，您能够协力合作，就太好了！"

天复三年（公元903年）正月的一天，李茂贞单独觐见昭宗，请求杀死韩全诲等人，与朱全忠和好，护送昭宗回长安。昭宗松了一口气，下令拘捕韩全诲等人，将他们斩首，之后又将李继筠、李继诲、李彦弼几个人杀死。

第二天，昭宗派人把韩全诲等人的首级，送到朱全忠的军营，并说："挟持朕到凤翔来的都是这些人，朕已经把他们杀死了。"

不久，在朱全忠的护送下，昭宗回到了长安。崔胤马上联合朱全忠上奏说："大唐之初，宦官并不干预朝政。天宝以来，宦官开始掌握兵权，他们勾结藩镇，败坏朝政，危害国家。如果不铲除祸患的根源，祸患就永远不能停止。"昭宗听从了他们的建议，下诏处死所有宦官。当天，朱全忠带兵把几百名宦官驱赶到一起，全部杀死。一时间，呼冤喊屈、号啕大哭之声，响彻宫廷内外。

困惑中晚唐的宦官问题终于被朱全忠解决了。为了嘉奖他的功劳，朝廷赐他"回天再造竭忠守正功臣"的名号，进封爵位为梁王。收获满满的朱全忠辞别昭宗，带兵返回汴州。出发前，他留下了一万人充实神策军，并交由部将朱友伦、蒋玄晖等人指挥。从此，京城各处充斥着朱全忠的党羽。

成语学习 ①

挟 天 子 令 诸 侯

挟制着皇帝，用其名义号令诸侯。比喻借用名义按自己的意思去指挥别人。

造　句：	挟天子令诸侯的故事，最著名的要数东汉末年曹操挟持汉献帝，征伐四方。
近义词：	挟主行令

---

① 这个故事的原文里还有成语"肘腋之患"（指身边的祸患）、"回天再造"（扭转乾坤，再造国家。形容忠心保国，功高盖世）。

〖 恸哭流涕 〗

《资治通鉴·唐纪八十一》

　　朱全忠闻朱友恭等弑昭宗，阳惊，号哭自投于地，曰："奴辈负我，令我受恶名于万代！"癸巳，至东都，伏梓宫恸哭流涕，又见帝自陈非己志，请讨贼。

译文

　　朱全忠听到朱友恭等杀死昭宗的消息，假装震惊，放声大哭，自己扑倒在地上，说："奴才们害死我了，让我千秋万代蒙受恶名！"癸巳（初三），朱全忠到达东都洛阳，伏在昭宗的灵柩上哭得眼泪哗哗直流；又进见昭宣帝，说杀死昭宗不是自己的心意，请求讨伐乱臣贼子。

大唐终结者

宰相崔胤借朱全忠的手杀掉宦官后，开始独揽朝政，昭宗的一举一动，相关人员都要向他禀报。朝廷的刑罚、赏赐都取决于他的爱憎，大臣们见到他大气都不敢出。

李克用得知，慨然叹息："崔胤仗着朱全忠撑腰，大权独揽。殊不知权力过重就结怨多，势均力敌则生事端，恐怕国破家亡，近在眼前了！"

此前，朱全忠已经攻下河北、河中等地，还几次打得李克用想弃城北逃，后来又把李茂贞收拾得服服帖帖，可谓声震天下。实力一强，野心就大，朱全忠在离开长安的那一刻起，就有了篡夺帝位之心。

崔胤察觉后，开始戒备朱全忠，不过表面上还装出很亲热的样子，对他说："经过多次兵乱，现在禁军名存实亡，京城的守备力量单薄。我建议招募新兵，扩充禁军，这样您在外就不用担心李茂贞之流威胁皇上的安全了。"

朱全忠也知道崔胤醉翁之意不在酒，但他不好立刻翻脸，就勉强同意了，暗地里让自己的部下前去应募，刺探崔胤的一举一动。崔胤完全被蒙在鼓里，他日夜不停地督促新兵操练，整治兵器。

没过多久，朱全忠留在京城的部将朱友伦突然坠马摔死了，朱全忠怀疑是崔胤搞的鬼，便想除掉他，再劫持昭宗迁都洛阳。

天祐元年（公元 904 年）正月，朱全忠向昭宗上了份密奏，揭发崔胤及其党羽专权乱国、离间君臣，请求将他们全部处死。昭宗不忍，只是将崔胤等人贬官，并解散了刚招募的士卒。朱全忠不甘心，派人包围了崔胤的住宅，将崔胤及其亲信全部杀死。

之前朱全忠与李茂贞对峙时，击败他的义子杨崇本，扣押了杨崇本的妻子，还强迫她顺从自己，后来又把她还给杨崇本。杨崇本引以为耻，这会儿便与李茂贞联合出兵，再次侵逼京畿。

朱全忠闻报后大喜，心想："我正找不到理由让皇上迁都洛阳，现在好了，自个儿送上门来了。"他立即上奏说京畿不安全，请昭宗迁都洛阳。

此时的昭宗已经成了任朱全忠摆布的木偶，只能下诏迁都。百姓都不愿离开故土，一路上哭声震天，大骂崔胤："都是这个贼子把瘟神朱全忠召来的，不然我们怎么会颠沛流离到这种地步啊？"

为了杜绝昭宗以后返回长安，朱全忠一边派人把长安的宫室、官署及民房全部拆毁，使得长安成为废墟，一边征发河南、河北各镇的民夫工匠，建造东都宫室，并命令归附他的藩镇运送钱物到洛阳帮助修建。

当昭宗的车驾到达华州时，百姓夹道高呼"万岁"，昭宗哭着对他们说："不要呼'万岁'，朕不再是你们的君主了！"这天晚上，昭宗又对身边的侍臣说："朕如今东奔西走，行止无定，不知道究竟会流落到哪里。"说完泪湿衣襟。左右的人也很伤感，都跟着哭了起来。

十天后，昭宗一行到达陕州，因为洛阳的宫室还没有建成，就在陕州停留暂住。朱全忠前去朝见，昭宗请他进寝室见何皇后。何皇后哭着对朱全忠说："从今以后，我们夫妇的身家性命就托付给全忠了！"

话虽如此，昭宗还是不甘心任朱全忠摆布，他悄悄派密使拿着他的亲笔信，向西川节度使王建通报危难。王建也想趁乱捞取好处，立刻派兵前去迎接昭宗，刚到半路就被朱全忠的汴州军队击退。

昭宗又分别给淮南节度使杨行密、河东节度使李克用送去告急书信，让他们纠集各镇军队，匡复社稷，并说："朕到了洛阳，就会被朱全忠幽禁起来，所有诏令都出自他的手，而不是朕的意思了！"

两个月后，朱全忠奏报说洛阳宫室已经建成，请昭宗车驾早日出发。当时何皇后刚刚生完孩子，不宜上路，昭宗便派人告诉朱全忠，希望过几个月再动身。

朱全忠怀疑昭宗故意拖延时间，接连不断地上表章，一再催促，并派人前往陕州，逼迫昭宗动身。昭宗无奈，只好继续东行。

崔胤被杀之后，禁军全都逃散，此时昭宗身边的都是一些陪他游玩的小儿，大概有两百人。对于这些人，朱全忠也不放心，派人把他们全部勒死，然后换上两百名身材和他们差不多的人，穿着他们的衣服，跟随在昭宗身边。昭宗一开始没有注意，过了几天才察觉。

一到洛阳，昭宗就在朱全忠的威逼下，任命朱全忠的亲信负责宫中的警卫。至此，昭宗的身家性命就完全掌控在朱全忠的手中了。

凤翔的李茂贞自然不甘心昭宗被朱全忠劫持，他联合河东的李克用、西川的王建、淮南的杨行密等藩镇势力，以兴复唐室为名，倡议天下共同讨伐朱全忠。

朱全忠想着自己要称帝，这些藩镇迟早会跳出来阻挠，索性现在举兵讨伐他们，但他又担心昭宗会趁自己出兵在外，有所举动，便决定杀死昭宗，另立幼君，再逼其禅让。主意打定，他让心腹李振、蒋玄晖、朱友恭、氏叔琮等人谋划此事。

这天，昭宗正在何皇后的宫中，蒋玄晖等带着一百人，在夜里敲击宫门，说有急事奏报，要面见昭宗。昭宗的妃子、河东夫人裴贞一前去开门，她见到蒋玄晖身后的士兵，便质问道："你们带士兵来做什么？"她话音刚落，就被蒋玄晖身边的牙将史太杀了。

蒋玄晖等人冲了进去，喝问："陛下在哪里？"昭仪李渐荣大叫："宁可杀了我们，不要伤害陛下！"

昭宗喝醉酒刚刚躺下，听到动静，知道不好，急忙起身想逃。史太追上去，挺剑就刺，被昭宗躲过。史太再次挥剑，李渐荣扑过去，挡住了昭宗，这一剑便刺在了她的身上。趁昭宗惊愕之际，史

太复起一剑，正中他的心窝。昭宗捂着胸口，无力地看了何皇后一眼，缓缓倒地而死。何皇后吓得脸色惨白，跪在蒋玄晖面前，苦苦哀求饶命。蒋玄晖想了想，命人把她拖走。

第二天，蒋玄晖假造皇后令，立辉王李祚为太子，改名李柷（zhù），代理军国政事。三天后，李柷在昭宗灵柩前即位，他就是大唐最后一位皇帝——昭宣帝。

朱全忠听到昭宗被杀的消息，先是假装震惊，接着放声大哭，扑倒在地上，说："奴才们害死我了，让我背负弑君的恶名！"然后赶到洛阳，伏在昭宗的灵柩上恸哭流涕，又觐见昭宣帝，说杀死昭宗不是自己的心意，请求讨伐朱友恭等乱臣贼子。朱友恭几个人便当了替罪羊。临死前，朱友恭大骂朱全忠："骗得了天下人，却骗不了鬼神，朱全忠你会断子绝孙的！"

为了斩草除根，朱全忠把昭宗的九个儿子请去喝酒，等他们喝醉后，命人将他们全部勒死，再抛尸池中。

接着，朱全忠开始谋划铲除朝廷中难以制服的人。他的心腹李振屡次参加进士考试都没中，所以很忌妒科举出身的官员，便建议道："宰相裴枢等人会是大王图谋大事的最大阻碍，不如把他们全部除去。这些人自命不凡，说自己是什么清流，何不把他们投入黄河，让他们永远成为浊流？"

朱全忠知道李振的心思，笑着依从了，把宰相裴枢等三十多位大臣召集到滑州白马驿，一个晚上把他们全部杀死，将尸体抛入黄河。这就是历史上著名的"白马驿之祸"。

天祐二年（公元905年）年底，朱全忠见差不多扫清道路了，便想快点儿做皇帝，他密令蒋玄晖等人谋划，让昭宣帝禅位。蒋玄晖等人建议先封大国，再加九锡之礼，然后接受禅让，按照这个次序进行。急于称帝的朱全忠嫌太慢，骂道："如果我不受九锡之礼，难道就不能做天子了吗?"

蒋玄晖赶忙解释说:"大唐气数已尽,天命归属大王您,无论愚笨还是聪明的人都知道。然而现在我们的敌人还有河东的李克用、凤翔的李茂贞、淮南的杨行密、西川的王建,如果大王突然接受帝位,恐怕他们心里不服,所以我才想循序渐进。"

朱全忠勃然大怒,斥骂蒋玄晖:"大胆奴才,果然想造反!"

蒋玄晖又惊又惧,立即返回洛阳,向昭宣帝奏请封大国和行九锡之礼同时进行。尽管如此,朱全忠还是嫌他们太慢,辞让不接受。

昭宣帝很恐惧,接连派人捧着亲笔诏书到朱全忠那儿宣旨,传达直接禅让帝位的意思。朱全忠余怒未消,还是拒绝接受。之后他又三次上表,辞让关于进封魏王、加九锡之礼的诏命。昭宣帝信以为真,竟然允准了朱全忠的辞让。然而朱全忠嘴上拒绝,实际上已经命人把自己的府舍改造为宫殿了。

如此假模假样地推辞几次后,公元907年,朱全忠身披衮袍,头戴冠冕,登上皇帝的宝座,改国号为大梁①,将汴州改名为开封,即东都,而原来的东都洛阳成了西都。昭宣帝被朱全忠奉为济阴王,第二年就被杀害。享国二百八十九年的大唐帝国就此灭亡,历史的车轮滚滚驶入混乱、黑暗的五代十国②时期。

① 为区别南北朝时期的梁朝,历史上称朱全忠的"大梁"为"后梁"。
② 包括中原地区的五个政权,即后梁、后唐、后晋、后汉和后周,以及中原之外的十个割据政权,即前蜀、后蜀、南吴、南唐、吴越、闽国、南楚、南汉、荆南、北汉。

成语学习①

恸 哭 流 涕

恸，哀痛；涕，眼泪。形容极其悲痛伤心。

造　句：	想起年轻时犯下的错，他恸哭流涕，后悔没有早点儿醒悟。
同义词：	涕泗滂沱
反义词：	兴高采烈

---

① 这个故事的原文里还有成语"重足一迹"（叠足而立，不敢迈步。形容非常恐惧）、"自投于地"（自己一下子扑伏在地上）。

【 自相鱼肉 】

《资治通鉴·后梁纪一》

晋王以克宁之谋告，且曰："至亲不可自相鱼肉，吾苟避位，则乱不作矣。"承业曰："克宁欲投大王母子于虎口，不除之岂有全理！"

译 文

晋王李存勖把李克宁的图谋告诉张承业，并且说："至亲不可以内部自相残杀，我如果让位，祸乱就不会发生了。"张承业说："李克宁想把大王母子投入虎口，不除掉他岂有安全的道理！"

风云帐下奇儿在 [1]

朱全忠称帝建立后梁的第二年，他的老对手河东节度使、晋王李克用死了，死于毒疮发作。

事情要从一年前说起。当时，蜀王王建与弘农王杨渥 [2] 向诸道发送檄文，欲联合岐王李茂贞、晋王李克用兴复唐室，各道都没有响应。王建也不想管了，就在成都建立了大蜀国 [3]，设置文武百官。李茂贞也有样学样，不过由于他的地盘狭小，兵力不强，不敢自称皇帝，但也设置了文武百官，仪仗规格上都模仿皇帝。

王建称帝前还给李克用写了一封信，上面说："干脆你也称帝得了，等到将来平定了朱全忠，就寻访唐朝宗室的人立他为皇帝，我们再恢复藩镇的身份。"

李克用读了信，呵呵一笑，学着当年曹操的口吻，抖着信对左右说："这个王建，是想把我放在火上烤啊！"的确，河东紧邻后梁的地盘，本就承担极大的军事压力，一旦李克用称帝，那朱全忠肯定会倾全国之力来对付河东。所以，李克用回复王建说："我发誓这辈子都做大唐的臣子。"

李克用的话，王建自然不相信，但是朱全忠的部将、昭义节度使丁会相信了，还主动向李克用投降，并说："虽然朱全忠对我有提

---

[1] 出自清朝严遂成的《三垂冈》："英雄立马起沙陀，奈此朱梁跋扈何。只手难扶唐社稷，连城犹拥晋山河。风云帐下奇儿在，鼓角灯前老泪多。萧瑟三垂冈下路，至今人唱《百年歌》。"
[2] 此时淮南节度使杨行密已经病逝，其子杨渥继承他的官爵。
[3] 史称前蜀，五代十国时期十国之一，定都成都。

拔之恩，但是他的所作所为实在人神共愤，所以我率全州投奔您。"

李克用大喜，因为昭义的治所——潞州地处晋梁交界，是战略要地，占有了它，就可以抵挡后梁的入侵。过去二十几年来，李克用与朱全忠反反复复争夺潞州。所以，潞州失守的消息传来，朱全忠立刻命悍将康怀贞率八万兵马，会同魏博军队前来夺城。

当时，李克用的养子李嗣昭奉命镇守潞州，他见后梁军势强盛，便闭城拒守。由于潞州城防设施异常坚固，后梁军日夜攻打了半个月，还没有攻下，就在城外挖壕沟、筑营垒，想困死城内的晋军。

李克用担心时间长了，潞州城内熬不住，便兵分两路救援，一路由大将周德威带领，直奔潞州，一路则攻打潞州南面的泽州，以切断后梁军的退路及其粮草运输通道。

后梁开平二年（公元 908 年），就在潞州战事处于胶着状态时，李克用突然头上生毒疮，且病情危重，他知道自己来日无多，便把他的弟弟、振武节度使李克宁，监军张承业①，养子李存璋等人叫到病床前，指着长子李存勖对他们说："亚子②志向远大，必能成就我的事业，你们好好辅佐他！"

李存勖自幼擅长骑射，胆略过人，且精通音律，爱读《春秋》，可谓文武双全。在他十一岁那年，李克用曾派他拜见唐昭宗。昭宗一见李存勖的相貌，就称奇不已，抚摸着他的头说："你是国家的栋梁之材，将来要对天子我家尽忠效力。"此后十几年，李存勖跟着李克用南征北战，深受李克用宠爱。

一阵急促的喘气过后，李克用又对李存勖说："李嗣昭被困潞州，我是见不到他了。等到丧事办完，你和周德威等人要竭尽全力

---

① 张承业自幼净身入官，因为多次出使渭北，成为李克用的监军，两人结下深厚的情谊。后来，宰相崔胤坚持杀悍掉所有宦官，昭宗就下令各藩镇就地诛杀宦官监军。李克用不忍心，便悄悄把张承业藏起来，另外斩了一个囚犯来应付诏令。昭宗被杀后，李克用才再次起用张承业为监军。
② 李存勖的小名。

救他！"说完就闭上了眼。

当时李存勖才二十出头，在军中并没有建立威信，而他的叔父李克宁长期把控军权，加上潞州之危并没有解除，军中人心惶惶，都认为李存勖不堪重任。有几个老将就跑去找李克宁，希望他能出来主持军政。

李存勖很害怕，对李克宁说："叔父在军中一言九鼎，晋王之位应当由您接任。"

李克宁想都没想就拒绝了："你是嫡长子，况且有先王的遗命，谁敢违抗！"将领们听了，这才准备谒见李存勖。

李存勖却不肯见众人，而是在内屋哭泣。张承业急了，快步走到他跟前，说："这是哭的时候吗？大孝在于不失去基业！"他边说边扶着李存勖出来接受李克宁和诸将的拜贺。

就这样，李存勖正式继任河东节度使、晋王，他把军府事务全部委托给李克宁。然而，李克用养子甚多，大多战功赫赫，他们对李存勖继位多有不服，有的称病不出，有的见了李存勖也不叩拜，有个叫李存颢的尤其郁闷，暗中劝李克宁："哥哥死了，弟弟继位，自古就有这样的。您是叔叔，却要向侄子行叩拜大礼，没这个道理！上天给您的东西，您若不拿，后悔就来不及了！"

李克宁一开始很反感，骂道："我家世代以父慈子孝闻名天下，先王的基业如今有了归属，我怎么能有别的想法呢？你再敢胡说，我就杀了你！"

李存颢不死心，就派自己的妻子去劝李克宁的妻子孟氏。孟氏是个强横的女人，一直有做晋王妃的野心，就不停地向李克宁吹枕边风。渐渐地，李克宁也动心了，就和李存颢等人谋划，打算趁晋王李存勖一行到李克宁家中探望的时候，杀死张承业、李存璋等人，拥立李克宁为节度使，率领河东所属九州归附后梁。当然，李存勖及太夫人曹氏也要一起送往后梁。

定下计划后，李克宁悄悄找来晋王府的一个名叫史敬镕的老臣，想从他口中知道更多王府里的秘密。不料，史敬镕长期受到李存勖父子的厚待，对他们忠心耿耿，他假装配合李克宁，私下却报告了李存勖。

李存勖大惊，紧急召见张承业，把李克宁等人的阴谋告诉了他，并说："我不愿意亲人自相鱼肉，愿意把晋王位让出来，避免此次灾祸。"

张承业想辅佐李存勖干出一番事业来，此时当然不愿意李存勖拱手让出晋王位，便坚决反对说："李克宁恶毒至极，竟然想把大王母子投入虎口，这种人如果不除掉，日后恐怕不会安宁！"于是请李存璋等人来商定应对之策。

这天，李存勖在王府设宴款待诸将，李克宁、李存颢并不知道自己的阴谋已经泄露，毫无戒心地前去赴宴，结果被李存勖设下的伏兵逮捕。李存勖流着泪，数落李克宁："侄儿以前想把王位让给叔父，叔父不接受，为什么现在又图谋不轨，还要把我们母子送给仇人？"

李克宁叹了口气，说道："事已至此，我也无话可说！"当天，他和李存颢就被诛杀。

初步稳固了自己的地位后，李存勖决定解救深陷潞州之围的李嗣昭。他对诸将说："潞州所在的上党地区是河东的屏障，失去上党，就会失去河东。朱全忠知道我继位了，一定认为小孩不懂军事，从而产生骄傲懈怠的心理。我打算派精锐部队赶赴潞州，给梁军来个出其不意。"诸将都赞同。

为了鼓舞士气，李存勖决定亲征，他率领晋军精锐将士日夜兼程，五日后就抵达潞州外围地区。一番休整后，李存勖带着军队悄悄前进到三垂冈①。李存勖停下马来，极目远眺，见数个土石山冈相连而成，一字排开，绵延十余里，如一道险峻的天然屏障，不由得感慨道："这是先王置酒的地方啊！"

那一年，李克用率军路过三垂冈，停下来休息时，听到伶人唱《百年歌》②。唱到人生衰老部分时，声音婉转而凄苦。听着听着，李克用想到自己长期被朱全忠压制，不由得凄然落泪，身边的将领们都陪着叹息。当时年仅五岁的李存勖也坐在旁边，一脸天真地看着父亲。李克用毕竟是一代枭雄，他很快就平复下来，捋了捋胡须，指着李存勖，对众人笑道："我老啦，这是我家的奇儿啊，二十年后，他一定能成为朱三的劲敌！"

二十年弹指一挥间，三垂冈早已物是人非。不过，李存勖很快就调整好自己的情绪，要求全军隐蔽集结，准备战斗。

次日凌晨，天降大雾，李存勖命令大将周德威、义兄李嗣源③兵分两路，从西北、东北两个方向，对毫无防备的后梁军发动突袭。还沉浸在梦乡中的后梁士兵，被震天的喊杀声吓醒，在晋军两翼夹击下落荒而逃，丢弃的物资、粮草、器械堆积如山。后梁军副帅康怀贞丢下无数死伤将士，仅率领一百多人逃回了后梁。

看着逃回来的残兵败将，朱全忠长叹道："生儿子就该生像李亚子这样的，李克用后继有人了，不像朕，生了一群猪狗！"

三垂冈之战可以说是李存勖的成名作，他凭借这一战打出了自己的威名，也为父亲李克用出了一口恶气。如果李克用泉下有知，一定会为自家的"奇儿"倍感欣慰。

李存勖估计短时间内朱全忠不会来犯，就利用这难得的一段时间，对军政来了一番大刀阔斧的改革，他命令各州县举荐有才德的

---

① 在今山西潞城西。
② 西晋诗人陆机的组诗，共十段，每十年为一段，讲述人生从幼年到老年的悲欢。
③ 本名邈佶烈。十三岁便在沙陀军中效力，后被李克用收为养子，赐名李嗣源。

人，对贪婪残暴的官吏该杀的杀、该罢免的罢免，并减轻百姓的田租赋税，抚恤救助孤寡穷民，还制定了一系列严格的军规，包括各军部署完毕后必须相互配合，约定会合的时间不得相差片刻，违反者定斩不赦。河东的军政局面因此焕然一新。

成语学习 ①

自 相 鱼 肉

　　鱼肉，当作鱼肉一般任意宰割。比喻内部自相残杀。

造　句：	世间最残忍的事情莫过于亲人
	之间自相鱼肉。
近义词：	同室操戈、自相残杀
反义词：	生死与共、同甘共苦

---

① 这个故事的原文里还有成语"疲于奔命"（指忙于奔走应付，弄得非常疲乏）、"人情汹汹"（形容人心动荡不安）。

【 开门揖盗 】

《资治通鉴·后梁纪二》

公立出门指城而泣曰："朱氏灭唐社稷，三尺童子知其为人。而我王犹恃姻好，以长者期之，此所谓开门揖盗者也，惜乎，此城之人今为虏矣！"

译 文

石公立出了城门，指着城哭着说："朱氏灭了大唐社稷，三尺高的小孩子都知道他的为人。可是我们赵王还仗恃联姻通好，以长者之心待他，这就是所谓的打开门请强盗进来啊。可惜，这城内的人现在要成为俘虏了！"

德威大显神威

河东地区日益强大，不仅对后梁的朱全忠是巨大的威胁，对成德节度使王镕也是严峻的考验。过去这些年，王镕在梁、晋两大阵营中摇摆不定，他曾经短暂加入李克用阵营，与朱全忠抗衡。后来李克用兵势衰弱，王镕又倒向朱全忠。朱全忠称帝后，封王镕为赵王，还与他结为儿女亲家。王镕为表忠心，经常殷勤地向后梁进献物品。

后梁开平四年（公元910年）八月，王镕的母亲去世，朱全忠的使者奉命前去吊唁，意外地看见晋王李存勖派去的人。回到洛阳后，使者就向朱全忠报告："王镕暗中与李存勖来往，要背叛我们大梁。"

朱全忠也怀疑王镕有二心，就想调换镇州与定州①两处的节度使。恰好幽州节度使刘守光准备侵犯定州，朱全忠就派部将杜廷隐率三千魏博兵驻扎在深州、冀州，还对王镕说："听说燕兵南犯，朕发兵前来帮助你，你赶紧让这两州的官员准备粮草。"

深州守将石公立觉得苗头不对，极力劝阻王镕："朱全忠不安好心，大王千万不要让梁兵入驻。"可王镕不想得罪朱全忠，命人打开深州城门让魏博军进入，还对石公立说："你性子直，别激怒梁人，还是先到城外避一避。"

---

① 治所在今河北定州市。

石公立走出城门，流着眼泪说："朱氏灭亡大唐社稷，三尺童子都知道他的为人。可是我们大王却仗恃联姻通好，以长者之心对待他，这就是所谓的开门揖盗啊。可惜啊，这满城的人马上就要成为俘虏了！"

几天后，有个从后梁逃出来的人，把朱全忠移调镇、定节度使的图谋告诉了王镕。王镕害怕极了，又不敢先与后梁断绝关系，只好派使者对朱全忠说："现在燕兵已经撤退了，深州、冀州的百姓看到魏博兵进城，都惊慌逃窜。乞求皇上召回魏博的兵马。"朱全忠只是安抚了他几句，并不撤兵。

没过多久，杜廷隐就下令关闭城门，把王镕的戍防兵士全部杀死。王镕这才命令石公立率军反击，却遭到失败，只好向晋王李存勖求援。

这时，义武①节度使王处直担心自己成为朱全忠的下一个目标，也派人前往太原，想要共同推举晋王李存勖为盟主，三家联合抵抗后梁。

李存勖召集手下将领们商议此事。众将都认为不能贸然出兵，还说："王镕长期和朱全忠交好，向他称臣，每年给他进献大量财物，还结为儿女亲家，如今突然翻脸，一定有诈。"

李存勖却力排众议，说："他也是出于利益的考虑才这么做的。王氏在唐朝时就一会儿归顺朝廷，一会儿叛变，又怎么可能一直甘心做朱全忠的臣子呢？朱全忠之所以才派三千人马前去攻打王镕，就是认定我不会去救。我们急速发兵，给梁军来个措手不及。"于是派老将周德威前去援救。

周德威很快抵达赵州，扎下营寨。朱全忠虽然大感意外，还是

---

① 唐朝藩镇，治所在定州，领定、易、沧三州。后沧州改隶横海军节度使。

立即调兵遣将，派大将王景仁率领四万精锐部队前去攻打赵州，并咬牙切齿地说："王镕反复无常，终究会是大梁的祸患。现在朕把'龙骧''神捷'等精锐部队都交给你，攻下赵州后，马上去端掉王镕的老巢——镇州。镇州哪怕是用铁铸的，你也要给朕拿下来。"王景仁领命，率大军渡过黄河，不久便抵达赵州以南六十里的柏乡。

王镕见后梁军来势汹汹，再次向李存勖告急。李存勖见朱全忠押上精锐主力，也不敢怠慢，亲自率兵与周德威会师，然后驻扎在距离柏乡五里的野河北岸。

梁晋两军隔河相望。李存勖年轻气盛，准备主动出击，引诱后梁军渡河决战。他命周德威挑选了一些嗓门大、声音粗的胡人骑兵，逼近后梁军大营，纵马射箭，用难听的话辱骂挑战。一开始，后梁军坚守不出，可是晋军越骂越凶，后梁将领韩勍忍不住跳了出来，亲率三万步骑兵，分三路追击那些骂阵的晋兵。

后梁军装备精良，连铁甲头盔都雕刻着金银花纹，在阳光的照耀下光彩夺目。晋军见了，不免感到懊丧，周德威立刻鼓舞士气："他们号称是朱全忠的精锐部队，其实不过是一帮贩夫走卒而已，别看他们穿得光鲜亮丽，十个人都打不过你们一个。逮住一个，光是他们身上的装备就够你们发一笔横财啦！"说完拍马向后梁军直冲而去。晋军将士被这么一激，顿时勇气倍增，一千多名精锐骑兵呼啸着跟了上去，俘获了一百多名后梁兵，然后才边战边退。后梁军追到野河，怕晋军来个半济而击，就撤回大营。

经过前期的交锋，周德威敏锐地意识到，敌众我寡，想速战速绝不可能，必须改变战略，于是对李存勖说："梁军主力全在这里，气势很盛，我们最好按兵不动，等他们的士气消耗得差不多了，我们再出击。"

李存勖皱着眉头说道："我们孤军远来，救人危急，怎么能按兵不动？再说三镇的军队是临时凑到一块的，最好速战速决。"

周德威坚持说："成德、义武的军队，擅长守城，我们的优点则是骑兵作战，而骑兵适合在旷野战斗，但现在我们离敌人太近，战马没有驰骋的空间。另外，敌众我寡，我们不能让敌人知道我们的兵力，距离太近，就容易暴露。"

李存勖很不高兴，回到营帐，躺在床上不起来。周德威无奈，只好对监军张承业说："大王想速战速决，实在是太轻敌了。现在我们离敌人只有咫尺之遥，两军不过一水之隔，敌人如果造桥过河，从两翼夹击我军，我军立刻就会被消灭。我们不如退兵到三十里处的高邑，诱使敌人离开营地，这样做有两个好处：第一，不让敌人知道我们的实力，他们出来我们就回营，他们回营我们就出来，不断地消耗他们；第二，拉长他们的补给线，时不时派轻骑兵抄夺他们的粮饷。这样，用不了一个月，就能打败敌人。"

张承业觉得有道理，转身进入营帐，拍着李存勖的肩膀，说："现在难道是睡安稳觉的时候吗？周德威是经验丰富的老将，知道怎么用兵，大王你要重视他的意见！"

"我正在思考他的建议！"李存勖一骨碌从床上翻身起来。正在这时，有个前来投降的梁兵带来新的情报，说王景仁正在造浮桥，准备渡河偷袭晋军。李存勖听了，不由得佩服周德威，当即下令全军退到高邑扎营。

这天，周德威像往常一样率领三千精锐骑兵，来到后梁军营前叫骂，什么难听骂什么。连一向稳重谨慎的后梁军主帅王景仁也听得受不了，他亲自率领全体部众，分东西两线出营追击晋军。双方激战了两个时辰，还没有决出胜负。

一直在观察战场局势的李存勖急了，穿好盔甲，提枪上马，对周德威说："我们的兴亡，就在此一举。我率领一支人马冲上去，您随后跟上。"说完两腿一夹胯下的战马就要往前冲，却被周德威一把拉住了缰绳。

周德威对李存勖说："梁兵离开营地三十多里，即使带着干粮，也没有时间吃，日落以后，他们又累又饿，身心俱疲，就会想跑。到那时，我们以逸待劳，再用精锐骑兵追击他们，一定能打得他们哭爹喊娘。现在还不是时候啊！"好胜心切的李存勖这才作罢。

果然，到太阳下山的时候，后梁将士还没有吃东西，肚子饿得咕咕叫，完全没了斗志。王景仁见一时无法取胜，便收拢东线作战的士兵，慢慢往营地退去。

就在这时，周德威就像一位耐心等待猎物落网的猎人，突然大声喊叫："梁兵跑啦！梁兵跑啦！"晋军将士一听，顿时精神大振，呐喊着争相杀向后梁军。

而此时，西线上的后梁军并不知道东线的溃败，还在厮杀着，晋将李嗣源得到消息后，也在阵前大声鼓噪，对梁兵喊道："东线兵已经跑了，你们还要继续打吗？"东线溃散的消息一下子就如同瘟疫一般在西线阵地上传播开来，后梁兵吓得四散逃命。

北岸的晋将李存璋见到战局发生变化，也率领步兵冲入战场，追击逃散的梁兵，并大声宣扬："梁人也是我们大唐的子民，是我们的父兄子弟，只是运送军粮的不杀。"听到这些话，溃散的后梁兵纷纷脱下铠甲，扔掉兵器。

痛恨后梁军的成德士兵顾不上捡地上的器械，继续挥舞着手中的兵器，追杀溃逃的后梁兵。后梁的精锐——龙骧军、神捷军几乎被全歼，从野河战场到柏乡数十里的地方横七竖八躺满了后梁兵的尸体。王景仁等人仅率领几十名骑兵逃走，丢下的粮食、物资、器械不可计数，都成了三镇联军的战利品。

柏乡之战最终以晋军为首的三镇联军取得辉煌大胜结束，沉重打击了朱全忠的后梁王朝，使得梁强晋弱的局面发生了根本性逆转，进入晋攻梁守的格局，战场主动权由此转移到了晋王李存勖的手中。此外，成德、义武两大藩镇也在此战之后归附河东，李存勖还把女儿嫁给了王镕的儿子，两家结成了姻亲，使得河东势力延伸到河北中部，为晋军北上与幽州节度使刘守光争夺幽、沧二州创造了有利态势。

成 语 学 习 ①

开 门 揖 盗

揖，拱手作礼。开门请强盗进来。比喻引进坏人，招来祸患。

造　句：	孙策死时，孙权悲痛万分，日夜哭泣。张昭就对他说："现在局势这么乱，争权夺利的人正蠢蠢欲动，你若只顾伤心而不理政事，这跟开门揖盗没什么两样！"
近义词：	引狼入室
反义词：	敬而远之

---

① 这个故事的原文里还有成语"三尺童子"（三尺高的小孩子）。

〖 言听计从 〗

《资治通鉴·后梁纪三》

先是，守光爱将李小喜多赞成守光之恶，言听计从，权倾境内。至是，守光将出降，小喜止之。是夕，小喜逾城诣晋军，且言城中力竭。

译 文

在这以前，刘守光的爱将李小喜多佐助促成刘守光的恶行，无论李小喜说什么，刘守光都听从。李小喜的权势倾动境内。到这个时候，刘守光将要出城投降，李小喜止住了他。这天晚上，李小喜越过城墙，前往晋军投降，并且说幽州城内已经力量用尽。

开国即灭国

朱全忠派兵攻打王镕时，王镕除了向晋王李存勖求救，也派了使者到幽州，请求幽州节度使刘守光支援。

刘守光是幽州节度使刘仁恭的儿子。当年，刘仁恭和李克用闹翻后，马上向朱全忠示好。一开始，朱全忠对刘仁恭十分热情，可是随着后梁势力进一步扩张，他渐渐有了吞并幽州的心思，便在称帝前一年大举进攻幽州。生死存亡之际，刘仁恭不得不向李克用求救。李克用本着唇亡齿寒的道理，摒弃前嫌，发兵击退了朱全忠的军队。

战后，刘仁恭不仅没有反省，还因自己在乱世中称雄一方而骄傲。他奢求无度，敛财成性，把幽州境内全部的钱埋藏在山顶上，然后用黏土制钱，发给老百姓使用。他还不让江南茶商进入境内，而是自己安排人到山中采茶售卖。老百姓都怨声载道。

刘仁恭又爱大兴土木，宫殿装修得富丽堂皇，还选了很多美女住在里面。其中有一个姓罗的美人，身材曼妙，貌若西施，深得刘仁恭宠爱。没想到时间长了，罗氏竟然嫌刘仁恭年老，跟他的儿子刘守光私通。刘仁恭怒不可遏，把刘守光狠狠揍了一顿，赶出了家门。

哪知这个刘守光也是个狠角色，竟然发动兵变，把刘仁恭囚禁了起来，占领了幽州，自称留后。之后，他向朱全忠称臣。朱全忠白捡了幽州，真是心花怒放，就任命刘守光为幽州节度使。

刘仁恭的长子刘守文得知父亲被囚，便从沧州①发兵讨伐刘守光，不料兵败被杀，沧州因此也落入了刘守光的手中。为了笼络势力大增的刘守光，朱全忠让刘守光兼任义昌节度使，并封他为燕王。

接连得到父兄的地盘，刘守光并不满足，又瞄上了王镕等人的地盘。因此，当王镕的使者来求援时，刘守光不仅不出兵，还幸灾乐祸地想："你们尽管打，打得越激烈越好，我坐收渔翁之利，把你们都兼并了。"

不久，传来后梁军在柏乡惨败，成德和义武两镇都归附了河东的消息，刘守光的肠子都悔青了，他既恼怒又忌妒，就派人去对成德节度使王镕、义武节度使王处直说："听说你们和晋王李存勖计划三镇合兵，南下抗梁，我也有三万精锐骑兵，想加入你们的联盟。不过，四镇军队联合，一定要有盟主，你们打算怎么安置我呀？"

王镕十分担忧，就把他的话报告给了李存勖。李存勖听了，笑得弯下了腰："当初王镕求援，刘守光坐山观虎斗，现在见我们成功了，竟然也想分一杯羹，跑来说他要当盟主，蠢货啊，真是蠢货！"

将领们也笑得前俯后仰："刘守光的确愚蠢透顶。不过，我们的云州、代州挨着他的地盘，燕军如果侵犯我们的边境，我们在远隔千里的晋阳，恐怕来不及救援，而且我们也要提防他趁我们南下讨伐朱全忠时搞背后袭击。不如先灭了他，再一心一意对付朱全忠。"

李存勖兴奋地大声道："说得对！"

自以为是的刘守光丝毫没有意识到危险正在悄悄逼近，反而做起了当皇帝的美梦。他穿上唐朝皇帝的赤褐色袍服，问身边的将吏们："现在天下大乱，靠武力竞争，我兵强马壮，地势险要，弄个皇帝当当，应该没问题吧？"

---

① 治所在今河北沧县东南。

有个叫孙鹤的，原本是刘守文的手下，后来投降了刘守光，这时就站出来劝道："大王，我们虽然平定了内乱，但西部有虎视眈眈的晋王李存勖，北部有不怀好意的契丹王阿保机，这个时候匆忙称帝，恐怕会招来灾祸。大王您只要尊崇读书人，体恤老百姓，加紧训练军队，施行德政，四方自然会服从。"

刘守光感到很扫兴，不过他并没有泄气，转而去打探王镕、王处直的口风，写信要求他们尊奉自己为尚父。王镕惧怕他的实力，又把这件事告诉了李存勖。

"刘守光简直是痴人说梦！我们马上发兵收拾他！"李存勖大怒。

将领们劝道："大王息怒！这个刘守光不但愚蠢，而且作恶多端，我们假装推尊他为尚父，等他恶贯满盈了，不需要我们动手，他就会自取灭亡。"

李存勖想想有道理，当即与王镕、王处直等藩镇商议，共同推尊刘守光为尚父。

刘守光以为李存勖等人都害怕自己，更加骄横了，还写信给朱全忠说："晋王、赵王等人推尊我为尚父，我不敢私下里接受，要不您再封我个河北都统？"朱全忠看出刘守光的野心，不动声色地满足了他。

不久，刘守光命人准备册封仪式。负责的官员把仪式的流程呈献上去。刘守光看后，问："怎么没有安排南郊祭天、更改年号的仪式？"

"南郊祭天、更改年号是天子才能做的，尚父虽然尊贵，也是天子的臣属，怎么能僭越呢？"那名官员战战兢兢地回答。

刘守光勃然大怒，嚷道："方圆两千里都是我的领地，我还有三十万披甲将士，就是直接做河北的天子，谁又能把我怎么样？什么狗屁尚父，我才不稀罕呢！"

"立刻准备登基大典，我要直接做皇帝！"刘守光吩咐下去，为了防止有人反对，他还在大厅里摆上刀斧、砧板，说："谁敢反对我称帝，立即斩首！"

又是孙鹤站出来说："沧州被大王攻破的时候，我本就该死，承蒙大王保全性命才活到今天，怎么敢贪生怕死而忘记您的恩情呢？我认为这个皇帝是做不得的。"

刘守光暴怒不已，把孙鹤按伏在砧板上，命令军士把他的肉剔下来吃掉。临死前，孙鹤大声呼喊："不出百日，一定有大兵来到。"

后梁乾化元年（公元 911 年）八月，刘守光登基称帝，国号大燕，改年号为应天。为了向天下证明自己有称帝的实力，他还亲自率领两万人马攻打王处直的地盘——易州、定州。

王处直打不过刘守光，向李存勖求救。李存勖当即派周德威率领三万军队前去攻打燕地。成德节度使王镕也派了一支人马援救王处直。

刘守光吓坏了，派人前往后梁求救。朱全忠当时正在生病，他虽然厌恶刘守光的所作所为，可也不愿意幽州就此落入李存勖手中，就不顾病体，亲自率领军队攻打王镕，试图来一招"围魏救赵"，迫使围攻幽州的晋军撤兵相救。

驻扎在赵州的晋将李存审见后梁军兵多将广，硬碰硬肯定无法取胜，便决定施以奇计。他带人俘虏了出来打柴割草的后梁兵，把他们的胳膊砍掉后放走，并说："回去告诉朱全忠：晋王的大军到了！"

随后，李存审和三名将领各率领三百骑兵，穿着后梁军的衣服，打着后梁军的旗帜，混进后梁军大营，左冲右突，大喊大叫。后梁军大营顿时一片混乱，不知道发生了什么事。

正在这时，被晋军砍断胳膊的后梁兵回来报告说："晋王带着大队人马到了！"朱全忠又惊又惧，当即烧毁营垒，连夜逃跑，不料迷失道路，直到天亮才回到自己的地盘。

刘守光见后梁军撤走，只好又向契丹求救。契丹认为他没有信用，不愿出手。孤立无援的刘守光面对强大的晋军，毫无招架之力——除了幽州城，其他地区全部被晋军占领。

后梁乾化三年（公元 913 年），走投无路的刘守光向晋军主帅周德威求和。周德威讥讽道："你这个大燕皇帝都还没到南郊祭天，怎么就投降了呢？我受我们大王之命，前来讨伐有罪的人，我不管什么求和。"

此时的刘守光为了活命，顾不得廉耻，再三向周德威乞求投降，并希望能面见晋王。周德威只好报告了李存勖。

李存勖也想尽快结束战争，便一个人骑着马来到幽州城下，对城楼上的刘守光说："朱全忠这个乱臣贼子，篡夺大唐社稷，我本想与你联合河北各藩镇共同讨伐他，兴复大唐，没想到你竟然学朱全忠的样当起皇帝来了。镇州的王镕、定州的王处直，没招你惹你，你却和朱全忠发兵攻打他们，所以才有今天这场战斗。说吧，你打算怎么样？"

刘守光装出可怜兮兮的样子说："今天我是砧板上的肉，全听大王您的裁决。"

李存勖心生怜悯，高声道："只要你出城投降，我保证你没事。否则，如同此箭。"说着折断了手上的弓箭。

然而，就在李存勖等着幽州城门打开之际，刘守光突然变卦了。原来，有个叫李小喜的，刘守光平时对他言听计从，正是他劝刘守光不要投降。

诡异的是，就在当天晚上，李小喜越过城墙，抢先跑到晋军大营投降，并说幽州城内已经山穷水尽，毫无抵抗能力。李存勖便命令军队从四面同时攻城，并很快攻克，擒获了刘仁恭和他的妻妾。刘守光带着妻儿逃出城，没过几天就被活捉。

李存勖把刘守光父子等人关在一起，准备处死。刘仁恭一见刘守光，气得直往他脸上吐唾沫，大骂说："逆贼，你把我家败坏到这种地步！"刘守光只是低着头，不敢回应。

临刑前，刘守光不停地哀求李存勖："我善于骑马射箭，大王要成就霸业，为什么不留下我，让我为您效劳呢？"

没等李存勖做出反应，刘守光的妻妾就已经看不下去了，鄙夷地说："事情都已经这样了，活着还不如死了好！"说完伸出脖子。而那个曾经狂妄骄横的刘守光，一直到大刀落下那一刻，都在不停地哭泣、求饶。

成语学习 ①

言 听 计 从

什么话都听从，什么主意都采纳。形容对某人十分信任。

造　句：	刘备一开始对诸葛亮言听计从，称帝后就不一样了。
近义词：	百依百顺
反义词：	疑神疑鬼

---

① 这个故事的原文里还有成语"生不如死"（活着还不如死去。指人的处境十分恶劣）。

〖 事急计生 〗

《资治通鉴·后梁纪三》

友珪妇张氏亦朝夕侍帝侧，知之，密告友珪曰："大家以传国宝付王氏怀往东都，吾属死无日矣。"夫妇相泣。左右或说之曰："事急计生，何不改图，时不可失！"

译 文

朱友珪的妻子张氏也日夜侍奉在太祖身边，知道这件事，秘密告知朱友珪说："皇上把传国宝玺交给王氏带往东都，我们的死没有几天了。"夫妇二人相对流泪。左右有人劝解他们说："急事临头，能想出办法来，何不另外设法，时机不可错过！"

朱全忠不得善终

"晋军其实没有来，这次来袭击的只是他们的流动骑兵罢了。"

那天，朱全忠被晋将李存审率领的三百骑兵吓得落荒而逃，一口气走出一百五十多里，刚停下来歇息，派出去侦察晋军动静的骑兵就回来报告说。

"什么?!"朱全忠既羞愧又愤恨，差点儿从马上跌了下来。良久，才下令回师洛阳。

经过一路的颠簸劳苦，朱全忠回到洛阳后就一病不起。他意识到自己快死了，必须尽快确立接班人，便对亲近的官员说："朕经营谋取天下三十年，想不到李克用的余孽竟然强大到这般地步！上天不让朕多活，朕死之后，朕那些儿子都不是李存勖的对手。唉，朕没有葬身之地了！"因为过于激动，他哽咽着说不出话来，甚至一度停止呼吸，过了好一会儿才苏醒过来。

朱全忠对自己的几个儿子了如指掌，所以在三垂冈战败后，才会说自己"生了一群猪狗"的话。在朱全忠的几个儿子里，长子朱友裕早死，次子朱友珪的母亲出身低贱，三子朱友贞虽然是张皇后所生的嫡子，照理应该由他继位，可朱全忠不怎么喜欢他，而养子朱友文，虽然不是亲生的，却特别招朱全忠的喜爱，除了朱友文本人多才多艺，还因为朱友文有一个貌美如花的妻子。

朱全忠的妻子张皇后为人严肃端正，朱全忠很敬畏她，不敢乱来。可是自打张皇后亡故，朱全忠好色的本性便显露无遗，他常常趁儿子们在外地，召他们的妻子入宫侍奉。朱友文的妻子王氏长得最美，朱全忠因此最宠爱她，虽然没有立朱友文为太子，但明眼人都看出朱友文将是下一位后梁皇帝。

朱友珪对此愤愤不平，他经常跟身边人说："大哥死了，我就是长子，按照顺序，应该由我继位才对，那个朱友文又不是父皇亲生的，怎么能把江山交给一个外人呢？"

有一次，朱友珪犯了错，朱全忠二话不说，拿起鞭子就抽他，没有半点儿怜惜之情。这让朱友珪既愤恨，又不安。

这天，朱友珪正在为朱全忠死后自己的处境焦虑，他的妻子张氏突然从外面跑进来，上气不接下气地对他说："不……不好了，皇上……"

朱友珪大惊，忙问："父皇已经驾崩了？"

张氏一个劲儿摇头，却说不出话来。朱友珪见她那个样子，知道一定有大事发生，急得不行："究竟发生什么事了？你不是在宫里侍奉父皇吗？怎么突然回来了？"

从张氏断断续续的讲述里，朱友珪终于知道怎么回事了。原来，朱全忠派朱友文的妻子王氏前往东都开封，召朱友文来西都洛阳，想与他诀别，并托付后事。

最后张氏哭着对朱友珪说："皇上把传国宝玺交给王氏带往东都，意思再明显不过，肯定是要把皇位传给朱友文。朱友文若做了皇帝，哪还有我们的活路啊？"朱友珪心慌意乱，不知道怎么办才好，便和妻子相对流泪。

没过多久，朱全忠就下旨，把朱友珪调出京城，担任莱州刺史，并要求他立即赴任，不得逗留。朱友珪知道父亲这是在帮朱友文登基扫清道路，自己很可能走到半路就被赐死，心中更加恐慌。

左右有人便劝解道："急事计生，你何不另外想办法，时机不可错过！"

这真是一语惊醒梦中人！为了活命，朱友珪决定对父亲朱全忠下毒手。第二天，朱友珪就去找左龙虎统军韩勍，把实情告诉了他。朱全忠晚年猜忌心重，常常把前线的失利怪罪于臣子，杀了不少功臣元老。韩勍在柏乡吃了败仗后，一直担心自己会被朱全忠秋后算账，所以痛快地答应与朱友珪一起发动兵变。

当天夜里，朱友珪和韩勍率领五百牙兵闯入皇宫，直奔朱全忠的寝殿。宫人们见了，都四散逃跑。躺在病床上的朱全忠听到动静，知道不好，忙起身喝问："是谁要谋反？"

"我！"朱友珪大声应道。

朱全忠大怒："朕早就怀疑你这贼子，只恨没有早把你杀死！"

朱友珪也怒火中烧，大喊道："快把老贼碎尸万段！"

话音刚落，朱友珪的亲信、马夫冯廷谔（è）挺刀刺向朱全忠的肚子。刀尖从背上穿出，朱全忠连哼都没来得及哼一下，就一命呜呼了。接着朱友珪用一块破毡子把朱全忠的尸体裹起来，埋在寝殿里，然后派人带着伪造的诏书火速前往东都开封，命令均王朱友贞杀死朱友文。

第二天，朱友珪伪造诏令说："博王朱友文谋反，派兵冲入殿中，想谋杀朕。幸好忠诚孝敬的郢王朱友珪及时率领军队前来，把乱兵杀死，保护了朕。然而因为这场变乱，朕受到惊吓，病情更加严重，所以令朱友珪暂时主持国家的军政事务。"

过了两天，被派去开封的人回来报告说朱友文已经死了。朱友珪这才放下心来，为朱全忠发丧，并即皇帝位。

消息传到宣义，节度使杨师厚大喜。他早就想谋取魏博，只是惧怕朱全忠的威严，不敢轻举妄动。现在朱全忠死了，他也没了顾忌，发兵把魏博抢到手。

朱友珪对杨师厚十分忌惮，准备把他骗到京城来杀掉，就下诏说："杨公啊，北边有重要军情，朕想与您当面商议。"

杨师厚将要起程时，他的心腹都劝道："此行凶多吉少啊，还是不要去。"

"朱友珪不过是个外强中干的家伙，我当然要去，看他敢拿我怎么样！"杨师厚满不在乎。隔天，他率领精锐军队渡过黄河，直奔洛阳。

"什么？杨师厚带了一万人马来？！"听到奏报，朱友珪吓得身子一颤，头上的皇冠都差点儿掉了，他赶紧扶扶正，叫人去城外探个究竟。

"启禀陛下，杨师厚把军队留在城外，只带着十几个人进城来了！"不多时，派去的人回报。

"好好好！"朱友珪这才松了一口气，下令大摆宴席，招待杨师厚一行。席间，朱友珪不断用甜蜜恭顺的话讨杨师厚欢心，还赏赐魏博将士数万财物，完全忘了召杨师厚进京的目的。几天后，朱友珪恭恭敬敬地送杨师厚出了城。

花钱稳住了杨师厚，朱友珪又大肆封赏功臣老将，以取悦他们。但是这些人都痛恨朱友珪弑父篡位，不肯买他的账。

河中节度使、冀王朱友谦是朱全忠的养子，朱友珪为了拉拢他，给他加官晋爵，召他去东都。朱友谦哭着说："朱友珪算什么东西？我要到洛阳去问他的罪，要他征召做什么？"朱友珪大怒，派人讨伐朱友谦。朱友谦便率领河中兵众归附了晋王李存勖。

作为嫡子的均王朱友贞，自然也恨透了朱友珪，他认为自己才是名正言顺的皇位继承人，一心想杀死朱友珪，把原本属于自己的东西拿回来。

驸马都尉赵岩是朱全忠的女婿，这时正好从西都洛阳来到东都开封，朱友贞就把他找去商量。赵岩此前深受朱全忠的宠信，知道他死得不明不白，也想替他报仇，便说："这件事能否成功，全看杨师厚，只要得到他的支持，我们就万无一失。"

朱友贞就派心腹前往魏州，劝导杨师厚："朱友珪弑父篡位，朝廷内外无不愤怒，都把希望寄托在均王朱友贞身上，您如果能够支持他，那您的功勋将无人能比。事成之后，均王还会赏赐五十万缗钱犒劳将士。"

杨师厚召集幕僚和将领商量："朱友珪弑父篡位的时候，我没有立即讨伐，现在君臣名分已定，我再动干戈，是不是不太好啊？"

有人就说："朱友珪杀死君父，是逆臣贼子，哪来的什么君臣名分！朱友贞要讨伐他，是正义之举。您如果不出手，一旦朱友贞借助其他人成功上位，将来您恐怕很难在新朝廷里立足了！"

"好险！好险！我差点儿打错算盘了。"杨师厚如梦初醒，派人到洛阳去，暗中与朱全忠的外甥、左龙虎统军袁象先商量。

赵岩返回洛阳后，也与袁象先秘密制定计策。当时洛阳的龙骧军中有人作乱，朱友珪到处搜捕余党，逮住的就灭族。开封也有一部分龙骧军，朱友珪召他们回洛阳。朱友贞就故意对他们说："你们一回到洛阳，就会全部被活埋。"龙骧军的兵众都很害怕，不知道怎么办，请求朱友贞给他们指条生路。

朱友贞就说："先帝与你们南征北战三十多年，好不容易创下帝王事业，现在尚且被人杀死，何况你们这些人呢？跑到哪儿都是死路一条啊！"说完拿出朱全忠的画像给他们看，哭着说道："唯一的活路就是你们自己跑到洛阳去报仇雪耻！"龙骧军的兵众群情激奋，请求发给他们兵器，说要打到洛阳去。

后梁乾化三年（公元913年），袁象先等率领几千人马冲入宫中。朱友珪听说发生了兵变，估计自己死定了，就命令马夫冯廷谔杀死自己。冯廷谔照做后，也自杀了。

　　袁象先和赵岩带着传国宝玺前往开封，请朱友贞回洛阳即位。朱友贞在开封经营了这么多年，不愿去洛阳，便说："开封是我们大梁创立基业的地方，何必到洛阳去呢?"于是，在东都开封即皇帝位。

成语学习①

事 急 计 生

急事临头，能想出办法来。

造　句：他不慎坠落山崖后，事急计
生，很快想到了脱险的方案。
近义词：急中生智

---

① 这个故事的原文里还有成语"不世之功"（形容功劳极大）、"莫知所为"（不知道怎么办好）。

【 有隙可乘 】

《资治通鉴·后梁纪四》

臣今退保莘县①，享士训兵以俟进取。观其兵数甚多，便习骑射，诚为劲敌，未易轻也。苟有隙可乘，臣岂敢偷安养寇！

译 文

我现在退保莘县，让士卒们一边休息一边训练，以待下一步继续作战。我看到晋军的士卒很多，又善于骑射，确实是一支强敌，从来不敢轻视。如果有漏洞可以利用，我哪敢偷安养寇！

① 今属山东。

一次错误的拆分

后梁乾化五年（公元 915 年），魏博节度使杨师厚死了，当了两年皇帝的朱友贞大大松了一口气。原来，杨师厚仗着拥立有功，十分傲慢，擅自截留朝廷的税赋，并挑选军中数千名勇士，组建成一支私人军队，号称银枪效节军。朱友贞表面上对杨师厚尊崇有加，内心却很忌恨他，正盘算着怎么对付他呢，他就死了。

真是心想事成哪！朱友贞抑制不住内心的激动，就与赵岩等心腹饮酒庆祝。酒过三巡，赵岩建议道："魏博地广兵强，是河北最强的割据藩镇，自唐朝起，朝廷就不能控制它。现在杨师厚一死，群龙无首，陛下不如趁机把魏博六州分为两个镇，削弱它的势力。"

朱友贞采纳了他的建议，把魏博的土地、将士、府库财产统统一分为二，分别任命贺德伦与张筠为两镇的节度使。考虑到魏博人可能不服，他又派开封府尹刘郭（xūn）率六万大军，打着讨伐镇州、定州的旗号出兵，其实是想以武力震慑，强迫魏博人服从。

朱友贞的这一着棋，果然在魏州掀起了轩然大波。几百年来，魏州的士兵都是父子相承，族与族之间相互联姻，盘根错节，都不愿意分离，他们聚在一起说："朝廷忌恨我们的强大，所以想出这个计策来削弱我们。我们六个州历代都隶属于一个藩镇，融洽往来，如今却要骨肉分离，生不如死，索性反了！"

当天晚上，魏州军大乱，放火掠夺，第二天又冲进主将居住的牙城，杀了新任节度使贺德伦的数百亲兵，并劫持了贺德伦。有个叫张彦的，是银枪效节军的军校，平时比较有威望，便站出来做了他们的统领。

张彦向后梁朝廷请求恢复旧制，却遭到拒绝，一气之下，他对贺德伦说："天子昏庸愚昧，听人穿鼻。现在我的军队虽然强盛，但是缺少外援，不能自立。你赶紧给晋王李存勖写封信，请他带兵支援。"

李存勖接到贺德伦的信后，大喜过望，立即率军前往魏州。张彦率领五百全副武装的精壮士兵，出城拜见晋王李存勖。

张彦自认为功勋卓著，晋王一定会对他大加赏赐。然而，李存勖为了威慑哗变的士兵，稳定乱局，对张彦说："你逼迫主帅，骚扰百姓，我今天率兵前来，目的是安定百姓，并非贪图别人的土地。你虽然对我有功，但为了向魏州人民谢罪，不得不将你杀掉。"随后斩杀了张彦及其同伙共七人。其余乱兵吓得双腿发软，李存勖对他们说："有罪的就他们八人，其他人概不追究。"众人听后都跪伏在地，高呼"万岁"。

河北最强藩镇——魏博，就这样被李存勖轻易得到了。朱友贞懊悔不已，命令刘郭夺回魏州，而雄心勃勃的李存勖率领晋军继续向前推进，两军最终在漳河的两岸展开了对峙。

刘郭熟读兵书，喜欢钻研谋略，有"智将"之誉。他认为晋军主力都在魏州打仗，李存勖的老巢——晋阳城内一定空虚，于是偷偷率兵向西开进，打算偷袭晋阳。

李存勖见对方好多天没有动静，觉得奇怪，就派骑兵前去侦察。

"城中没有炊烟，只看到梁军的旗帜在城楼上来回移动。"侦察兵回来报告说。

李存勖纳闷，对左右说："有人说，刘郭用兵，一步百计，这里面一定有诈。"他又派人前去侦察，才发现原来是稻草人身上插着旗帜，骑着驴沿着城墙走动。

"中计了！"李存勖一拍脑袋，迅速派出两路骑兵日夜兼行，一路追击刘鄩，一路抢先进入晋阳城，通知城内的人做好应战准备。

本想千里奔袭、直捣对方老巢的刘鄩，偏偏遇上十几天连绵阴雨，路上的烂泥有一尺多深，他的士兵都是拉着藤葛艰难向前推进，好多人因为腹泻、脚肿死掉。走到半路时，干粮快吃完了，又听说晋阳已经有所防备，后面还有追兵，后梁兵都害怕得哭起来。

刘郭见军心涣散，只好鼓励大家说："现在我们离开家乡已有一千多里，深入了敌境，前后都有敌兵，这里山高谷深，就像掉在井里一样，除了打起精神奋力战斗，别无出路。"士兵们这才停止哭泣。

经过侦察，刘郭发现临清①有晋军的积粮，打算抢先占据该城。谁知，晋将周德威获得情报，立即率领援军夜以继日地驰骋，抢在后梁军之前进入临清。

刘郭进退两难，只好率领军队驻扎在莘县，筑墙挖沟，准备坚守。而晋军的追兵不久也在莘县以西三十里安下营寨。两军相距很近，互相都能看见对方做饭时的烟火，每天要打好几次仗。

时间长了，刘郭的粮草供应不上，士兵饿得四肢无力，因此晋军多次到他的营寨前挑衅，他就是不出击。朱友贞得到前线军情后，下诏责备刘郭劳而无功，伤亡惨重，现在又龟缩不战。

刘郭上表解释："我们本来计划用骑兵奇袭李存勖的老巢，回来的路上再夺取镇州和定州，用十天的时间清除河朔一带的敌人。然而老天不保佑，连续十多天阴雨不断，军粮匮乏，士卒疲病。后来又打算占据临清，断绝晋军的粮饷，然而周德威突然率军来到，如神兵一般。臣现在退保莘县，休整训练，寻找机会继续作战。晋军兵多将广，又善于骑射，确实是一支劲旅，如果有隙可乘，臣岂有不出击的道理？"

朱友贞才不要听这些解释呢，他追问刘郭："可有取胜的策略？"

"臣现在还没有好办法，只希望陛下给我们每人十斛粮食，这样就有希望打败敌人了。"刘郭回复道。

所谓"兵马未动，粮草先行"，粮食是一支军队打胜仗的基本保

---

① 治所在今河北临西。

障，其重要性不言而喻，刘鄩的要求很合理。然而朱友贞不懂军事，看了刘鄩的奏章，十分生气，又责备说："你要那么多粮食，是准备打败敌人呢，还是只想填饱肚子？"并派人前去督战。

刘鄩希望将领们能支持自己的策略，故意对他们说："主上深居宫中，不了解军事，仅仅和赵岩等年轻人商量对策。殊不知作战在于临机制变，不能预先估计。现在敌军还很强大，和他们作战一定对我们不利，怎么办呢？"

诸位将领都说："无论胜负，应当打一仗，这样一直拖下去有什么意义呢？"

刘鄩没想到手下这些家伙都没有眼力见，暗自恼火，退下来后他对亲近的人说："主上昏暗愚昧，臣下阿谀奉承，将帅骄傲，士兵懈惰，唉，我不知将要死在什么地方！"

迫于压力，刘鄩亲自率领一万多人向镇州、定州逼近。晋将李存审率领两千骑兵拦腰截击，另一名晋将李建及则率领一千多银枪效节军前来援助。刘鄩大败，逃了回去。晋军奋力追击，一直追到刘鄩的营寨前，俘虏和斩杀了一千多人。

刘鄩见硬碰硬不行，就想用阴招，他先是派人向晋军诈降，之后又贿赂厨子下毒，想害死李存勖，结果都败露。刘鄩只好闭门不战，哪怕朱友贞下诏催促，他也不理会。

双方就这样相持到了第二年春天。李存勖不想这么干耗下去，为了引诱刘鄩出战，他率军前往贝州[①]，对外却宣称撤军回晋阳。刘鄩果然中计，就命令澶州刺史杨延直率领一万人到魏州与自己会合，打算攻占魏州。杨延直的军队半夜到达魏州城南，城中晋军挑选了五百壮士，偷偷出城袭击，杨延直没有防备，溃散而逃。

---

① 治所在今河北清河。

次日一早，刘鄩率领全部人马从莘县来到魏州城东，和杨延直的残部会合。晋将李存审率领莘县的人马紧跟在他们的后面，晋将李嗣源则率领魏州城内的军队出城迎战，而扬言撤军的李存勖这时也率兵前来。

刘鄩看到李存勖，惊讶地说："这不是李存勖吗？他没走啊？"于是引兵稍稍退却。晋军三路人马合围上去。三面受敌的后梁军根本招架不住，四散而逃。很多后梁兵逃到树上，把树都压断了。晋军一直追到黄河边，后梁将士不是被杀死就是淹死，七万人被消灭殆尽，仅刘鄩带着几十名骑兵突围逃走。

战败的消息传来，朱友贞不停地唉声叹气：魏博原是后梁控制下的唯一一个河朔强镇，是抵御晋军的强大力量，当初强行拆分魏博，实属防患未然之举，现在却弄巧成拙给搞丢了，今后甭想染指河北地区了。

就在朱友贞哀叹连连时，前线又传来一个坏消息：为了配合刘鄩作战，派去攻打晋阳城的另一路人马也大败而回。朱友贞顿时感到胸口被什么东西猛击了一下，一时说不出话来，过了好一会儿才捶胸顿足号哭道："完了！完了！朕的事业就要完了！"

成语学习①

有 隙 可 乘

指事情有漏洞可以利用。

造　句：	我们要时刻提醒自己，不能让坏习惯有隙可乘。
近义词：	乘虚而入
反义词：	无懈可击

---

① 这个故事的原文里还有成语"临机制变"（随着情况的变化灵活机动地应付）、"四面受敌"（各个方面受到敌对势力的威胁或攻击）。

【 威震天下 】

《资治通鉴·后梁纪六》

先王语余云："昔天子幸石门，吾发兵诛贼臣，当是之时，威振天下，吾若挟天子据关中，自作九锡禅文，谁能禁我！顾吾家世忠孝，立功帝室，誓死不为耳。汝他日当务以复唐社稷为心，慎勿效此曹所为！"言犹在耳，此议非所敢闻也。

译 文

先王对我说："从前天子巡视石门时，我派兵诛灭了乱臣贼子，当时，威名传于全国，使天下拜服，我如果在那时挟持天子，占据关中，自己起草赐封九锡和禅让的文告，谁能禁止我？但是我家世代效忠皇帝，常为朝廷立功，我誓死不能这样做。你以后应当全心全意恢复唐朝社稷，小心不要效法这些人的做法。"先王讲的话好像还在耳边，这种建议我听都不敢听。

后唐灭了后梁

后梁贞明七年（公元 921 年），前蜀国和南吴国[①]的国主分别写信给晋王李存勖，劝他称帝。此时李存勖已经将整个河北收入囊中，的确有称帝的资本，但是这十多年来，他一直打着匡复李唐社稷的旗号行事，害怕因称帝而失去人心，不利于接下来与后梁争夺黄河沿岸重镇的战事，就想试探一下将领们对此事的反应。

李存勖把信给将领们看，并说："从前他们也曾对先王说，李唐已经灭亡，大家占据一方，不如各自称帝。先王就对我说：'当年我派兵诛灭乱臣贼子，威震天下，那时若想称帝，谁能阻拦得了？但是我家世代效忠大唐皇帝，誓死不能做这样的事。你以后要全心全意恢复唐朝社稷，小心不要效法这些人的做法。'先王的话好像还在耳边，称帝的建议我听都不敢听。"说完就哭了。

将领们也跟着感伤起来，但他们其实也希望李存勖称帝，这样他们就是开国功臣了。所以，过了段时间，将领们也开始劝李存勖称帝。时间一长，劝的人多了，李存勖也就动心了，他派人去购买玉石，制作传国宝玺。

张承业听说后，立刻从晋阳赶到魏州劝李存勖："大王世世代代效忠唐朝王室，解救了大唐的不少危难，所以老奴我三十多年来为先王、大王收集财赋，招兵买马，誓死消灭叛逆之人，以恢复唐朝的宗

---

① 五代十国时期十国之一。定都扬州。创建人杨行密。

庙社稷。现在黄河以北刚刚安定下来，汴梁的朱氏还存在，大王就急急忙忙登帝位，恐怕天下的人心将因此离散。大王何不先灭掉朱氏，报了先王的深仇，然后寻找唐室的后人，拥立他为帝，再向南夺取吴国，向西夺取蜀国，横扫天下，合为一家？老奴我没有别的想法，只因接受了先王的大恩，愿为大王创建万年大业的基础。"

自从李存勖即晋王位后，张承业就一直负责河东的军政事务。李存勖在前线冲锋陷阵，张承业在后方积极督促农桑生产，储备钱粮，收买兵马，因此军队粮饷从来不缺。李存勖对张承业心存感激，总是言听计从，还恭敬又亲热地称他"七哥"。

可是这次，李存勖不打算听"七哥"的话了，他假装无奈地说："称帝不是我的本意，将领们整天在我耳边说啊说，我没办法，只好顺从他们的心意。"

张承业知道阻止不了，痛哭流涕地说："我们浴血奋战，本来是为了恢复唐朝大业，现在大王却自己称起帝来，欺骗了老奴我啊。"从此一病不起。

公元923年，李存勖在魏州登皇帝宝位，国号为大唐，史称后唐，李存勖即后唐庄宗。对于刚称帝的李存勖来说，当务之急就是消灭朱梁，向天下人证明自己才是正宗的中原之主。

同年，李存勖派李嗣源率领五千精锐士卒，渡过黄河，奇袭郓州，并一举攻破。朱友贞推测后唐军想从侧翼进攻，赶紧命令大将王彦章率军阻止后唐军西进。

王彦章是后梁的骁将，勇猛强悍，每次作战都用两杆各重一百斤的铁枪，一杆放在马鞍上，一杆拿在手里，人称"王铁枪"。他率领十万大军，一路攻克后唐的多座城寨，然后向后唐占领的黄河重要渡口——杨刘发起进攻，打算先阻断黄河以北的后唐军与黄河以南的郓州的联系，让郓州变成一座孤城，再收复就容易多了。

李存勖自然看出王彦章的意图，他亲自率兵增援杨刘，同时命令谋臣郭崇韬领兵奔赴博州，以分散后梁军的兵力。王彦章侦察到郭崇韬在博州东岸修筑营垒，巩固黄河渡口，赶忙率领数万大军前去攻打，未能取胜，又回去攻打杨刘，却再次被后唐军击败。

后梁的副帅段凝平时就忌妒王彦章的能力，见王彦章连吃败仗，趁机联合赵岩等权臣搞倒他。朱友贞相信了谗言，让段凝代替王彦章，率领四路大军反击后唐军，并下令掘开黄河大堤，把水引向东面，试图隔断后唐军，阻止他们西进攻打东都开封。

李存勖正想着对策，突然传来契丹人频繁侵扰后唐边境，还扬言等到草枯结冰要大举进兵的消息，不禁忧从中来。此外，由于长期征战，后唐军队的粮草消耗极大，收上来的租税却越来越少，仓库里的存粮连半年都支持不了。没有粮食，这仗就没法打。

就在李存勖为眼前的内忧外患而寝食难安的时候，后梁将领康延孝率领一百多名骑兵前来投奔。李存勖大喜，让所有人退下，然后向康延孝询问后梁的情况。

康延孝回答说："朱友贞愚昧软弱，奸臣独揽大权，官职的高低只看贿赂的多少而定，根本不管有才无才、有德无德，也不管有没有功劳。段凝半点儿本事都没有，一夜之间竟然升到王彦章等名将的上面，让他统兵，失败只会来得更快。现在梁国倾全国精锐兵力，分四路大举进攻大唐，实在是太愚蠢了。兵力一分散，就会导致开封防守空虚，陛下您率领五千精锐骑兵从郓州出发，向西直捣开封，十天半个月就可平定中原。"

李存勖立即召集将领们商量接下来的战略方案。李绍宏等人说："郓州城外都是敌人占领区，孤立遥远，难以坚守，占有不如放弃，用它换取梁国的卫州和黎阳，并和梁国订立和约，以黄河为界，停止战争，让百姓得到休息，等到将来……"

"照你们这么说，朕很快就没有葬身之地了。"李存勖没等他们说完就斥责道。

李存勖觉得和这些将领商量不出什么名堂，就单独召见郭崇韬。郭崇韬直截了当地说："陛下在前线浴血拼搏了十五年，为的就是报家国大仇。您现在已经是名正言顺的皇帝，却连一个小小的郓州都坚守不住，何谈统一中原大地呢？如今梁国的主力都在段凝手上，开封城内肯定空虚，陛下不妨留下一部分兵力防守魏州、杨刘，然后亲自率兵长驱直入开封城，活捉朱友贞，则大局可定！"

郭崇韬的建议与康延孝的情报相吻合，李存勖很高兴，豪气冲天地说："你与朕想的一样。好！成王败寇，我们最后赌一次！"当即下令集结大军，准备最后一搏。

出发前，李存勖把军中家属全部送往魏州，并嘱咐妃子刘氏和皇子李继岌说："成败在此一战，如果朕失败了，你们就把全家聚集到魏州的皇宫，一起自焚！"

很快，李存勖率领大军从杨刘渡过黄河，到达郓州，当天半夜继续进军，由李嗣源任前锋，在次日清晨与梁军相遇，一战就打败了对方，一直追到中都。此时，后梁老将王彦章就在中都城中，他原本奉命进攻郓州，却被李嗣源的养子李从珂打败，退守到这里。但王彦章完全没有防备，被后唐军打了个措手不及，最后只带着几十个骑兵突围出去，结果没跑多远就被李嗣源的部将抓获，给带到了李存勖面前。

李存勖笑着对王彦章说："以前你到处说朕只是个喜欢斗鸡的小子，不值得害怕，现在被朕抓住了，你服不服呢？"王彦章没有说话。

李存勖又说："都说你英勇善战，可为什么不坚守兖州呢？中都没有修筑防御工事，怎么守得住？"

王彦章淡淡地说："天命已去，没什么好说的。"

李存勖爱惜王彦章的才能，想招降他。王彦章却说："哪有早晨还是梁国的将领，晚上就变成唐国的臣子的道理？这种事我不能干。"李存勖只好杀了他。当天晚上，李存勖命李嗣源带着前锋部队火速奔赴后梁的东都开封。

有几个王彦章的士兵逃回开封，报告朱友贞，说王彦章被俘，唐军很快就要打来了。朱友贞惊恐不已，他先是把全家人集合在一起，边哭边说："我们要完了。"然后又召集大臣们，问他们有什么办法。大臣们都回答不上来。

朱友贞最后把目光投到之前遭受排挤的老臣敬翔身上，对他说："朕平时不听您的话，才会到今天这个地步。现在事情紧急，请您不要怨恨过去，告诉朕该怎么办。"

敬翔叹息道："即使汉代的张良、陈平重返人世，也不能为陛下想出好办法来啊！"君臣二人面对面痛哭了起来。

第二天，朱友贞把禁军将领皇甫麟叫去，对他说："李氏是我家世世代代的仇人，朕绝对不可能投降，也不能等着他们来杀朕。你把朕的头砍下来吧。"

皇甫麟哭着说："臣不敢接受这个诏令。"

朱友贞说："你打算出卖朕吗？"

皇甫麟说："臣不敢。"说完拔剑想自杀。

朱友贞拉住皇甫麟说："朕和你一起死。"

皇甫麟见朱友贞态度坚决，只好先杀了他，然后自杀。

第三天，李嗣源的先锋郭队到达开封，开始攻城。后梁军招架不住，开门投降。李嗣源进入城内，安抚军民。各路后梁军知道大势已去，也纷纷投降。当天，李存勖也率大军赶到，李嗣源出城迎接，口称："恭喜陛下！"李存勖喜不自胜，亲热地拉着李嗣源的衣服，还用头撞了一下他，说："义兄啊，朕取得天下，是你父子二人的功劳，朕要和你们共享天下。"

朱全忠创建的后梁国历经三主，至此灭亡。

威 震 天 下

威，威名。指威力和名望使天下人拜服。

造　句：	他从小就立下大志，总有一天要威震天下。
近义词：	名扬四海、闻名遐迩
反义词：	默默无闻、无声无息

---

① 这个故事的原文里还有成语"昼夜兼程"（夜以继日地赶路）。

〖 土崩瓦解 〗

《资治通鉴·后唐纪二》

其用事之臣王宗弼、宋光嗣等，谄谀专恣，黩货无厌，贤愚易位，刑赏紊乱，君臣上下专以奢淫相尚。以臣观之，大兵一临，瓦解土崩，可翘足而待也。

译 文

他用的那些掌权的大臣王宗弼、宋光嗣等，靠奉承皇帝而专横跋扈，贪得无厌，贤愚颠倒，刑赏混乱，君臣上下相互都崇尚奢侈荒淫。以我来看，大兵一到，他们就会像瓦破碎，土崩塌一样，我们很快就能得到蜀国。

"李天下"不能理天下

　　李存勖灭了后梁，得到黄河以南地区，不禁志得意满起来。一次朝会上，他举起双手，对将领们说："朕靠朕的十个指头夺得了天下。"言下之意，后唐能有今天，全是自己的功劳，跟将士们无关。那些追随他浴血奋战的人听了都不免感到心寒。不过，李存勖不在乎他们的想法，他等不及要享受做帝王的乐趣了。

　　作为沙佗人，李存勖跟大部分族人一样能歌善舞，而且在音乐、戏曲方面颇有造诣。以前忙着打天下，少有闲心玩乐，现在平定中原了，他就随心所欲起来，让人在宫中搭戏台，成天锣鼓喧天演个不停，有时看得兴起，干脆自己涂上粉墨，跳到台上唱一通。他还给自己取了个艺名，叫"李天下"。

　　有一次，李存勖演得高兴，一个劲喊："李天下，李天下。"一个叫敬新磨的戏子突然走上前，打了他两个耳光。空气顿时凝固了，锣鼓不响了，优伶不唱了，李存勖捂着脸也蒙了。等他回过神来，正要发作时，敬新磨不慌不忙地说："'理'天下的人只有皇上一人，您还喊谁呢？"李存勖当即转怒为喜，重赏了敬新磨。

　　李存勖喜欢听歌演戏，自然就宠信优伶，任由他们随意出入宫廷，甚至欺负士大夫，大臣们都敢怒不敢言。这些优伶里最坏的是一个叫景进的，他喜欢搜集一些民间小事说给李存勖听，李存勖也想知道外面的事情，就把他当作自己的耳目。景进每次入宫报告事情，李存勖都要屏退左右的人，景进便趁机说别人的坏话。

还有个叫周匝的优伶，之前被后梁人抓了，李存勖经常思念他。等到后梁被消灭，周匝又回来了，李存勖十分高兴。周匝趁机哭着向李存勖请求说："我之所以能够活到今天，全靠教坊使陈俊、内园栽接使储德源的帮助，希望陛下能赏两个州给他们，表达谢意。"李存勖二话不说就答应了。

谋臣郭崇韬劝阻道："陛下要赏的应该是那些和您共同夺取天下的人，他们都是忠勇之士。今天大功刚刚告成，这些人中还没有一个得到封赏，而您却首先任命两名优伶为州刺史，恐怕要失掉天下人的心。"

李存勖不是糊涂的人，这些道理他当然懂，可他是一言九鼎的皇帝，怎么能说话不算数呢，就说："可朕已经答应周匝了。"跟着李存勖转战南北的将士们得知后，都十分愤怒。

除了听歌演戏，李存勖还喜欢打猎。每次出猎，他都带上大批侍从，还有一帮优伶，前呼后拥的，经常把老百姓的庄稼践踏得稀巴烂。有一次，一个县令拦住他的马说："陛下是老百姓的父母，怎么能毁坏他们吃的东西呢？难道您想让他们饿死后尸体扔到山沟里吗？"

李存勖大怒，命人把县令拉下去杀了。好在敬新磨出面解围，他把县令拎回到李存勖跟前，骂道："你难道不知道我们的天子喜欢打猎吗？你为什么让百姓随便耕种，妨碍我们的天子跑马围猎呢？实在罪该万死。"李存勖被逗笑了，这才放了那名县令。

当初被朱全忠诛灭的宦官势力此时也死灰复燃，因为李存勖命令各地"前朝宦官、各道监军，以及私人家里养的，不论贵贱，一律遣送回朝廷"，宫中宦官一下子激增到近千人。这些宦官被李存勖当作心腹，担任各种要职，肆意干预朝政。在他们的建议下，李存勖把国家的财赋分为内、外二府，州县上交的入外府，充当国家经费，藩镇贡献的则入内府，供皇帝游玩和赏赐用。这样，外府的费用经常短缺，而内府的财赋则堆积如山。

李存勖变得如此贪财，跟他的皇后刘氏脱不了干系。刘氏出身贫寒，在战乱中与家人失散，到晋王府当了一名侍女，因为能歌善舞引起了李存勖关注，成为他的夫人。刘氏的父亲得知女儿富贵了，急忙跑到王府来认亲。刘氏明知他就是自己的父亲，却嫌弃他出身低贱，担心一旦相认会被人瞧不起，竟对侍从说："当年我的父亲被乱兵杀死，我还抱着他的尸身痛哭，这是哪来的乡下老头，竟敢冒充我死去的父亲！"命人把老父亲痛打一顿，轰了出去。

等到李存勖建立后唐，刘氏所生的儿子李继岌被立为太子，她就顺理成章地当上皇后。显贵后的刘氏对钱财的贪求几近偏执。起初，她派人将宫中多余的物品，诸如果蔬、柴草之类的拿到集市上进行贩卖，以此牟利。后来，她的胃口越来越大，竟然打起了贡品的主意，要求各地送给朝廷的贡品分为两份：一份给皇帝，一份给她。没过多久，她宫中的财宝就堆积如山。

所谓近墨者黑，在刘皇后的影响下，李存勖也变得爱财如命。有一次，有关部门筹办郊祀，缺乏慰劳军队的费用，郭崇韬就对李存勖说："臣已经把所有的家产拿出来资助郊祀大礼，希望陛下也能从内府拿出一些钱来。"

李存勖心里不愿意，沉默了好大一会儿才说："朕在晋阳有些私财，可以让人用车拉一点儿来。"次日，他叫人到侄子李继韬的家里取了数十万金帛交给主管部门。将士们对皇帝小气到这种地步十分不满，开始心生怨恨。

李存勖不仅没有察觉，反而更加膨胀，他扬言不仅要横扫北方，还要征服南方，做真正的"李天下"。

晋梁争霸期间，南方不少藩镇纷纷独立成为一个个王国，他们有自己的国号和年号。李存勖灭掉朱梁后，威震天下，岐国^①、南楚^②、荆南^③、南吴、吴越^④等国或派人前来朝见上贡，或由国主亲自入朝拜见李存勖，唯独前蜀没有任何表示。李存勖就派大臣李严出使前蜀打探虚实，同时以北方的马匹交换蜀地的珍玩器物。

当时，前蜀的法律规定，国内上好的丝织品不能流入中原地区，质地粗劣的则可以，当地人称"入草物"。李严回京后，将这些情况告诉了李存勖。李存勖愤怒地说："王衍^⑤难道可以免做'入草之人'吗？"

李严趁机说："王衍跟小孩子一样，荒唐放纵，亲近小人。以致朝政败坏，贪腐成风，蜀地百姓苦不堪言。依臣之见，只要发动大军进攻，他们就会土崩瓦解，我们可以迅速平定蜀国。"

李存勖听得双眼冒光，仿佛看到前蜀的奇珍异宝在向自己招手，便决定对前蜀用兵。

后唐同光三年（公元925年），李存勖任命太子李继岌为伐蜀统帅，郭崇韬为副统帅，率领大军向蜀地进发。由于郭崇韬指挥有方，六万后唐军长驱直入，只用了七十天就灭掉了前蜀，得到了十个藩镇、六十四个州、二百四十九个县，钱粮、金银、锦帛等财物更是数以千万计。

捷报传到洛阳，李存勖大喜，一心盼着郭崇韬率军凯旋，带回来无数的财宝。可是郭崇韬考虑到蜀地刚刚平定，山林中的盗贼还很多，担心大军撤离会出乱子，没有立刻回京。李存勖左等右等等不来，便派宦官向延嗣前往蜀地，催郭崇韬尽快班师回朝。

郭崇韬平时就憎恶宦官，在征蜀途中，他曾对太子李继岌说：

---

① 五代十国时期割据凤翔的藩镇。创建人李茂贞。
② 五代十国时期十国之一。定都潭州（今湖南长沙）。创建人马殷。
③ 五代十国时期十国之一。定都荆州（今湖北江陵）。创建人高季兴。
④ 五代十国时期十国之一。定都杭州。创建人钱镠。
⑤ 前蜀高祖王建第十一子，原名王宗衍，后改名王衍。

"您将来做了皇帝，千万不要任用宦官，就如同不要骑骗（shàn）过了的马一样。"这话传到宦官耳中，他们都对郭崇韬恨之入骨。这次，向延嗣入蜀，郭崇韬没有到郊外去迎接，见面后的态度也很傲慢。向延嗣一肚子的气，回到洛阳就对李存勖说："郭崇韬之所以拖延不回京，是看上蜀地的富饶，打算自己称王呢。"

李存勖对此半信半疑，命人把前蜀国府库的账簿拿给他看，发现上面登记的珍宝很少，就问："人们都说蜀地的珍宝多得无法计算，为什么账簿上却这么少呢？"

向延嗣阴阳怪气地回答说："人们都说，蜀国被攻破以后，珍宝都进了郭崇韬的口袋里，有黄金一万两，白银四十万两，钱百万串，名贵的马一千匹，其他的东西就更多了。"

李存勖十分愤怒，便相信了郭崇韬打算自己称王的说法，他对即将赴任的西川节度使孟知祥说："有人举报郭崇韬有异心，你到了成都后，马上把他杀掉。"

孟知祥劝道："郭崇韬是国家的功臣，不应该受到这样的对待。等臣到了蜀地，观察他一段时间，如果没有异心就送他回来。"李存勖随口答应了。

然而，刘皇后怨恨郭崇韬不把蜀地的财物献给她，私自下了一道命令，让太子李继岌杀了郭崇韬。李继岌接到命令，犹豫不决："郭崇韬刚立下平蜀大功，也没有什么异常之举，我们怎么可以干这种对不住人家的事？"可耐不住左右苦苦相劝，他还是杀了郭崇韬，并将其灭族。

郭崇韬死后，李存勖又听信景进的谗言，杀掉了"和郭崇韬阴谋作乱"的河中节度使朱友谦。郭崇韬和朱友谦都是后唐的肱股之臣，为李存勖立下了汗马功劳，却接连冤死，功臣老将们人人自危，从此君臣之间互相猜忌，开始离心离德。

成语学习 ①

土 崩 瓦 解

像土崩塌，瓦破碎一样，不可收拾。比喻彻底垮台。

造　句：在起义军势如破竹的攻势下，秦王朝很快就土崩瓦解了。	
近义词：分崩离析、四分五裂	
反义词：坚如磐石、安如泰山	

① 这个故事的原文里还有成语"转死沟壑"（指弃尸于山沟水渠）、"善自为谋"（替自己好好地想办法）、"衣不及带"（穿衣服来不及把腰带系上。形容时间仓促，装束不整）、"唯命是听"（指绝对服从）。

〖 噍类无遗 〗

《资治通鉴 · 后唐纪三》

史彦琼戟手大骂曰："群死贼，城破万段！"皇甫晖谓其众曰："观史武德之言，上不赦我矣。"因聚噪，掠敕书，手坏之，守陴拒战。绍荣攻之不利，以状闻，帝怒曰："克城之日，勿遗噍（jiào）类！"

译 文

史彦琼指手画脚地大骂说："你们这些死贼，攻破城以后把你们碎尸万段！"皇甫晖对大家说："听史彦琼的意思，皇帝是不会饶恕我们了。"因此聚众鼓噪，抢过皇帝的诏书撕碎，坚守在城上的女墙边抵抗唐军。李绍荣攻城不利，把这些情况报告了李存勖。李存勖很愤怒，说："攻破城池的那一天，一个活人也不能留下。"

运去英雄不自由

后唐攻破开封时，李存勖曾信誓旦旦地对劳苦功高的义兄李嗣源说，要和他共享天下。不过，李存勖是个食言而肥[①]的人，嘴上说要和义兄共分天下，实则对他疏远猜忌，还派部将朱守殷去监视他。

朱守殷觉得李嗣源沉稳忠厚，就暗中告诫他："你功高震主，恐怕处境不妙，要早做打算哪！"

李存勖猜忌自己，李嗣源是清楚的。当初，李嗣源北征契丹时，路过兴唐，想给将士们备一些铠甲。正好东京的武库中有供给皇帝用的上好铠甲，李嗣源写了牒文给副留守张宪，要五百具铠甲。张宪因为军队就要上前线，没来得及奏告李存勖就给了李嗣源。李存勖知道后很恼火，责问道："张宪擅自把朕的铠甲给了李嗣源，这是什么意思？"罚了张宪一个月的俸禄，还命令他亲自去军中把铠甲取回来。

李嗣源北征契丹回来后，为了方便照顾在太原的家人，上表请求调义子李从珂到北京任职。李存勖气得直跳脚，说："军政大权在朕手中，李嗣源怎么能为儿子提出这样的请求呢？"下诏贬李从珂戍守临近契丹的石门镇，只给他几百骑兵。李嗣源既担忧又恐惧，上书申辩了几次，双方关系才有所缓和。之后李嗣源又几次请求到东

[①] 这个成语源自《左传》：有一次鲁哀公举行宴会，大夫孟武伯讨厌哀公的宠臣郭重，就故意问他："你怎么长得这么胖啊？"哀公因为孟武伯几次不履行诺言，就借机讽刺他说："是食言多矣，能无肥乎？"意思是，经常吃下自己的诺言，怎么能不胖呢？

京去朝见，李存勖都没有答应。

这会儿，听了朱守殷的话，再联想到这两件事情，李嗣源心里沉甸甸的。不过，他觉得自己问心无愧，便坦然对朱守殷说："不管是祸是福，都没有什么好躲避的，全凭命运安排了。"

郭崇韬、朱友谦冤死后，李嗣源也常遭流言毁谤，幸亏枢密使李绍宏经常为他说话，因而得以保全性命。

后唐天成元年（公元926年），戍守在瓦桥的魏博军戍边期满，准备返回故乡魏州。思乡心切的士兵们日夜兼程，走到贝州时，突然接到圣旨，让他们就地驻营，不要再回魏州。原来李存勖觉得魏州城内兵力空虚，怕魏博军回去后趁机作乱，就把他们拦在了贝州。强悍的魏博兵一下子就炸了，在牙兵皇甫晖的鼓动下，杀了指挥使，胁迫一个叫赵在礼的将领为帅，把贝州烧杀抢掠了一番后，浩浩荡荡地杀回了魏州。

魏博兵变，李存勖打算挑选一名大将前去镇压，刘皇后却说："这只是一件小事，不必麻烦大将，李绍荣就可以了。"李绍荣本是李嗣源的养子，因骁勇善战被李存勖要去当贴身护卫，后因救驾有功，倍受恩宠。李存勖于是派李绍荣率领三千骑兵，带着诏书前去安抚乱兵。

赵在礼也想化干戈为玉帛，便派人备下肥羊美酒慰劳官军，他自己在城楼上遥拜李绍荣说："将士们并不想作乱，只是思念家人，才擅自回来，请李相公善为奏报。只要朝廷免我们死罪，我们一定悔过自新，迎接你们入城！"

不料，没等李绍荣作答，他身边的魏州监军史彦琼就跳起来大骂道："你们这些该死的兵贼，破城之后，一定要把你们碎尸万段！"

"听史彦琼的意思，皇帝是不会饶恕我们了。"皇甫晖扭头对大家说。魏博兵求饶不得，索性坚守城池抵抗。

李绍荣攻了好久，都没能拿下。李存勖大发雷霆，马上调集各路军队讨伐，还下令说："攻破魏州那一天，噍类无遗！"

魏博兵想着反正难逃一死，更加坚定了抵抗到底的决心，讨伐大军因此久攻不下，朝廷上下忧虑不已。李存勖打算亲自率军去讨伐，众臣都劝阻道："京师是国家的根本，皇上的车驾不能轻易出动。"

"没有什么将领可以派出去了。"李存勖叹息道。众人都说："最好让老将李嗣源出马。"李存勖打心眼里不愿意让李嗣源掌兵权，推脱道："朕爱惜嗣源，想留他在宫中担任警卫。"大臣们又说："别人就都不行了。"李存勖无奈，只好命李嗣源率领皇帝的亲军前去讨伐乱兵。

亲军中有个叫郭从谦的指挥使，曾拜郭崇韬为叔父，郭崇韬被杀后，他多次痛哭流涕，说："叔父死得冤枉。"李存勖知道后，故意逗他："你辜负了朕，而站在郭崇韬一边，你打算干什么呢？"

正所谓言者无心，听者有意。郭从谦又恨又怕，开始在亲军中散布谣言："皇帝打算攻下魏州后，把我们全部杀掉，大家还是趁早把手里的钱拿去换成酒肉，临死前好歹享受一下。"一时间，军中人心惶惶。

果不其然，这支亲军刚到魏州，就发生兵变，他们对李嗣源说："将士们跟随皇帝十几年，历经百战才夺得天下，不但没得到半点儿犒赏，还可能有杀身之祸，这样忘恩负义的皇帝，我们凭什么要为他卖命？他做河南的皇帝，我们就拥戴您做河北的皇帝。"

李嗣源大惊，忙说："你们要造反，随你们，但别拉上我，我自己一个人回京师去。"

将士们见李嗣源想走，拦着他说："去年庄稼收成不好，老百姓离乡背井，将士们也缺衣少食，有的人嫁妻卖子，年老体弱的挖野菜充饥，而我们的皇帝却在外面不停地游玩打猎。凭什么我们吃苦，他享乐？"

大家越说越气愤，纷纷拔出刀剑把李嗣源围了起来。李嗣源无奈，只好先答应他们，暗中却派使者去联络李绍荣，想和他联合起来消灭乱兵。李绍荣怀疑李嗣源使诈，竟然扣留使者，关起军营大门，拒不响应。李嗣源不得不在乱兵的簇拥下，进逼京师。

李存勖又惊又怒，立即调兵抵抗，岂料连吃败仗，军心大溃。大臣们纷纷向李存勖上书，请求他把内库的钱财拿出来赏赐士兵，以振作士气。李存勖见社稷危在旦夕，也顾不得心疼钱财，便准备答应，刘皇后却说："我们夫妇取得天下，既靠武功，也靠天命。既然是天命，别人能拿我们怎么样呢？"

宰相们见刘皇后不愿出钱，又在便殿悄悄劝李存勖。刘皇后躲在屏风后面偷听，不一会儿，她把梳妆用具、三个银盆以及三个小皇子抱到外面，气呼呼地对宰相们说："四面八方进贡的财物都赏赐光了，也就剩下这些东西了，你们拿去换钱吧，把这三个孩子也一起卖掉！"宰相们哪里见过这等架势，吓得赶紧告退。

直到李嗣源的大军到达黄河边，李存勖才勉强拿出一些金帛赏赐给军队。士兵们不但不感激，反而骂道："我们的妻子儿女都已经饿死了，现在给这些东西有什么用？"

无计可施的李存勖只好继续笼络士兵："过段时间，太子会从蜀地送回来五十万两金银，朕全部赏给你们！"

士兵们看也不看他，轻蔑地说道："陛下的赏赐太晚啦！"

李存勖暗暗流泪，这时他才对自己此前的作为后悔不已。然而，没等李嗣源的叛军杀来，留在洛阳城中的侍卫军在郭从谦的带领下也造起反来。他们用了不到一天的时间就攻破兴教门，李存勖身中流箭，被伶人扶进殿休息。他忍痛把箭拔出，顿时，鲜血"哗哗"地涌了出来。由于流血过多，李存勖很快就感到口渴难忍，他大声命人给他拿水来。

有人报告了刘皇后，但她正忙着收拾细软，准备逃命，便随口吩咐宦官："给陛下送一些酪过去。"李存勖喝下后，不一会儿就死了[1]。

李存勖二十多岁继位，力战十五年，消灭后梁、大燕、前蜀，开创后唐王朝，可谓乱世英雄。本来他有机会结束五代纷乱的局面，统一天下，不料竟以令人瞠目的速度堕落，只当了三年多皇帝，就把国家搞得乌烟瘴气，最终众叛亲离，自己惨死，真是令人扼腕。他的一生，可以用唐代诗人罗隐的名句来概括："时来天地皆同力，运去英雄不自由。"

此时，太子李继岌正率领军队从蜀地出发，准备返回京城。走到半路上，听说洛阳发生叛乱，他又回到西边，打算据守凤翔。宦官李从袭劝他："是祸是福不可预测，但后退不如前进。"于是又继续东进。到达渭南时，传来李嗣源已经进入洛阳城的消息，李从袭对李继岌说："大势已去，您还是另找出路吧。"李继岌一边哭，一边来回走动，后来趴伏在床上，让车夫用绳子把自己勒死了。

副招讨使任圜（yuán）率领军队继续向东前进。李嗣源得到消息后，立即派女婿石敬瑭去安抚他们。将士们就归顺了李嗣源。

这时，大臣们认为后唐的世运已经终结，请李嗣源即皇帝位，并另立国号。李嗣源却说："我本是一个无名无姓的苦孩子，从十三岁起追随献祖李国昌[2]，献祖对我就像对待家人一样。后来我又侍奉武皇李克用近三十年，侍奉先帝李存勖近二十年，每次筹划国家大事和攻伐征战，我都有参与。武皇的基业就是我的基业，先帝的天下就是我的天下，哪有同家而不同国的道理！"随后，他在李存勖的灵柩前登基，国号不变，依然为唐。李嗣源即后唐明宗。

---

[1] 根据中古医籍记载，流食对金疮伤者危害极大，所以刘皇后派人送去的"酪"（北方游牧民族经常饮用的一种乳制饮料）实际上加速了李存勖的死亡。

[2] 后唐立国后，李存勖追尊祖父李国昌为皇帝，庙号献祖；追谥父亲李克用为武皇帝，庙号太祖。

噍 类 无 遗

　　原文为"勿遗噍类"。噍，嚼，吃东西；噍类，指活着的人。没有剩下活人。

造　句：两千年前，意大利维苏威火山
的突然喷发，摧毁了当时拥有
两万多人口的庞贝，整个城市
可谓噍类无遗。

【 怒不可遏 】

《资治通鉴·后唐纪四》

　　知祥谓曰："公前奉使王衍，归而请兵伐蜀，庄宗用公言，遂致两国俱亡。今公复来，蜀人惧矣。且天下皆废监军，公独来监吾军，何也？"严惶怖求哀，知祥曰："众怒不可遏也。"遂揖下，斩之。

译　文

　　孟知祥对李严说："你从前奉诏出使见了王衍，回去以后请求出兵讨伐蜀国，庄宗听了你的话，致使两国都灭亡。今天你又来到这里，蜀人十分害怕。况且天下都已经废掉了监军，你单独来监督我军，这是为什么呢？"李严十分恐惧，苦苦哀求。孟知祥说："大家的愤怒都难以抑制。"就把他斩杀了。

文盲也能治国

李嗣源当上皇帝后，想好好治理国家。不过，他面临一个大难题：自己压根儿就没读过书，怎么能治国呢？好在李嗣源虽然是文盲，但是办法不少，他天天让枢密使安重诲将四面八方的奏书读给他听，然后再决断。

可是，安重诲的文化水平也不高，很多奏书瞧不懂，时间长了，他怕影响政务，就给李嗣源出了一个主意："微臣没什么学问，现在的事情还多少知道一点儿，但从前那些帝王如何治国的，臣真的不知道哇。陛下不如效仿前朝的做法，选一些有学问的大臣来处理这些事情。"李嗣源打听到翰林学士冯道、赵凤很有学问，就任命他们为端明殿学士。

冯道出身于耕读之家，擅写文章，也直言敢谏，经常给李嗣源讲古论今，说治理天下的办法，劝他实施仁政。有一次，李嗣源和冯道聊天，说："有关部门报告说今年收成很好，老百姓的吃穿用度应当很充足了吧？"

冯道恭恭敬敬地说："遇上年成差，庄稼人日子难熬，遇上年成好，他们又为粮食价格贱而发愁，无论是丰年还是灾年，他们都过得很辛苦。臣记得有个叫聂夷中的诗人写过这样的诗：'二月卖新丝，五月粜新谷；医得眼前疮，剜（wān）却心头肉。'诗虽然写得粗浅，却道出了庄稼人的甘苦。农民是士、农、工、商之中最勤苦的，陛下要多了解、体恤他们啊！"

李嗣源听了，深有感触，让侍从将这首诗抄录下来，经常让人读给他听，自己又将它背下来。

除了虚心纳谏，重用贤才，李嗣源在位期间还采取了许多有力的措施。他认为先帝李存勖是因为任用了宦官才导致亡国的，所以命令各道把宦官全部杀掉。他还禁止大臣们贡献鹰犬珍玩之类的东西，并规定除了元旦、冬至、端午、皇帝生日四个节日，其他任何时候各地都不得向朝廷进贡物品，以免自己玩物丧志，也防止官员借机搜刮民财。

李存勖在位期间，根据门第来任用官吏，李嗣源即位后，改以德才为用人标准，他重用一心为公的宰相任圜，地方官吏也多选拔贤良有才能的人。没两年，朝廷的府库就充实了起来，历经连年战乱的百姓得以休养生息，过上小康生活。

可以说，在四方割据、战乱不断的五代时期，李嗣源是少有的明君。可是，人无完人，他在位期间，也犯了两大致命的错误：一，对权臣安重诲等人约束不当，导致孟知祥占据东、西两川，割据蜀地；二，对次子李从荣过于宠溺，以致引发一系列的变乱。

当年，后唐平定了前蜀，孟知祥被派到西川担任节度使。李存勖被杀后，孟知祥便有了据蜀自立的心思，开始不听朝廷的诏令。

有一次，朝廷派人前往蜀地让孟知祥上缴犒军钱。孟知祥拒绝了，还说："州县收上来的租税，是用来供养西川将士的，绝对不能上缴。"安重诲觉察出孟知祥的野心，不顾李嗣源之前颁布的"取消各道监军使"的旨意，任命大臣李严为西川监军，试图控制孟知祥。

孟知祥十分恼恨，对左右说："天下都已经废掉了监军，为什么单单来监督我的军队呢？"然后陈列重兵迎接李严，想吓唬他。不料李严毫无惧色，孟知祥顿起杀心，质问他："你上次出使蜀国，回朝后就建议出兵讨伐蜀国，先帝听了你的话，导致两国都灭亡了。今天你又跑到这里来，难道是想再立灭蜀之功吗？"

李严这才恐惧起来，再三申辩。孟知祥却说："大家都怒不可遏。"当场就把李严斩杀了，然后上奏李嗣源，说："李严假传圣旨，要取代臣，让臣到陛下那里，还擅自许诺将士们优厚的赏赐。臣已经把他杀了。"

李嗣源考虑到天下初定，不想大动干戈，对孟知祥不但不怪罪，还派人前往西川安抚他。孟知祥见朝廷不敢把自己怎么样，也就更加嚣张。

后唐天成四年（公元929年），李嗣源要去南郊祭祀，派大臣李仁矩前往蜀地，要求西川贡献一百万缗钱，东川贡献五十万缗钱，但两川都推辞说自己军需不足。最终，西川贡献了五十万，东川更离谱，不仅只贡献了十万缗，节度使董璋还威胁要杀死李仁矩。

李仁矩回到朝廷后，就说东川节度使董璋有谋反的嫌疑。安重诲便安排李仁矩去镇守阆州，进一步刺探董璋谋反的情况。不久，李仁矩添枝加叶地向朝廷报告说董璋必反无疑。

一个孟知祥就够李嗣源头痛的了，现在又冒出来一个董璋。蜀地富饶，是天下的粮仓，也是战略要地，东、西两川一旦造反，势必严重削弱后唐国力。李嗣源不得不防备，他派人去整治遂州的城壕、修缮武器，并增派士卒在那里戍守。

董璋、孟知祥很害怕，他们俩平时有矛盾，经常相互侵扰对方的地盘，但到了这个时候，都决定摒弃前嫌，团结起来一起抗拒朝廷。

李嗣源知道后，又想息事宁人，下诏书抚慰他们。然而，董璋反心已起，后唐天成五年（公元930年），他率先聚集兵马，进攻阆州。随后，孟知祥派出三万人马进攻遂州，又安排四千人马前去与董璋会合，一起进攻阆州。阆州主帅李仁矩轻敌，出城迎战，还没交锋就溃败而回。很快城池被攻陷，李仁矩及其全家都被杀。

消息传到朝廷，安重诲埋怨李嗣源说："臣早就料到董璋会谋反，陛下您就是不肯讨伐他啊。"李嗣源被激怒，恨恨地说道："朕从来不负人，别人若负朕，朕自然要讨伐他。"当即命女婿石敬瑭率领大军前去征讨。

由于蜀地道路艰险狭窄，进兵极为困难，再加上粮草运输跟不上，朝廷大军虽然攻占了中原通往西南的咽喉要道——剑门，却始终不能取得更大的进展。李嗣源无奈，只好让石敬瑭率军北还。

当时很多人不满安重诲在这件事上的擅作威福，跑到李嗣源面前说他的坏话。这种话听多了，李嗣源便对安重诲起了猜忌之心。为了安抚孟知祥和董璋，李嗣源把讨伐两川的责任推到安重诲身上，说是他离间地方与朝廷的关系。

孟知祥见好就收，派使者去见董璋，想和他一同上表谢罪。董璋大怒："这次起事，你的家人亲戚都没事，你当然想归附朝廷；我的宗族都被朝廷灭了，还有什么可谢的！"孟知祥又派使者前去劝董璋："如不上表谢罪，朝廷恐怕还会派兵来讨伐咱们。"董璋恼了，干脆召集众将领，商量发兵攻打西川。众将都说一定能够攻克，只有一个叫王晖的人说："这次出兵师出无名，必败无疑。"

"不好了，董璋打来了！"孟知祥一听手下人的报告，就和大将赵廷隐统领数万人马前去迎战。一开始东川军乘西川军没有防备，接连攻占了多座城池，但当孟知祥率领大军到来后，董璋畏惧对方的威势，就命令军队往后退。

当时是中午，太阳毒辣，锐气正足的东川军大肆鼓噪说："让我们暴晒在烈日之下干什么！为什么不一鼓作气杀他们一个人仰马翻？"

董璋怕激怒将士，只好下令前进。不料前锋刚交战，东川将领张守进就向孟知祥投降，并说："董璋的兵马全在这里，再没有后援部队，应该快速出击。"

孟知祥大喜，指挥西川将士杀向东川军。东川军大败，董璋只带着几个骑兵逃回梓州。王晖出城迎接时，嘲讽道："您率领东川全体将士出征西川，现在怎么才回来这么几个人啊？"董璋号啕大哭，说不出话来。

同日，董璋被哗变的士兵杀死，王晖打开城门，将追来的西川军迎入城中。孟知祥就这样轻而易举地占有了东川，他立刻向朝廷上书，请求封自己为蜀王。李嗣源不想得罪他，便答应了。

经过蜀地这么一折腾，李嗣源感到疲惫不堪，突然卧病不起，文武百官都为继承人的事担忧不已。李嗣源的长子已经死了，继位的必定是他的次子、秦王李从荣。李从荣为人既轻薄又尖刻，像鹰眼一样常常侧目看人，他仗着自己是皇子，骄纵蛮横、不守法纪，曾经私下对自己的亲信说："有朝一日我做了皇帝，一定要把现在的大臣灭门诛杀。"很多人知道后，都很害怕，或辞去职务，或请求到地方上做官。

这天，李从荣进宫侍疾，发现李嗣源已经病得头都抬不起来，也不能说话，出来后，他又听到宫人都在恸哭，就以为父皇已经死了。李从荣知道自己没有人望，害怕群臣阻挠自己继位，便同党羽策划，准备武力夺取皇位。

然而，当天晚上李嗣源的病情就有所好转。所以，当李从荣带领千余人马进攻皇宫时，已经有人报告了李嗣源。

李嗣源一开始不相信，问枢密使朱弘昭。朱弘昭点头称是。李嗣源泪流不止，唉声叹气道："从荣何苦要这样做啊？这皇位迟早是他的。"接着转头吩咐亲军都指挥使康义诚："你去处理吧，不要惊扰百姓！"

此时，李从荣的人马已经攻到端门。由于端门已经被关闭，他就派人前去叩打左掖门。派去的人从门缝中向内窥视，看见大批骑兵从北面驰来，急忙报告李从荣。李从荣大惊，急忙调拨弓箭手。然而为时已晚，骑兵很快就奔压过来，李从荣的人马四散溃逃，李从荣本人被斩杀。

这场夺位闹剧终于平息，李嗣源既悲痛，又愧恨，因此病情加剧，几天后就驾崩了，由他的第三个儿子、宋王李从厚即位，为后唐闵帝。

怒 不 可 遏

遏，止。愤怒地难以抑制。形容十分愤怒。

造　句：	他傲慢无礼的态度让她怒不可遏，当即摔门而出。
近义词：	怒火中烧、火冒三丈
反义词：	喜不自胜、心平气和

① 这个故事的原文里还有成语"身首异处"（身体和头颅分在不同的地方。指人被砍头）、"师出无名"（出兵没有正当理由。也引申为做某事没有正当理由）。

〖 出生入死 〗

《资治通鉴·后唐纪八》

吾未冠从先帝百战，出入生死，金创满身，以立今日之社稷；汝曹从我，目睹其事。今朝廷信任谗臣，猜忌骨肉，我何罪而受诛乎！

译文

我从十几岁就跟随先帝经历上百次战斗，冒着生命危险，满身创伤，创建了今日的天下；你们大家跟着我，亲眼看到过那些事实。现在，朝廷相信和任用坏人，猜忌自家骨肉，我有什么罪而受到诛伐啊！

石敬瑭甘当"儿皇帝"

本想当个富贵王爷到终老，谁知机缘巧合成了皇帝，李从厚顿时感到如履薄冰，守丧日一结束，他就召来学士讲读《贞观政要》《太宗实录》。然而，李从厚空有治理天下的心意，却不懂治国之道，更不懂发挥辅臣的作用。为此，宰相李愚私下对几名重臣说："陛下很少召请和咨询我们，偏偏我们身处高位，责任重大，事情真不好办啊。"

李从厚不仅没有识人之明，还纵容宠臣专权。枢密使朱弘昭等人自恃拥立之功，想要独专朝政，就把李从厚的亲信排挤出朝廷。李从厚虽然不高兴，却也无可奈何。朱弘昭又变本加厉，将毒手伸向对自己极具威胁的凤翔节度使、潞王李从珂。

李从珂是明宗李嗣源的养子。李嗣源还是小军官的时候，家里贫穷，全靠李从珂拣马粪养家。后来李从珂又追随李嗣源四处征伐，立下赫赫战功，被任命为凤翔节度使，封潞王。李嗣源死后，李从珂在后唐的声望与地位无人能及。

朱弘昭就想方设法削弱李从珂的权势，他先是解除了李从珂之子李重吉的禁军指挥使一职，将其调出朝廷，接着将李从珂已经出家为尼的女儿召入宫中。这还不算，朱弘昭竟然绕过皇帝，以枢密院的名义，调李从珂去别的地方做节度使，企图将他的势力连根拔起。

朱弘昭一连串举动早就让李从珂心生疑惧，但他一直隐忍不发，当调离凤翔的诏令下达时，他才意识到自己的处境危险，就打出"清君侧"的旗号，公开反叛朝廷。李从厚吓得脸都白了，让长安留守王思同担任主帅，调集各道兵马前去平叛。

很快，朝廷各道兵马汇集在凤翔城下，并迅速攻下了东、西城关，李从珂的军队伤亡惨重。第二天，朝廷军队继续攻打城垣，并嚷嚷着一定要拿下城池。凤翔城垣的堞堡低矮简陋，守备器材也不足，城里的士兵与百姓都感到情势危急。

李从珂到底是久经沙场的老将，知道战斗的关键在于人心，他心一横，脱下上衣，光着膀子登上城头，指着身上的刀疤，声泪俱下地对着城外的官军哭诉起来："我从年少时就追随先帝征战沙场，经历上百次战斗，出生入死，留下这满身的创伤。你们中不少人过去曾与我并肩作战，可以证明我说的话。现如今，朝廷重用奸臣，猜忌自家骨肉，我犯了什么罪要受到诛伐啊？"说着，号啕大哭起来。

堂堂七尺男儿，竟然被逼到这分上！城外的朝廷将士都哀伤叹息，对李从珂产生了深深的同情。负责进攻西城的将领杨思权也很感动，索性命令军队解去铠甲，丢掉兵器，向李从珂请降。他还给李从珂递了一张纸条，上面写着："大王将来攻克京城后，请让我当个节度使。"李从珂马上回复了一张纸条，内容是："杨思权可任邠宁节度使。"城头上的人趁机大喊："城西的军队已经投降，接受我们大王封赏啦。"各道将士听了，都弃甲缴械，王思同则趁乱逃跑了。

李从珂将城中所有的财物收集起来，大肆犒劳军队，甚至连锅釜等器皿都估价赏赐给将士们。大家兴奋不已，拿起武器跟着他一路杀到了洛阳，打算谋取更大的富贵。

走投无路的李从厚只好逃出洛阳，投奔河东节度使、姐夫石敬瑭。石敬瑭不想得罪李从珂，就把他扔给卫州刺史王弘贽。王弘贽认为李从厚大势已去，将他先囚后杀。

公元934年，李从珂率军进入洛阳。宰相冯道率百官三次上表劝进，李从珂就顺理成章坐上了皇帝的宝座。他要做的第一件事情就是兑现起兵时的承诺：每个军士赏钱一百缗。可是，府库空虚，无论有关官员怎么聚敛民财，只收得六万，最后就算把太后、太妃们的金银首饰拿出来，也只有二十万缗，而赏军的费用约需五十万缗。最终，每个军士只分到二十缗。大家都不满，到处造谣说："除掉了一个菩萨①，却扶立了一块生铁。"意指李从厚宽仁软弱，而李从珂刚强严苛。

李从珂当然知道士兵们心有不满，可是他顾不得安抚这帮兵油子，因为此时还有一件更重要的事情，那就是提防北面行营总管、河东节度使石敬瑭。

石敬瑭和李从珂一样，都是因为勇武善斗得到明宗李嗣源的器重，因此二人一直互相竞争，不服对方。现在，李从珂成了皇帝，石敬瑭不得不入京拜见。

在京城待了几天，石敬瑭害怕李从珂生疑，不敢提出离京。当时石敬瑭大病初愈，瘦得皮包骨头，走几步就喘得厉害，他的岳母曹太后不忍心，几次替他求情，让李从珂放他回镇所。李从珂见石敬瑭瘦弱憔悴，料他也掀不起什么风浪，就顺水推舟答应了。

石敬瑭回到河东，暗中谋划如何保全自己。一方面，他经常在京城来使面前装出一副病恹恹的样子，说："我最近身体特别不好，哪有精力处理繁重的军务呀，真希望朝廷能调我到别的镇，让我清

---

① 李从厚的小名叫菩萨奴。

闲一点儿。"另一方面，他几次以抗击契丹入侵为名，向朝廷索要大批军粮，为以后做打算。

李从珂果然上当了，对石敬瑭稍稍放松戒备，还派使臣去河东劳军。不料，河东的军士看出石敬瑭的野心，竟然当着使臣的面多次呼喊"万岁"，企图拥立石敬瑭做皇帝以邀功。石敬瑭吓得魂都掉了，赶紧杀了带头呼叫的三十六名军士，以表明心迹。李从珂知道后，神经再次绷紧，马上安排一名武将担任北面行营副总管，分去石敬瑭的兵权。

不久，李从珂过生日，他置酒设宴款待皇室亲属，石敬瑭的妻子长公主祝贺完毕，就要告辞回晋阳。李从珂趁着醉意，问道："为什么不多留一会儿？难道是要赶回去帮助石郎造反吗？"

石敬瑭从妻子那儿知道情况后，打算试探一下李从珂，便上表请求调往别的镇当节度使。石敬瑭的想法很简单：如果李从珂同意，证明他怀疑自己，否则，说明李从珂没有加害之心。

李从珂召集心腹商议。大臣薛文遇说："调动也要反，不调动也会反，迟早的事，不如先下手为强。"李从珂觉得有道理，就调石敬瑭为郓州节度使，还催促他赶紧上任。

这就是撕破脸了！石敬瑭也不客气，上表对李从珂说："你只是先帝的养子，没有资格继位，请把皇位传给许王李从益[①]。"李从珂气得撕碎了表章，下令削夺石敬瑭的官爵，并派大军前去讨伐他。

石敬瑭担心自己打不过李从珂，火速派人向契丹求救，约定事成之后，自己不但向契丹称臣，认契丹国主耶律德光为父亲，还会

---

① 李嗣源的幼子。

割让幽云十六州①给契丹。部将刘知远看不下去了，劝道："称臣就可以了，耶律德光小您十几岁，您认他做父亲，是不是太过了？而且，给他金银财宝就行，为什么要割让幽云十六州呢？那可是我们中原的屏障，一旦失去，中原将无险可守啊！"石敬瑭根本听不进去，现在对他来说，保命才是最要紧的。

这可是天上掉馅饼啊！耶律德光心花怒放，从他的父亲耶律阿保机开始，契丹一直想占中原的便宜，却始终没有得逞，如今石敬瑭主动送上门来，岂有拒绝的道理？他立刻给石敬瑭回信，答应发动全国人马来支援他。

后唐清泰三年（公元936年）九月，耶律德光亲自统领五万骑兵南下，与石敬瑭的军队联合，首战就杀死后唐军近万人。后唐剩

---

① 包括幽州、蓟州、瀛州、莫州、涿州、檀州、顺州、新州、妫州、儒州、武州、云州、应州、寰州、朔州、蔚州。相当于今北京和山西大同市为中心，西界山西神池，东至河北遵化市，北迄长城，南至天津、河北河间市与保定市，及山西繁畤和宁武一线。

下的人马被迫退守晋安寨①。消息传到洛阳，李从珂决定亲征。然而走到河阳时，他心里害怕，便派其他将领率兵前去增援，还对左右的人说："我的心胆已经被石郎吓得掉在地上了！"

石敬瑭十分感激耶律德光的援救，对他毕恭毕敬。耶律德光很满意，对石敬瑭说："你的容貌、见识和气量，配得上做中原之主，我想扶立你做天子。"石敬瑭大喜过望，假意推辞了一番后，就答

---

① 在今山西太原市晋祠镇南。

应了。

耶律德光命人搭台筑坛，册封石敬瑭为中原皇帝，国号大晋①。石敬瑭割让了幽云十六州给契丹，并答应每年进贡三十万匹帛。

石敬瑭当了皇帝后更加意气风发，他指挥契丹和后晋的联军加紧围攻晋安寨。几个月后，晋安寨内的粮草都用完了，几名后唐将领杀掉主帅，开城投降。随后，联军乘胜向南进发，一路上攻城略地，所向披靡。后唐军将领已然丧失斗志，纷纷逃跑，士兵也跟着四散溃逃。

李从珂知道大势已去，便带着太后、皇后和儿子等人登上宣武楼自焚了。当天晚上，石敬瑭的大军就进入了洛阳，历时十四年的后唐王朝就此灭亡。

靠契丹人当上皇帝的石敬瑭侍奉起契丹来，要多恭敬就有多恭敬。公元937年，耶律德光改国号为大辽，石敬瑭上表时称耶律德光为父皇帝，自称儿皇帝。他还拜名重一时的冯道为宰相，让他出使契丹，给耶律德光的母亲上尊号。耶律德光大悦，从此经常派使者回访。而每当契丹使者来了，石敬瑭都要举行特殊的仪式，拜接契丹的诏书和敕令。除了每年进贡三十万匹帛外，运送各种吉凶庆吊、季节馈赠、玩好珍异的车马更是川流不息于路上。而且对契丹的贵族高官们，石敬瑭也恭谨地分别贿赠各种礼物。这些人仗着契丹对石敬瑭有恩，骄横傲慢，稍有不如意便斥骂责备，而石敬瑭总会谦卑地向他们谢罪。

朝廷内外都感到羞耻，石敬瑭却不以为然，他知道自己这个中原皇帝要想当稳，离不开契丹人的支持，因为在他的四周还有很多威胁，闽国、南楚、吴越，还有不久前孟知祥建立的后蜀，尤其是

---

① 史称后晋。

刚刚逼迫南吴国主杨溥禅位、建立南唐的徐知诰，也想通过勾结契丹来取代石敬瑭，做中原的皇帝。这些人都是军阀出身，或通过四处征伐获得地盘，或玩弄权术谋得帝位，一个个都不是省油的灯，石敬瑭不得不防，而契丹人是他坚强的后盾，他必须卑恭地对待他们，丝毫不敢怠慢，因此他在位的六年里，和契丹相处融洽，没有发生过重大嫌隙。

成 语 学 习①

出 生 入 死

原文为"出入生死"。原意是从出生到死去。后形容冒着生命危险，不顾个人安危。

造　句：	为挽救人民的生命和财产，消防战士出生入死，不顾安危。
近义词：	赴汤蹈火、舍生忘死
反义词：	贪生怕死

---

① 这个故事的原文里还有成语"清君侧"（指清除君主身旁的坏人）、"无所畏忌"（没有什么畏惧和顾忌）、"长驱深入"（形容进军迅猛，不可阻挡）。

〖 兴利除害 〗

《资治通鉴·后晋纪四》

唐主自为吴相，兴利除害，变更旧法甚多。及即位，命法官及尚书删定为《昇元条》三十卷；庚寅，行之。

译 文

南唐国主李昇（biàn）自从当吴国宰相以来，振兴利益，革除弊害，把旧的法规变更了很多。及至他自己即位，就命令执法官及尚书省删定为《昇元条》三十卷；庚寅（初九），颁布施行。

徐知诰建南唐

南吴是淮南节度使、吴王杨行密的地盘，他死后，他的儿子杨渥继承了官爵。杨渥喜好击球饮酒，不肯花心思处理政事，军政大权就落到权臣徐温的手里。杨渥虽然没有什么才能，但看到徐温权势越来越大，就想除掉徐温，没想到反被他杀死。之后，徐温拥立杨渥的二弟杨隆演，但军政大权仍然掌握在他自己手里。

徐温有几个儿子，但他最器重的是养子徐知诰。徐知诰原是徐州一户李姓人家的孩子，在他八岁时，被杨行密的士兵掠走。杨行密见这孩子机灵，就收为养子，但遭到杨渥的厌憎，便转而给了当时的部将徐温抚养，取名徐知诰。

徐知诰成年后喜欢读书，见识不凡，尤为难得的是，他侍奉徐温跟侍奉亲生父亲一样。有一回，徐知诰跟随徐温出门，徐温因为心情不好迁怒于他，抡起拐杖把他赶走了。等徐温回到家，却见徐知诰拜迎于门口，便惊讶地问："你怎么在这里！"徐知诰恭恭敬敬地答道："做儿子的怎么能舍弃父母呢，父亲责罚就回家侍奉母亲，这是人之常情。"徐温大受感动，从此对徐知诰另眼相看，还经常拿他和几个亲生儿子作比较，呵斥他们说："你们为我做事能像徐知诰那样吗？"

徐温的长子徐知训是南吴内外马步都军使，当时，徐温镇守地势优越的金陵，他则留在扬州辅理朝政。仗着父亲是南吴实际的统治者，徐知训十分骄横跋扈。大臣李德诚家里有几十个能歌善舞的女艺人，徐知训想要，被李德诚婉拒："这些女艺人年龄都大了，有的甚至生过孩子，不配伺候贵人，我另外为您挑一些年轻美丽的女子。"徐知训大为光火："以后我要杀了李德诚，连同他的妻子也一起要过来。"

对吴王杨隆演，徐知训也敢随意戏弄，完全不讲君臣礼节。有一次，徐知训和吴王一起演戏，他自己当参军，让吴王当僮奴——头发扎成两个丫角，穿着破旧的衣服，手里拿着帽子，跟在他后面。还有一次，徐知训和吴王在河上划船，吴王先站起来，徐知训就用弹子弹他。

徐知训对待吴王尚且如此，对待养子身份的徐知诰自然更是放肆。徐知训曾经召集兄弟们一起喝酒，徐知诰没有参加，徐知训拍桌子骂道："那个叫花子不想喝酒，难道想吃剑吗？"他又另设酒宴，埋伏了甲兵，准备杀死徐知诰。徐知诰觉察后，假装上厕所，这才幸免于难。

所谓多行不义必自毙，徐知训最终为他的猖狂付出了代价。他看上平卢节度使朱瑾家的女艺人，想占为己有，就把朱瑾调任为静淮节度使。朱瑾恨透了徐知训，就以要把自己喜爱的宝马送给徐知训为由，把他骗到家中，然后乘其不备杀死了他。周围的人都吓得四散而逃，朱瑾却提着徐知训的脑袋直奔吴王府，对杨隆演说："我已经为大王除掉了祸害。"杨隆演惊恐万状，用衣服遮住脸不敢看，一边朝里走，一边说："人是你杀的，跟我没关系，我不要知道。"

"这小子真没出息！"朱瑾长叹一声，扔下人头，拔剑走出王府，对闻讯前来抓捕他的人说："我这是为民除害，我一个人做事一人当。"说完就自杀了。

徐温急忙从金陵赶回扬州，诛灭了朱瑾的家族，并在返回金陵前，安排徐知诰代替徐知训，在扬州打理南吴朝政。

徐知诰和徐知训的所作所为截然相反，侍奉吴王杨溥[1]时特别恭敬，他访求贤才，接受劝谏，铲除奸猾，杜绝请托，尤其爱护百姓，减轻他们的负担，但他对待自己十分严苛，常常穿用蒲草编织的鞋子，洗手洗脸用铁盆，大热天睡在用青葛做的蚊帐里。时间一长，尽管徐温仍在金陵遥控朝政，人心却大多归向徐知诰。

徐温的手下人因此很担心，都劝徐温让亲生儿子来管理政事，徐温的次子、忠义节度使徐知询也曾多次请求代替徐知诰。起初，徐温拒绝了，可劝的人一多，他就犹豫起来，毕竟血浓于水。这天，徐温打算去扬州劝吴王称帝，还没出门就生病了，便让徐知询替自己前去，并趁此机会留在扬州代替徐知诰处理政事。没想到，当天晚上徐温就病死了。不久，吴王称帝，南吴军政大权自然而然地落在了徐知诰的手里。

看着煮熟的鸭子飞了，徐知询很不甘心。他当时镇守金陵，掌管江南六州，很轻视徐知诰，决心找机会除掉他。在徐温去世两年后，徐知询叫徐知诰到金陵来解除丧服[2]。徐知诰回复说："我倒是想去，可吴王不准呀。"

徐知询十分生气，谴责徐知诰："父亲去世，你作为儿子，不来参加祭礼，像话吗？"

徐知诰也不含糊，回敬道："你拔出剑等待我，我怎么敢去呢？"

所谓来而不往非礼也，徐知诰对徐知询也起了杀心，便找了一个机会，把徐知询骗到扬州，热情地为他接风。席间，徐知诰用金杯斟酒给徐知询喝，并说："希望弟弟能活千岁。"

"莫非酒中有毒？"徐知询心里"咯噔"了一下，心跳加速，不过，他也不是吃素的，马上拿起另一个杯子，把金杯中的酒倒了一

---

[1] 此时，吴王杨隆演由于忧郁成疾，已经去世，他弟弟杨溥即位。
[2] 即除去丧礼之服，俗称"脱孝"。

半进去，递给徐知诰，并说："希望我和哥哥各享五百岁。"

徐知诰脸色都变了，来回看着左右大臣，始终不肯接过酒杯。徐知询捧着那杯酒也不退让。左右大臣都不知道徐知诰想干什么。这时，一个叫申渐高的伶人看出端倪，径直走到兄弟俩面前，说了几句诙谐的话，夺过两杯酒，都喝了下去，然后怀揣金杯退了出去。徐知诰偷偷派人给申渐高送去解药，但为时已晚，申渐高已经毒发身亡。

没过多久，徐知诰利用权柄将徐知询调到扬州，并派自己的心腹就近监视他。考虑到养父徐温对自己不薄，而且徐知询对自己也构不成威胁了，徐知诰就没有杀他。

大权在握的徐知诰渐渐有了称帝的野心，但扬州太小，他看上了金陵，就向吴王上表说，自己辅政时间长了，请求告老回金陵。吴王不敢拒绝，就让他镇守金陵，朝政大事依旧由他总管。

徐知诰一到金陵，就把金陵城方圆扩建了二十里。一开始，他是想让吴王把皇位禅让给自己，但因为吴王没有什么过错，他担心众人不服，便想等吴王去世后再说。可是等待的日子太难熬了。有一天早上，徐知诰一边照镜子，一边拔着发白的胡须，叹气道："国家安宁而我已经老了，怎么办呢？"

大臣周宗听出了他的话外音，就主动请缨前往扬州劝说吴王。吴王知道自己只是个傀儡，江山迟早是徐知诰的，就不停地加封徐知诰，大丞相、尚父、齐王、大元帅、加九锡……徐知诰自然要推辞一番，但实际上他已经开始修建太庙和祭坛，为称帝做准备。

公元937年，吴王杨溥下诏，宣布把帝位禅让给徐知诰，并派人把国玺和绶带给徐知诰送去。一个月后，徐知诰在金陵即皇帝位，国号为唐，史称南唐。他就是南唐烈祖。吴王杨溥被尊为高尚思玄弘古让皇，一年后在幽禁中死亡。

不久，南唐群臣上表请求徐知诰恢复李姓。虽然自己建的南唐与从前李唐江山没有关系，自己也不是李唐的血脉传人，但是徐知诰还是想攀附一下李唐正统宗室的关系，便同意了，还更名为李昪。

群臣又请求上帝王尊号，李昪说："尊号是一种虚美，并且不是古制。"因此没有接受，并下令后代子孙都依照这种做法，不受尊号，也不用外戚辅理政事，宦官更不准干预国事。

称帝后的李昪雄心勃勃，想要勾结契丹来取得对中原的统治，他派人请求后晋皇帝石敬瑭允许南唐使者借道前往契丹，却遭到拒绝。从此，李昪打消了称霸中原的念头，一心一意建设南唐。

"保境安民"成了李昪统治时期的基本国策，他休兵罢战，派人去跟闽国议和，拒绝南汉①联合出兵瓜分南楚的建议，甚至在吴越国发生大火，宫室府库几乎烧光，大臣们建议趁机发兵以绝后患时，李昪都没有动摇过。他说："每次打仗，受苦的是百姓，天下血战几十年，百姓流离失所，朕每每回想起来，都还痛心疾首。让别人的百姓安宁，那么朕的百姓也就安宁了。更何况现在他们有难，我们怎么能趁火打劫呢？"他派使者前往吴越国慰问，还送去各种资助。

李昪在称帝之前就兴利除害，废除了许多不合理的法规，称帝以后，他又命执法官及尚书省删定为《昪元条》三十卷。有法可依的南唐得以迅速发展，经济繁荣，文化昌盛，人民安居乐业，一跃成为举足轻重的南方大国。

可惜天不假年，公元943年，渴望延年益寿的李昪吃灵丹中毒，背上长了痈疽，勉强撑了几天就死了，他的儿子、齐王李璟即位。

---

① 五代十国时期十国之一。定都番禺（今广东广州）。创建人刘龑。

成语学习①

兴利除害

兴办对国家人民有益利的事业，除去各种弊端。

造　句：	中国改革开放四十年，是兴利除害、富国惠民的四十年。
近义词：	除旧布新、革故鼎新
反义词：	因循守旧、蹈常袭故

---

① 这个故事的原文里还有成语"莫知所为"（不知道怎么办）、"不识大体"（不懂得从大局考虑）。

〖 寂若无人 〗

《资治通鉴·后晋纪六》

己亥，杜威等至瀛州，城门洞启，寂若无人，威等不敢进。闻契丹将高谟翰先已引兵潜出，威遣梁汉璋将二千骑追之，遇契丹于南阳务，败死。

译 文

己亥（十二日），杜威等人率兵来到瀛州，见城门洞开，寂静得像没有人，杜威等人不敢进去。听说契丹将领高谟翰早已率兵偷偷出城跑了，杜威就派梁汉璋率领两千名骑兵追击，在南阳务与契丹人遭遇，梁汉璋战败被杀。

"孙皇帝"的十万横磨剑

石敬瑭为了坐稳江山，对契丹卑躬屈膝，招致一些将领的反感，成德节度使安重荣就觉得很耻辱，每次接见契丹使者，他不但不行礼，还叉开双腿坐在那儿高声谩骂。有时契丹使者经过他的辖境，他就偷偷派人把使者杀了。他还引诱吐谷浑部脱离契丹，投奔自己。

耶律德光怒气冲冲，派使者来责问，石敬瑭不知道怎么办才好，忧郁成疾，不久就死了。临终前，石敬瑭召宰相冯道进宫，叫幼子石重睿出来拜见冯道，要冯道辅立他为幼主。但是冯道与大将景延广商议后，认为国家危难时刻，应该立年长的君主，于是改立石敬瑭的侄子、齐王石重贵为皇位继承人。

公元 942 年，石重贵即皇帝位。景延广认为这是自己的功劳，开始弄权用事，独断专行。朝中大臣商量向契丹上表，报告石敬瑭死亡的消息，景延广则主张写个信告诉一声就行，并且不称臣，只称孙。

宰相李崧反对这样做："向契丹称臣是为了江山社稷、黎民百姓，有什么可耻的？陛下如果不这样做，先帝创造的和平局面势必被打破，到时候契丹挥师南下，后悔莫及啊。"

景延广气冲冲地说道："之前向契丹人称臣是没有办法，现在我们国力强盛，为什么还要向这些胡人低头？"

一席话激得石重贵热血沸腾，他派人给契丹送了一封信去，简单告知了石敬瑭去世、自己即位的消息。

习惯了中原皇帝低声下气的耶律德光接信后勃然大怒，派使者前来质问："为什么不先来禀告，就擅自登基？"

石重贵心里很不爽，让景延广回了一封言语颇为不敬的回信，还对契丹使者说："回去告诉你的主子，先帝是你们契丹扶立的，所以才向你们称臣。现在的皇帝是中原自己立的，称孙已经够给你们面子了，绝对没有再称臣的道理。你们要是敢来侵犯，我们就用十万横磨利剑①招待你们！"

卢龙节度使赵延寿原是后唐将领，后来投降了契丹，受到耶律德光的重用，他想取代石重贵做中原的皇帝，便劝说耶律德光进攻中原。耶律德光也想教训一下石重贵，便听从了。

后晋开运元年（公元944年），耶律德光聚集五万人马，由赵延寿统领，并对他许诺："如果能夺得中原，一定立你当皇帝。"赵延寿大喜，立即率军南下。

由于幽云十六州的割让，导致中原门户大开，无险可守，石敬瑭搬起的石头首先砸到了石重贵的脚上。很快，赵延寿率领契丹兵攻下贝州，乘胜向恒州、邢州、沧州进犯。

石重贵见契丹人势如破竹，再也硬气不起来，急忙派人给契丹送信，要求恢复旧好。耶律德光回信说："局势已经这样，无法改变啦。"石重贵只好硬着头皮亲征，他让景延广全权负责调兵遣将。虽然景延广借着权势，凌侮诸将，很不得人心，但是契丹人屠杀俘虏的暴行让后晋国人义愤填膺，大家团结一致，打得契丹人连吃败仗，只好收军北去。

耶律德光回到北方后，越想越生气，越想越不甘心，便在当年的年底再次大举入侵中原。石重贵又想亲征，偏巧生了病，便命令

---

① "横磨剑"是指长而大的利剑，用来比喻精锐善战的士卒。

各道节度使率领兵马前去抵抗。

后晋的军队刚到前线，石重贵就下诏让军队稍稍后退，避开契丹人的锋芒。没想到，后退的命令一下，后晋的士兵们因为恐惧，竟然争先恐后地逃窜，一路上丢盔弃甲，狼狈不堪。当后晋军退到河南安阳时，契丹人追了上来，从四面八方把他们围了个水泄不通，另外还派奇兵断绝了他们的粮道。

当天傍晚，东北风大起，刮破房屋，摧折树木。到天亮，风刮得更厉害了。耶律德光坐在大车中，对契丹士兵说："我们今天就要在这里把晋军将士全部捉了，然后向南直捣开封！"随即下令向后晋军队发起进攻，并顺风放火，以振声势。

后晋主帅杜威①是石重贵的姑父，他生性懦弱胆小，下令全军死守不战。此时后晋人马由于缺水，都极度干渴，士兵们很绝望，大呼："为什么不出战？与其坐以待毙，不如冲出去杀个痛快！"诸将也请求出战。

杜威怯怯地说："还是等风势稍微减弱后，再看可不可以出战吧。"

大将李守贞就说："契丹人多我们人少，但风沙中看不清谁多谁少，只有奋力作战的人才可以取胜，这个风正好帮了我们的忙。如果等到风停，我们这些人都要完蛋。"

杜威还是没有同意。诸将退出后，决定自行出战，于是率领精锐骑兵向契丹军阵横冲而去。契丹人没想到对方竟然逆风出动，惊恐中大败而走。后晋军乘胜追击，打得契丹人哭爹喊娘。耶律德光坐着车跑了十多里，半路上捉到一匹骆驼，赶紧骑上逃走了。

捷报传到后晋朝廷，石重贵欣喜若狂，认为契丹两次南侵都失

---

① 原名杜重威，因避石重贵的讳，改名为杜威。

败，一定吓破了胆，不敢再来，从此放开了享乐。他把各地进贡的奇珍异宝，统统归入内府，毫无节制地赏赐给为他歌舞戏谑的艺人，并大量制造器具玩物，扩建宫室。他还建造了一座织锦楼，征用了数百名织工编织地毯，历时一年才完成。

大臣桑维翰劝谏道："去年陛下亲自率兵抗击胡人的进攻，士兵受了重伤，也不过赏给几段布帛而已。现在艺人一说一笑合您的心意，就往往赏给十段布帛、上万钱币，还有锦袍、银带。若让那些士兵看见，他们一定会抱怨说：'我们冒着刀锋剑刃，断筋折骨，竟然不如人家一说一笑的功劳大啊！'这样下去，军队就将瓦解，陛下还靠谁来保卫国家呢？"石重贵不听，后晋朝政因此日益败坏。

后晋开运三年（公元946年），契丹雄主耶律德光第三次率领契丹大军南下。醉生梦死的石重贵毫不在意，他再次任命杜威为元帅，李守贞为副帅，率领各道人马北讨契丹。石重贵雄心勃勃地在诏书中声称"先取瀛州、莫州，安定关南，然后收复幽燕，荡平塞北"。

杜威等人率军来到瀛州时，见城门洞开，寂若无人，一打听才知道契丹守将跑了，就派了两千骑兵去追击，谁知被契丹人杀了个回马枪，杜威吓得立即率兵回撤。到达武强时，又听闻契丹大军正向恒州扑去，杜威更是魂飞魄散，准备让军队绕道走。在彰德节度使张彦泽的极力劝阻下，杜威才硬着头皮，命令大军向恒州进发，与契丹军决一死战。

不久，后晋军队来到距离恒州只有五里的中度桥，发现契丹人已经抢先占领了这座桥。张彦泽率领骑兵前去争夺，契丹人便把桥烧掉了。双方隔着滹沱河驻扎了下来。

一开始，契丹人见后晋军队浩浩荡荡开来，担心对方会强渡滹沱河，和恒州方面联合夹击，便打算退兵，后来见后晋军筑起营垒作持久战的准备，就打消了退兵的念头。这天，契丹人率大军挡住后晋军的前进道路，又悄悄派一队士兵绕到后晋军的后面，试图切断后晋军的粮道和退路。

磁州刺史李谷看出形势危急，向杜威和李守贞建议："如果把许多三股木放到水中，在上面放上柴草，再铺上土，桥就立刻架成了，再和近在咫尺的恒州城中的守军约定，夜里点火为号，里外合兵，奇袭契丹，一定能胜。"

众将领都认为这个办法好，只有杜威认为不行。李谷不得不亲自给石重贵上密奏，告诉他大军驻扎在中度桥的消息。与此同时，杜威的增兵请求也送到石重贵面前。之前杜威已经多次请求增兵，石重贵把禁军都给他了，这个时候已经无兵可调，只好让守卫宫禁的几百人赶往中度桥。

几天后，契丹人包围了后晋军营，军营与外界联系彻底断绝。眼看粮食也快吃完了，杜威和李守贞便谋划投降契丹。狡猾的杜威还背着李守贞，偷偷派心腹到耶律德光的牙帐里，邀功求赏。耶律德光就骗他说："赵延寿威望不高，恐怕做不了中原的皇帝。你如果真的能投降，我就让你当皇帝。"

杜威喜出望外，逼迫众将领在降表上署名，然后命令全军放下武器。之后，契丹军一路南下，驻守各地的后晋军望风披靡，一败涂地。耶律德光见胜局已定，派降将张彦泽率领两千骑兵先去攻取开封。

由于消息断绝，直到四天后，石重贵才知道杜威等人已经投降了契丹，当天傍晚，又听说张彦泽已经到了滑州，他心里急得跟着了火一般，却想不出办法来。

第二天天还没亮，张彦泽就率领骑兵冲入开封城中。石重贵知道无力回天，就在宫中放起了火，想自焚，却被身边人拦住。他想着好死不如赖活着，就召来翰林学士拟好降表，派儿子给耶律德光送去。耶律德光派人对石重贵说："孙儿不要担忧，一定让你有吃饭的地方。"石重贵这才稍稍心安了些，上表谢恩。

第二年正月初一，后晋的文武百官在开封城北，伏地跪迎契丹主耶律德光。耶律德光头戴貂帽，身披貂裘，内裹铁甲，在契丹大军的簇拥下进入开封城中。随后，他派使者将诏书送往后晋的各个藩镇。各藩镇都争着上表称臣。享国十二年、历经二帝的后晋至此灭亡。石重贵被耶律德光封为负义侯，打发到千里之外的黄龙府种地去了。

成语学习①

寂若无人

寂静得就像没有人一样。

造　句：	舞台的灯光一亮，偌大的音乐厅顿时寂若无人。
近义词：	无声无息
反义词：	人声鼎沸

---

① 这个故事的原文里还有成语"躬擐甲胄"（指亲自穿上铠甲和头盔坐镇军中指挥）、"乘势使气"（仗势逞性子）、"依违两可"（指对问题态度犹豫，没有确定的意见）、"束手就擒"（指毫不抵抗，乖乖地让人捉住）、"以身殉国"（忠于自己的国家而献出生命）、"危在旦夕"（形容危险就在眼前）、"不以为然"（表示不同意或否定）、"不寒而栗"（形容非常恐惧）。

【 不谋而合 】

《资治通鉴·后汉纪一》

　　郭威与都押牙冠氏杨邠入说知远曰:"今远近之心,不谋而同,此天意也。王不乘此际取之,谦让不居,恐人心且移,移则反受其咎矣。"

译　文

　　郭威和都押牙冠氏人杨邠入内劝说刘知远:"现在远近的人心,事先没有商量过,意见却完全一致,这是天意呵!如果您不趁这个时候取天下,而谦让不就,只怕人心就要转移,而转移了您就要反受其害了。"

最后的沙陀王朝

开封皇宫里，莺歌燕舞，鼓乐齐鸣，红光满面的耶律德光将手里的酒一饮而尽，他环顾了一下四周，对正在推杯换盏的后晋旧臣们说："我原本没想来你们中原，是你们汉人把我引到这儿的。你们知道自己为什么会失败吗？因为你们中原的事，我都知道，可我们辽国的事，你们就不晓得啰！"

后晋臣子们从投降契丹那一刻起，就把气节抛到九霄云外，他们纷纷放下酒杯，伏地拜道："大王英明神武，天下归心，无论夷族，还是华夏，都愿意拥戴您为皇帝。"

耶律德光开怀大笑道："我们辽国国土辽阔，方圆数万里，有二十七位君长，如今中原也是我们的了，我想选一个人做中原的君长，你们觉得怎么样？"

后晋臣子们再次伏拜，声称："天上既然没有两个太阳，地上也就只有一个皇帝，这个皇帝就是大王您啊！"

"哈哈哈！有道理！"耶律德光得意地笑了。

这天，耶律德光头戴通天冠，身披绛纱袍，在开封皇宫正殿登基。文武百官都来朝贺，汉人都穿礼服，胡人仍穿胡服，站在汉人文武两班中间。耶律德光发布诏令，说从今以后要让中原的老百姓休养生息。

事实上，耶律德光说一套做一套。为了供应契丹军队的粮饷，耶律德光放纵契丹骑兵，以牧马为名四处抢掠，称为"打草谷"。他还派出几十名使者到各州"借钱",不"借"的就严刑拷打,搞得民怨沸腾。中原军民苦于辽国人的暴政,寄希望于强大的藩镇,希望他们能驱逐契丹人,恢复中原,其中众望所归者,要数河东节度使、北平王刘知远。

刘知远虽然有个汉人名字,却是地道的沙陀人,只不过先祖很早迁居太原,汉化程度很高。刘知远年轻时投身军营,成为石敬瑭的部将。在一次战斗中,石敬瑭的马甲突然断裂,眼看就要被敌军追上,刘知远赶忙和他调换了坐骑,掩护他后撤。石敬瑭脱险后,将刘知远引为心腹。后来石敬瑭病重,下诏让刘知远入朝辅政,却被对他心怀忌惮的石重贵拦下。等到石重贵即位,刘知远日渐被疏远,只能谨慎地寻求自保。部将郭威见他满怀忧虑,安慰道:"河东这个地方,山川险要,崇尚勇武,又多产战马,天下太平时就好好从事农业生产,动荡时则操练兵马,这是成就霸业和王道的依凭,有什么可忧虑的!"

石重贵与契丹绝交之后,刘知远虽然被任命为北面行营都统,却徒有虚名,各军的行动实际上他一点都不能干预。刘知远也死了心,干脆事不关己高高挂起,既不拦击契丹人,也不救援后晋军,只是经营自己的地盘。他大量招募士兵,又吞并吐谷浑的五支部族,实力因此大增。

契丹占据大梁的消息传来后,刘知远一面分兵守护四方边境,一面派将领王峻向耶律德光上表祝贺,并献上珍奇的丝织品和名贵的马匹。

耶律德光见刘知远服软,笑得合不拢嘴,亲自在刘知远的姓名上加上"儿"字,以示亲近,还赐给他木拐。按照胡人的传统,受到礼遇的大臣,才能赐予木拐,足见耶律德光对刘知远的重视。可是刘知远始终没有来大梁朝见,耶律德光越想越觉得不对劲,专门派人去问他："你既不侍奉南朝，又不为北朝效力，你打算等什么呢？"

刘知远为此很担忧，郭威就对他说："听上去胡虏对我们怨恨很深啊！王峻回来说契丹人贪婪残暴，失掉人心，一定不能长久占据中原。"

有人劝刘知远起兵进攻开封。刘知远说："契丹人刚刚招降了十万晋军，像老虎一样雄踞都城，我怎么能轻举妄动呢？他们贪图的无非是钱财物品，满足了就会回国的，而且他们不习惯中原的气候，等天气转暖，他们就会难受，一定会退回北方，到那时我再去，就万无一失了。"

这天，刘知远正在府里办公，手下人跑来说荆南的高从诲派了使者前来。刘知远纳闷："我和荆南没什么往来，这个高赖子想打什么鬼主意？"

荆南地处湖南、岭南和福建之间，地域狭窄，兵力薄弱。从第一任南平王高季兴开始，每当各国向中原进贡，经过荆南地界时，贡品往往被截留，等到各国要派兵讨伐时，他们才把财物送还，事后一点儿都不感到羞愧。等到高从诲即位后，后唐、后晋、契丹相继占据中原，中原之外的南汉、闽国、南吴、后蜀都各自称帝，高从诲贪图各国的赏赐，就四处称臣，各国都鄙视他，称他为"高赖子"。

高从诲这次派使者来河东，就是想劝刘知远称帝，自己好从中捞点儿好处。刘知远虽然没有理睬高从诲，但无疑被触动了，不由得感叹道："戎狄入侵蹂躏（róu lìn），中原无主，致使藩镇向外投靠，我身为一方长官，太惭愧了！"

部将们听出了刘知远的话外音，也劝他称帝，以便号令四方，驱逐外敌。刘知远没有同意，将士们便嚷嚷说："现在契丹人攻陷京城，抓走天子，天下已经没有君主了。能够做天下君主的，除了我们北平王还有谁？"大家争着喊"万岁"。刘知远却迟疑不决。

郭威与另一名将领杨邠就对他说："现在人心都归附您，不谋而合，这是天意呵！您如果不趁这个时候取得天下，一味地谦让，只怕人心就要转移，到那时您后悔都来不及。"

刘知远这才答应，在耶律德光登基十五天后，他在晋阳登皇帝位。第二天，他就向各道下诏书说："各道官员为契丹搜刮钱财的，统统罢免；原晋国臣子被迫做官的，不予追究，速速前来报到。至于其他契丹人，则见一个杀一个。"

耶律德光勃然大怒，立即调兵遣将，把守各地要塞，防备刘知远率兵南下。然而，没等刘知远前来攻打，耶律德光就被各地百姓的起义搞得焦头烂额，他对左右官员说："我不知道中原人竟然如此难以制服！"因此生出北归的心思。

这天，耶律德光召见原后晋的文武百官，对他们说："天渐渐热起来了，我在这里待得难受，想暂时回辽国看望太后。"

"真是母子情深呀，不如把太后她老人家接到开封来，共享天伦之乐。"文武百官并不知道耶律德光的心思，还一个劲儿地谄媚道。

"一帮没眼力见的蠢材！"耶律德光心中暗骂了一句，不动声色地说："太后家族庞大，就像古柏盘根，不可随意移动。"大臣们这才明白他想北归，一个个都不吭声了。

就这样，耶律德光进入开封城才三个多月，就返归契丹。走时，他把府库里值钱的东西统统装上车。渡过黄河后，耶律德光对左右官员说："我在辽国，骑射打猎，快活得很，来到中原却闷闷不乐。今天总算回来了，死了也没有遗恨。"没想到，走到临城时，他就得了病，等到了栾城，他已经病入膏肓，很快就死了。由于天气炎热，契丹人只好把他的肚子剖开，掏出内脏，然后再往里塞进几斗盐，以防尸体腐烂，这样才把他的尸体运回契丹。

刘知远打探到契丹人走了，立刻发兵南下。耶律德光留下的那些守将不愿再替他卖命，逃跑的逃跑，投降的投降，以至于刘知远从晋阳进军开封的一路上，士兵们的刀枪几乎没沾过血。

公元947年，刘知远下诏改国号为汉，史称后汉，这是历史上最后一个由沙陀人建立的王朝，也是五代时期的第四个中原王朝。接着，刘知远在国内实行大赦，凡是契丹委任的官吏，上至节度使，下至将领，各自安于职守，不再变更。原后晋的藩镇闻讯，纷纷前来归降。

也有藩镇对刘知远不服，比如魏博节度使杜威，可是他的实力远不如刘知远，没办法，只好暂时向后汉臣服。刘知远很精明，调他到距离开封不远的归德军担任节度使。杜威拒不接受，还派儿子去契丹搬援兵。刘知远怒了，亲自领兵讨伐杜威。在后汉军的重重围攻下，魏州城中的粮食逐渐吃光，十之七八的人饿死了，活着的也都骨瘦如柴，没有人样，很多将士为了活命出城投降。杜威知道自己扛不过去了，只好出城投降。

旗开得胜的刘知远高高兴兴地班师回朝，然而迎接他的却是一个噩耗：他一心栽培的长子刘承训去世了。刘承训为人孝顺、友爱、忠诚、厚道，而且通晓政务，人们对他的死都感到惋惜，刘知远更是痛彻心扉，经常整夜整夜睡不着，身体越来越虚弱。

后汉乾祐元年（公元948年）正月，沉浸在丧子之痛中的刘知远病倒了，病情很快恶化起来。临终前，他把重臣苏逢吉、杨邠、史弘肇、郭威召进宫中，向他们交代后事："承祐年幼，一切就拜托各位爱卿了。"喘了口气后，他说："杜威反复无常，留不得。"当天，在位仅十一个月的刘知远就去世了。

成语学习①

不 谋 而 合

原文为"不谋而同"。谋，商量。事先没有商量过，意见或行动却完全一致。

造　句：	在这件事情上，我们的想法不谋而合。
近义词：	不约而同、所见略同
反义词：	众说纷纭、言人人殊

---

① 这个故事的原文里还有成语"万无一失"（指非常有把握，绝对不会出差错）。

【 乌合之众 】

《资治通鉴·后汉纪三》

俟城中无食，公帑家财皆竭，然后进梯冲以逼之，飞羽檄以招之。彼之将士，脱身逃死，父子且不相保，况乌合之众乎！

译 文

等城中没粮了，官家、私人的钱财全都枯竭，然后推进云梯冲车来逼近他们，飞传羽檄来招降他们。那边的将士，各自脱身逃亡，就是父子也难以互相保护，何况是像乌鸦一样聚在一起的人呢！

郭威披上了黄旗

后汉开国皇帝刘知远去世后，郭威等人遵照遗诏，在街市上斩杀反复无常的杜威父子，然后拥立年仅十八岁的皇子刘承祐即皇帝位。可是，刘承祐"龙椅"还没坐热，就接连收到紧急军报，说河中、凤翔、永兴三个藩镇同时反叛。

原来，河中节度使李守贞听说杜威被杀，不免有兔死狐悲之感，就趁新皇帝根基不稳，起兵反叛。他自称秦王，派兵占据了潼关。

与此同时，凤翔巡检使王景崇因为被人诋毁而怨恨后汉朝廷，就怂恿降将赵思绾造反。赵思绾在王景崇的刺激下，突然作乱，攻入永兴的治所——长安。为了扩大声威，他们主动与李守贞结盟，共同抵抗朝廷。

三镇一起反叛，年轻的刘承祐哪见过这阵势，连忙派众将领讨伐他们。然而，由于将领之间长期不和，彼此相互观望，谁也不肯主动进攻，官军讨伐了几个月都没什么战果。刘承祐便任命郭威为元帅，让他调度各军，平定叛乱。

出发前，郭威跑去请教太师冯道："您有什么良策吗？"

冯道历经后唐、后晋、后汉，官至宰相、太师，政治经验丰富，他一边捻着胡须，一边慢条斯理地对郭威说："李守贞对待将士很大方，您千万不要吝惜公家的钱，要经常犒劳将士，这样他就没有优势了。"郭威连连点头称是。

郭威到达前线，与将领们商议后，决定先讨伐三镇中力量最强的李守贞，只要李守贞一灭亡，另外两个藩镇就会不攻自破。主意打定，他下令兵分三路，进攻河中。

一路上，但凡将士们立了点儿小功，郭威就赏赐财物，犯了小错也不责罚。如果有士兵受了伤，郭威一定亲自探望。参谋们只要出谋划策，郭威都和颜悦色地接待，耐心倾听，哪怕意见与他相悖，他也不会发火恼怒。因此，军中将士一心归附郭威。

官军直扑河中而来，李守贞却一点儿都不担心，他认为那些将士都曾是自己的老部下，受过他的恩惠，他们一到只会前来敲门，奉迎他为君主，自己只要坐着等就是了。让李守贞意外的是，官军将士一到城下，就挥舞军旗，擂响战鼓，跳着脚辱骂李守贞。此情此景，惊得李守贞目瞪口呆。

众将领想赶快攻城，郭威却摆了摆手，说道："李守贞是前朝有经验的老将，勇猛善斗，况且城墙坚固，这时候进攻，就跟赴汤蹈火一般。我们从四面八方包围他，让他上天无路，入地无门。等城中没粮了，钱财用尽，我们再推出云梯冲车攻城，并传檄招降他们。到那时，城里的将士忙着跑路，就是父子也难以互相保护，何况是些乌合之众！"

李守贞看出郭威的意图，多次想突围，却都没有成功。困守城中多日后，他派人向南唐、后蜀、契丹求救，却全被郭威的巡逻兵拦截。眼见城里的粮食就要吃完，饿死的人一天比一天多，万般绝望的李守贞便带着妻儿自焚了。

王景崇自知更不是朝廷的对手，也选择了和李守贞一样的归路——自焚而死，赵思绾则被官军斩首，都没落得好下场。一切都与郭威预料的一样。

郭威率军凯旋，刘承祐要赐给他金帛、衣服、玉带、鞍马。郭威却推辞说："臣奉命监军一年，只攻克一座城池，哪有什么功劳？

臣在外打仗时，保卫、治理京城，供应军需物品，都是朝中众位大臣的力量。功劳是大家的，臣怎么敢独自接受这些赏赐呢？请分赏给大家吧！"刘承祐又想加授藩镇，郭威再次推辞。朝臣们都为郭威低调谦虚、不独占功劳而感动。

三镇平定，刘承祐以为天下太平，开始骄奢放纵起来。当时，军政大事主要由四个人负责：宰相杨邠总理机要政务，枢密使兼侍中郭威主持军事事务，侍卫亲军都指挥使史弘肇负责京城的警卫，宰相王章掌管财政赋税。这四个人之间关系融洽，政见一致，也都尽心尽力操持国事，因此后汉朝廷基本安定。

然而不久，契丹军又开始侵扰黄河以北地区，各藩镇都明哲保身，不愿出来抵抗。朝廷没办法，只好让郭威出镇邺都，以防备契丹军队。让郭威没想到的是，他这一去邺都，朝中文武官员就闹翻了天。

史弘肇平时就看不起苏逢吉等文官，还扬言说："安定国家，靠的是长枪利剑，哪里用得着毛笔啊！"王章也对文官没好脸色，曾经说："这帮书生，就是给他一把筹码，也不知道怎么摆弄，半点儿用处也没有！"

这些话传到苏逢吉等文官耳中，文臣武将之间开始有了矛盾，后来愈演愈烈，竟到了水火不相容的地步。

为了打击史弘肇等人，苏逢吉游说刘承祐身边的宠臣，让他们在皇帝面前多说史弘肇等人的坏话。平日里，这些宠臣虽然作威作福，却总会在史弘肇和杨邠那儿碰钉子，早就恨上他们，因此常在刘承祐面前诬陷他们，说他们专横跋扈，日后必定犯上作乱。

已经当了三年皇帝的刘承祐，也对几位辅政大臣不满，觉得他们老管着自己。有一次，刘承祐赐给优伶锦袍、玉带，史弘肇知道后，怒气冲冲地说道："将士守卫边疆，殊死苦战，尚且没有赏赐这些，你们这些人有什么功劳，能得到锦袍、玉带？"当即没收了所有赏赐。后来，刘承祐想立宠爱的耿夫人为皇后，杨邠却认为最好等一等。没想到耿夫人红颜薄命，很快就死了，刘承祐悲痛欲绝，想用皇后之礼安葬她，杨邠又认为不可。这一桩桩、一件件，让刘承祐忍无可忍，他不想再受这种窝囊气，便与苏逢吉密谋，准备除掉这几位"多事"的重臣。

这天早晨，杨邠、史弘肇、王章像往常一样上朝，走到广政殿时，突然冲出来几十名全副武装的将士，没等他们回过神来，就人头落地。郭威因为人在邺都，逃过一劫，但他在京城的家人却没能幸免，被前平卢节度使刘铢全部诛杀，连婴儿都没放过。

消息传到邺都，郭威心痛得昏死过去。醒来后，他哭着对手下将领说："我与杨邠等人，披荆斩棘，跟随先帝夺取天下，接受托孤的重任，尽心竭力保卫国家，没想到竟落得家破人亡的地步。"

将领们也跟着流泪，嚷嚷说："朝廷辜负了您，您没有辜负朝廷，如此血海深仇，怎能不报？我们杀到京城去！"

郭威听从了众人的建议，他留下养子柴荣镇守邺都，自己带领大部队向开封进发，并给刘承祐上了最后一份奏章："臣几天内就会到达朝廷。陛下如果认为臣有罪，臣一定不敢逃避惩处，如果确实是小人进谗言，希望陛下把他抓来交给臣处置，然后臣立刻率军撤回邺都。"

刘承祐见郭威来兴师问罪，也调兵遣将，准备迎战。为了鼓舞士气，他还亲自出城慰劳军队。双方最终在刘子陂①相遇。一番较量后，朝廷的军队溃败不堪，士兵纷纷投降，到天黑时，全跑到郭威那边去了，朝廷这边没剩下几个人。刘承祐和苏逢吉等人见势不

---

① 在今河南封丘南。

妙，想逃回宫中，到达玄化门时，却见城门紧锁。众人高声喊道："快开城门，皇上要回宫！"

过了一会儿，诛灭郭威家族的刽子手刘铢从城楼上冒出头来，可他不仅没开城门，反而下令向刘承祐等人放箭。刘承祐没想到刘铢竟然背叛自己，只好掉转马头，往西北逃去，却被赶来的追兵杀死。

很快，郭威也率领大军来到玄化门，刘铢又下令放箭。雨点般的飞箭向郭威的军队射来。郭威带着军队改从迎春门进入开封城，活捉了刘铢。

第二天，郭威率领百官向太后请安，并建议早立新君。太后便颁下诰令，立武宁节度使刘赟为新帝。刘赟是河东节度使刘崇的儿子，高祖刘知远很喜欢这个侄子，便收他为养子。

刘承祐被杀、郭威进入开封时，刘崇大怒："我刘家的天下，岂容你郭威染指！"他正要发兵讨伐，得知儿子刘赟被立为新君，顿时乐开了花："我的儿子是皇帝，那我就是太上皇，哈哈哈！"

刘赟也十分欢喜，立刻动身赶往京城。就在这时，边境突然传来急报，说契丹数万骑兵入侵，后汉军死伤无数，太后只好请郭威率军前去抵抗。

在北上抗敌前，郭威把刘铢斩首示众，但赦免了他的家人。郭威说："刘铢屠杀我的家属，我再屠杀他的家属，冤冤相报，哪里有个头呢？"

郭威的大军到达滑州时，刘赟派使者前来慰劳。将领们私下纷纷议论："我们攻陷京城，皇帝因此丧命，如果再立刘氏为君主，我们这些人恐怕都要绝后！"

等到渡过黄河，众将领就鼓动士兵大声喧哗，对郭威说："天子必须您自己来做，我们已经和刘家人结仇，不可能再立他们做皇帝了！"说完，扯下一面黄旗披在郭威身上。

郭威连连摆手，众人不理，高呼"万岁"，簇拥着他返回了京城。郭威无奈，只好向太后上奏笺，请求由自己主持国政。

见事已至此，太后只好发布诰令，废黜刘赟，改为湘阴公，命郭威代理国政。文武百官和四方藩镇见风使舵，纷纷上表劝郭威即帝位。

公元951年，太后又颁下诰令，授予郭威传国玺印，命他正式即皇帝位。郭威进入皇宫，在崇元殿即位，改国号为周，史称后周。

成语学习①

乌合之众

像暂时聚合的一群乌鸦。比喻临时杂凑的、毫无组织纪律的一群人。

造　句：	别看这帮人来势汹汹，其实是一群乌合之众，三两下就被打得落荒而逃。
近义词：	一盘散沙
反义词：	万众一心

---

① 这个故事的原文里还有成语"何足介意"（指没有必要放在心上）、"洗兵牧马"（洗擦兵器，喂养战马。指做好作战准备）、"翻然改图"（比喻很快转变过来，另作打算）、"坐而待毙"（坐着等死。比喻遭遇危难而不采取积极的措施）、"鸟穷则啄"（鸟陷于绝境就要反啄。比喻人走投无路就会冒险）。

【 民不聊生 】

《资治通鉴·后周纪一》

北汉土瘠民贫，内供军国，外奉契丹，赋繁役重，民不聊生，逃入周境者甚众。

译 文

北汉土地贫瘠、人民穷困，内要供给军队、官府的费用，外要向契丹贡献钱财，赋税繁多，徭役沉重，百姓都过不下去，逃入后周地界的人很多。

柴荣绝地反击

河东节度使刘崇得知儿子刘赟被废，怒不可遏，想兴兵南下，又怕连累儿子，就派使者前往京城，请求把他接到自己的晋阳城来。郭威没有同意，下诏安抚刘崇，让他安心镇守河东，辅佐朝廷。然而，没过几天，刘赟就死了。刘崇号啕大哭，咬牙切齿地咒骂郭威："杀子之仇不共戴天，以后不是你死，就是我亡！"当天他就在晋阳称帝，国号仍为汉，史称北汉。

北汉虽然拥有十二州之地，但是刘崇知道自己不是郭威的对手，就学石敬瑭，向契丹称臣，认契丹主耶律述律为叔父，请求出兵进攻后周。耶律述律是耶律德光的儿子，跟他父亲一样，这种送上门来的好事自然不会拒绝。

后周广顺元年（公元 951 年）十月，契丹派出五万人马，刘崇则亲自统领两万军队，联合侵犯后周的军事重镇——晋州①。郭威立即命宰相王峻领兵援救。

晋州城中的后周将领拼死守城，一次次击退北汉、契丹联军的进攻。偏巧这时，天降大雪，野外又没什么可抢的，缺乏食物的契丹人就想撤退，又探得王峻的大军正在开来，便焚烧营帐连夜逃跑了。

北汉军见契丹援军跑了，士气顿时衰落，也狼狈逃回了晋阳。

---

① 治所在今山西临汾市。

刘崇一清点人马，竟然损失了十分之三四，就打消南下进取的念头，只想好好经营自己的地盘。

然而，北汉土地贫瘠、人民穷困，内要供给军队和官府，外要向契丹贡献钱财，以致赋税繁多，徭役沉重，民不聊生，很多人越过边界，逃到后周这边来了。

四方藩镇纷纷上表祝贺后周打败北汉，并贡献各种奇珍异宝。郭威对宰相王峻说："朕出身于贫寒之家，饱尝艰辛困苦，如今虽然做了帝王，又怎么敢自己享受，让下面的百姓吃苦呢？这些东西都来自百姓，朕不想要。"他命令所有藩镇停止进贡。

郭威还让人把宫中的珠宝玉器全部清理出来，在厅堂上砸碎，他说："当帝王的，哪里用得着这些东西？朕需要的是利国利民的办法，治理天下的道理！"并告诫左右的人，从今以后，一切珍贵华丽的物品，不得进入宫廷。

除了节俭，凡是益国利民的，郭威都毫不犹豫地去做。当初，朱全忠把攻打淮南时抢来的牛分发给农民，让他们每年交租。几十年后，牛死了，租却没有免除，农民饱受其苦。郭威深知其中的弊端，便颁下敕令："把国家的营田分给现在的耕种者，包括房屋、耕牛、农具都给他们，作为永久产业，官府不得再征收任何租税，包括牛租。"

这个政策一出，农民都十分高兴，生产积极性大大提高，这一年他们从地里获取的收益比以前多了许多。这时就有人出来说："可以把一些肥沃的营田作价卖给农民，得到的钱用来充实国库。"

郭威摇了摇头："财富在农民那里，就如同在国家一样，朕要这些钱干什么？"

在郭威的治理下，长期处于战乱中的中原大地渐渐显露出民富国强的迹象。然而就在后周稳步向前发展时，郭威突然病倒了，而且越来越严重，以致后来祭祀太庙时，因为体力不支中途退下，让养子、晋王柴荣替他完成祭祀。

郭威知道自己不久于人世，便把柴荣叫到身边，叮嘱道："从前朕西征时，看到唐朝十八座皇陵都被人盗掘了，原因只有一个，就是里面放了太多金银珠宝。朕死后，只要给朕穿纸衣，用土烧的棺材收殓就行。不要修建地下宫室，不要造石羊、石虎、石人、石马，只要刻一块石碑立在陵前，写上：'周天子平生好节俭，遗令用纸衣、瓦棺，嗣天子不敢违也。'另外，工匠都由官府出钱雇佣，不要麻烦百姓。你如果违背朕的话，朕在地下也不会保佑你的。"

公元954年，郭威病死，柴荣即皇帝位，为后周世宗。北汉的刘崇觉得报仇的机会到了，派人带着重金去契丹请求出兵，一起进攻后周。

契丹见有便宜捡，立刻派出一万多骑兵前往晋阳。刘崇亲自率领三万人马，与契丹军队浩浩荡荡，直扑后周重镇——潞州。后周守将不敌，潞州很快失守。

柴荣打算亲自率领军队抵抗，却遭到群臣的反对。他们说："刘崇自上次损兵折将后，势力缩小，士气沮丧，必定不敢亲自再来，陛下只需派将领前去讨伐就行。"

柴荣摆了摆手："刘崇趁我国遭遇大丧，且轻视朕年轻刚即位，有吞并中原的野心，这次必定亲自前来，朕也必须亲征。"

这时，太师冯道站出来劝阻道："陛下新近即位，为帝不久，人心容易动摇，不宜轻易出动。"

柴荣素以唐太宗为榜样，便说道："唐太宗平定天下时，何尝不是亲自出征，朕怎么敢苟且偷安呢？"

冯道慢腾腾地说道："不知道陛下能不能成为唐太宗。"

柴荣听出他对自己没信心，很不高兴，却不便发作，就说："以我大周的兵力，打败刘崇如山压卵。"

冯道摸了摸白花花的胡子，又缓缓地说道："不知道陛下能不能成为大山。"

柴荣被激得更加恼怒，但他没有发作，他知道自己迫切需要一场重大的胜利建立威信，便不再理睬冯道，而是立即调兵遣将，兵分三路：一路绕到北汉军的后面，试图对北汉军形成夹击之势；一路从晋州东北拦截北汉军队；一路则与自己率领的禁军日夜兼程，直奔潞州南面的泽州。

刘崇领兵继续向南推进，结果在高平与柴荣的先锋部队相遇。他见北周军队人数少，就大言不惭地对将领们说："我们用自己的军队就足以破敌，根本用不着契丹人。今天我不但要打得周军屁滚尿流，也要让契丹人见识一下我的厉害。"

契丹主帅杨衮观望北周军队后，却对刘崇说："这可是劲敌啊，千万不要冒进！"

刘崇两颊一动，长须一扬，不屑地说："您不必多言，且看我如何消灭他们！"

这时，原本刮得正猛的东北风忽然转成了南风，负责观察风云气象的司天监李义便对刘崇说："现在可以开战了。"

刘崇大喜，正要发号施令，枢密直学士王得中牵住他的马，劝阻道："这样的风向，根本不利于我们，不能出战啊！"

"老书生休得胡言乱语，小心脑袋！"刘崇大声呵斥完，就指挥军队向前冲。

后周军见北汉军阵势浩大，再加上河阳节度使刘词率领的后续部队还没到达，不免胆怯起来，而且柴荣毕竟不是当年的郭威，在军中并没有太大的威信，因此很快阵脚大乱。双方交战没多久，右路军将领樊爱能、何徽竟然在皇帝眼皮子底下开溜，带着自己的骑兵首先逃跑。右路军瞬间溃败，一千多名步兵脱下盔甲，向北汉投降。刘崇大喜，督促军队乘胜进攻。

柴荣见形势危急，顾不得多想，率领贴身亲兵，冒着流箭飞石冲杀了上去。就在这关键时刻，后周警卫将领赵匡胤大喊道："皇上身处险境，我等怎能爱惜自己的性命呢？"说完挥舞着手中的齐眉棍，策马冲进敌阵。

后周将士受到激励，纷纷叫嚷着："让皇上受敌攻击，还要我们这些人干什么？"一个个跃马奔腾，拉弓射箭，以一当百。

北汉军队没想到对方突然士气大振，都不要命地冲杀过来，吓得四散而逃。这时南风越刮越猛，后周军队也越战越勇，契丹主帅杨衮知道战局已经发生逆转，不敢救援，就带着契丹军队撤退了。

刘崇不甘心失败，亲自高举红旗，收集溃散的军队，进行反攻。接近日落时分，刘词率领后周大军赶到。北汉军队再次被击败，僵卧的尸体布满山谷，丢弃的皇帝专用物品以及各种军需器械不计其数。刘崇换上粗布衣服，戴上斗笠，日夜奔驰才逃回了晋阳。

柴荣想乘着胜利的威势一举消灭北汉，便率领军队继续北上，将晋阳城包围得严严实实。然而，由于晋阳城坚固无比，又遇上连绵阴雨，后周士兵都很疲劳，不少人生了病，柴荣只好退兵。

高平之战是柴荣即位后的第一场胜仗，它巩固了柴荣的地位，也彻底击碎了刘崇南下侵占中原的企图。这年年底，刘崇忧愤成疾，撒手西归，他的儿子刘承钧继承了皇位。刘承钧虽然勤理朝政，爱护百姓，北汉国内基本安宁，但对后周已经构不成威胁。

民 不 聊 生

聊，依赖、凭借。指老百姓无以为生，活不下去。

造　句：	晚清政治腐败，民不聊生，慈禧是罪魁祸首。
近义词：	饥寒交迫、穷困潦倒
反义词：	丰衣足食、人寿年丰

---

① 这个故事的原文里还有成语"备尝艰苦"（受尽了艰难困苦）、"益国利民"（对国家、对人民都有利）、"如山压卵"（比喻以绝对优势对付劣势）。

〖 避实击虚 〗

《资治通鉴·后周纪三》

备东则扰西，备西则扰东，彼必奔走而救之。奔走之间，可以知其虚实强弱，然后避实击虚，避强击弱。

译 文

防备东面就骚扰西面，防备西面就骚扰东面，对方必定东奔西走去救援。东奔西走之间，就可以探明对方的虚实强弱，然后避开对方的强大主力，进攻对方虚弱的地方。

五代第一明君

　　高平大捷后，意气风发的周世宗柴荣决心遵照养父郭威的遗愿，干出一番大事业来。他对唐末以来中原地盘日益缩小的局面早有愤慨之心，决心削平各国、统一天下。这天，柴荣向朝臣们询问治国良策，要求他们各撰写一篇《为君难为臣不易论》和《开边策》，陈述政事的得失利弊，以及平定天下的大政方略。

　　大臣们的文章献上来后，柴荣一一阅览，但越读眉头皱得越紧。这些文章不是歌功颂德，就是粉饰太平，毫无可取之处。就在柴荣大失所望之际，比部①郎中王朴的策文却一下子吸引住他。

　　王朴认为："中原朝廷之所以失去吴地、蜀地、幽州、并州等地，是因为丧失了治国之道，君暗臣邪，兵骄民困，奸人乱党在朝内炙手可热，强将武夫在外面横行霸道。天长日久，这些问题由小变大，积微成著。而要想收复失地，就要反其道而行：把坏人赶出朝廷，任用贤人；奖赏有功劳的，惩罚有罪的；提倡节约，革除奢侈；减少赋税，让百姓过上好日子。等到人才有了，政事通了，财政充足，民心归附，然后起兵，一定能成就千秋功业。

　　"夺取天下，要先从容易的地方下手。李唐②和我们接壤的土地将近两千里，这地势方便我们骚扰对方。对方防备东面，我们就骚扰西面，对方防备西面，我们就骚扰东面。在对方东奔西走救援之

---

① 刑部四司之一，设郎中、员外郎、主事等，负责审计财政，核查赋税、百官俸禄、仓库出纳、丁匠工程、军资器械等账目。
② 即南唐。

间，我们就可以探明对方的虚实强弱，然后避实击虚，避强击弱，长江以北各州将很快被我们占有。而南唐的百姓看到我们必胜的形势，知道内部情况的就愿意当间谍，熟悉山川地理的就愿意当向导，那么长江以南也就容易夺取了。取得江南之后，岭南、巴蜀等地发一份檄文过去就可以平定。

"南方平定了，北方必定望风而降。只有河东的刘汉 [①] 是我们的死敌，没法用恩惠信义诱导，但是自从高平之战以后，刘汉国力空虚、士气沮丧，必定不能再起边患，可以暂且放在一边，等天下差不多已经平定，再瞅准时机，一举歼灭它。"

这篇文章句句说到柴荣的心坎里，即所谓先易后难、先南后北。可是，唐末以来朝代更迭实在太过频繁，柴荣也担心国运会消失得太快，自己来不及完成统一大业，便召来王朴，问道："实现这些目标，需要几年时间？"

王朴谨慎地答道："皇上心怀天下，自有福气。以臣推算，三十年之后的事情就不可知了。"

柴荣十分欣喜："如果像你说的那样，朕当以十年开拓天下，十年安养百姓，十年打造太平盛世。三十年够了！"

三十年宏愿，必须分步实现。既然打算以十年时间开拓天下，首先要建立一支百战百胜的军队，而后周军队的问题太多了，柴荣决心花大力气整顿军队。

这天，有人奏报禁军将领孟汉卿在征收钱粮时，纵容手下官吏侵扰百姓，还额外多征了一笔附加税，弄得民怨沸腾。柴荣知道后很生气，赐孟汉卿自杀。

有关官员赶紧求情："陛下，孟汉卿是犯了点儿错，但罪不至

---

① 即北汉。

死呀！"

柴荣板着脸说道："朕知道，但朕要杀鸡骇猴，借这个机会警告那些胡作非为的官员！"

处死孟汉卿后，军纪一片肃然，柴荣顺势开始优化禁军。宫中禁军士兵历朝相承，大家都求个安稳，不怎么检查挑选，唯恐伤害人情，因此瘦弱年老的占据多数。而禁军平时骄横傲慢，不听命令，打起仗来却不是逃跑就是投降，各朝之所以亡国，这是根源之一。

在高平战役中，柴荣就发现了这个弊端，他对大臣们说："军队应当求精而不求多，现在军费之高，用一百个农夫也未必能供养得起一名全副武装的士兵，怎么能榨取百姓的血汗，去养活这批无用的废物呢？不仔细区分刚健懦弱，拿什么来激励将士！"

因此，柴荣下令斩杀高平之战中临阵脱逃的樊爱能、何徽等人，又淘汰瘦弱无用的士卒，提升强健勇猛的，并征募天下壮士，由殿前都虞候赵匡胤挑选其中最好的组成禁军。其余骑兵、步兵各军，分别命令将帅挑选士兵。尽管后周军队人数因此有所减少，但战斗力却得到极大提升。

为了确保充足的兵源，柴荣还对佛教采取打压措施。因为寺院不用交税，僧人也不用服兵役，因此很多人为了逃避赋税，就出家为僧，柴荣就下诏取缔所有朝廷没有敕赐匾额的寺院，禁止百姓私下剃发出家，凡是打算出家的人必须得到祖父母、父母等亲属的同意。当时许多人把铜钱熔化了来铸造佛像，导致铜钱越来越少，柴荣便要求民间把铜铸佛像全部上交给官府，用来铸造钱币。不少信佛的大臣对此颇有微词，柴荣便对他们说："佛本来就是教人向善的，行善就是信佛。那些铜像哪里是我们所说的佛呢？朕听说佛的宗旨就是做对别人有利的事情，即使是自己的脑袋、眼睛，也都可以舍弃，布施给需要的人。倘若朕的身子可用来普济百姓，朕也不会吝惜啊!"

柴荣知道,要想真正开疆拓土,光有强大的军队还不够,必须潜心发展国力,刺激农耕。

当时,国都开封由于屡经战乱,早已残破狭窄,柴荣决心拓展外城,但他并没有一拍脑袋就开工,而是体恤农夫耕种辛苦,下令等到冬天农闲时再兴土木,到农事繁忙时就停工,等来年再开工,这样逐渐完成。

针对前几朝往往不等老百姓收割好庄稼、纺织好布匹,就提前征收粮食、布帛的弊端,柴荣规定从今往后,夏税、秋税分别在六月、十月才开始征收,老百姓无不拍手称快。

柴荣时刻留意农事,让人刻了种地农夫、养蚕农妇的木头雕像,安放在宫殿庭院中,提醒自己农桑艰辛。

有一年,因为旱灾,庄稼收成不好,百姓饥饿流离,柴荣命令有关部门把国库里的粮食借贷给百姓,有人就说:"老百姓这么贫穷,恐怕没能力偿还。"

柴荣苦笑了一声:"百姓是我的子女啊,哪有子女有倒悬之急,做父亲的却不上前解救的?谁说一定要百姓偿还呢?"他下令废除不合理的赋税徭役,凡是不利于百姓的事情,地方官吏必须奏报朝廷,然后制定相应的改革措施;对于不称职的地方官吏,一律免职,各部门另外推荐地方长官人选,只要有能力、品行佳,即便是自己亲友也无妨,但是,一旦被推荐的人贪赃枉法,推荐人要一同治罪。

为了更多了解政事的得失利弊,从而更有针对性地进行改革,让老百姓获得更多利益,柴荣让群臣畅所欲言:"就像你们的面孔,朕不能一一认识,你们的才能,朕也没法全部知道。朕希望你们把心里话都说出来,让朕了解你们每个人的才能深浅,方便朕更好地任用你们。如果你们说了,朕没有听进去,是朕的错,但朕要求了,你们不说，罪责要算在谁头上呢？"

经过一番励精图治，后周政治清明、百姓安居，中原地区的经济开始复苏，柴荣这才开始把心思转向统一天下的大业上。

一天，柴荣在万岁殿和丞相、将军们一起用餐。吃着吃着，柴荣突然放下手中的杯筷，说道："这两天大寒，朕在宫中享受美味佳肴时，常常感到很惭愧，觉得自己对百姓没功劳，却坐享上天赐予的禄位。既然不能自己耕耘，那就只有亲冒矢石为民除害，还略可自我安慰。"

正好这时，后蜀所辖的秦州百姓因为不堪穷苦，跑到开封来，请求后周出兵，收复旧日大唐疆域。柴荣便决定先拿后蜀开刀，请宰相王溥推荐伐蜀元帅。王溥推荐了大将向训。

后周显德二年（公元 955 年）五月，向训率领后周大军直扑秦州。后蜀国主孟昶是孟知祥的儿子，他得知后周军前来，立刻调拨人马抵抗。

由于路途艰险，粮草运输跟不上，后周军队难有进展，战事陷于僵局，有人趁机请求柴荣罢兵。柴荣没有同意，派赵匡胤前去视察战局。赵匡胤回来后，报告说秦、凤二州一定可以攻取，从而坚定了柴荣的攻讨之志。

九月，柴荣收到后周军击败后蜀军、攻占秦州的消息，而且后蜀的另外两个州——成州、阶州望风而降。两个月后，入蜀的交通要冲——凤州也被后周军攻克。

捷报传到京城，文武百官纷纷入朝祝贺，柴荣却举杯走向王溥，敬了他一杯酒，并说："边疆战功的取得，都是因为爱卿你推荐的主帅得力啊！"

成语学习 ①

避实击虚

指避开敌人的主力，找敌人的弱点进攻。

造　句：抗战时，由于力量悬殊，我军	
经常采取避实击虚的战术，打	
击日本侵略者。	
近义词：避强击弱	
反义词：以卵投石	

---

① 这个故事的原文里还有成语"积微成著"（微不足道的事物，经过长期积累，就会变得显著）、"亲冒矢石"（指将帅亲临作战前线）、"为民除害"（替百姓除祸害）。

〖 各为其主 〗

《资治通鉴·后周纪三》

晖等大惊，走入滁（chú）州，欲断桥自守，太祖皇帝跃马麾兵涉水，直抵城下。晖曰："人各为其主，愿容成列而战。"太祖皇帝笑而许之。

译文

皇甫晖等大吃一惊，逃入滁州城中，打算毁断护城河桥坚守，太祖皇帝赵匡胤跃马指挥军队涉水而过，直抵城下。皇甫晖说："人都各为自己的主子效力，希望容我排好队列再战。"太祖皇帝赵匡胤笑着答应了他。

向天再借三十年

后周夺下后蜀的四州之地，为攻打南唐铺平道路。接下来，柴荣准备把主要精力放在对付南唐上。后周显德二年（公元955年）年底，柴荣命令李谷等十二位将领各自领兵向淮南进军，并下诏要求吴越国出兵，牵制南唐。

此时南唐国主李璟刚刚攻克闽国，击破南楚，正骄傲得不行，见后周来犯，心想："我还没去找你呢，你倒自己送上门来了！"他也调兵遣将准备迎战。

之前，一到冬天，淮河的水位就下降，甚至干涸，南唐人担心中原发兵南下，就会派兵守卫淮河，称作"把浅"。后来有人认为边境平安无事，这样做是白费财物粮草，就把守军全部撤回了。后周军因此得以顺利渡过淮河，并接连取得三次小胜，直抵寿州城下。

接到捷报的柴荣决定亲征，他命令侍卫都指挥使李重进领兵先行，自己随后出发。然而，由于寿州是南北方的水陆交通枢要，一旦失守，后周军将长驱直入，因此寿州城内的将士在南唐将领刘仁赡的指挥下拼死抵抗。李谷见寿州久攻不下，又得知南唐的刘彦贞领兵前来救援，还派了数百艘战舰赶来，便心生畏惧，率军撤退。

刘彦贞才智平庸，又不熟悉军事，得知李谷退兵，想都没想就下令追击，不料半路上遇到李重进的军队，被打得丢盔弃甲，刘彦贞也被斩杀。其他南唐援军听说后，吓得退守清流关。

第二年正月，柴荣到达寿州城下，他命令各军包围寿州，并从多地征来几十万壮丁，昼夜不停地攻城。同时，他让赵匡胤率领骑兵，袭击清流关，以扫除寿州城的外围势力。

赵匡胤领兵日夜奔驰，直抵清流关的滁州城下，南唐守将皇甫晖在城楼上高喊："你我各为其主，希望你给点儿时间，容我布好队列再战。"

"没问题！"赵匡胤笑着答应了。不多时，皇甫晖整顿人马出城。赵匡胤抱住马脖子，突然冲入敌阵，大喊道："我只取皇甫晖，其他都不是我的敌人！"说时迟，那时快，只见他手中的长剑已刺中皇甫晖的脑袋。皇甫晖摔落马下，被赵匡胤活捉，滁州城破。

柴荣又探知南唐的东都扬州没有防备，便命令另一位将领带兵去袭击，并告诫不得残害百姓。几天后，这支后周军队突然到达扬州，奔驰入城，城中竟然没有觉察。南唐守军最后弃城南逃。

李璟被后周军的如虹气势吓到了，派人送信给柴荣，说："唐皇帝请求大周皇帝休战讲和，情愿把大周皇帝当作兄长来侍奉，每年贡献财宝以襄助大周的军费。"

"手下败将，竟敢自称皇帝，太不自量力了！"柴荣很不满，就没有理会。

李璟又派了几位能说善辩的人，带着各种金银玉器、缯帛锦缎和牛羊美酒前去，表示愿意向后周称臣。

这回，柴荣安排全副武装的士兵严整列队，接见南唐的使者。还没等他们开口，柴荣就痛斥道："你们君主自称唐朝皇室后裔，竟然一点儿礼仪都不懂！与朕只有一江之隔，不仅没有派过一位使者前来建立邦交，而且在李守贞等人叛乱时，出兵声援他们，还漂洋过海去勾结契丹，想图谋中原！你们今天来，是准备游说朕休战的吧。朕可不是六国时的愚蠢君主，岂是你们用三寸之舌就能改变主意的人！回去告诉你们的君主：马上来见朕，下跪认罪，那就什么事都没有。不然的话，朕就要亲自到金陵城看看，借用金陵的国库来慰劳朕的军队，你们君臣可不要后悔啊！"南唐使者吓得全身发抖，说不出话来。

李璟见求和无望，只好派人去向契丹求救，又被后周军截获。无奈之下，他又接连派出两拨人前去见柴荣，说自己愿意废除帝号，做后周的臣子，并割让寿州、濠州等六州之地，每年进贡黄金绢帛百万，以求休兵停战。

当时，后周大军已经攻占了一半的淮南之地，各路将领仍捷报频传，柴荣想进一步取得长江以北的全部地方，所以没有答应李璟的休战请求。

求和无望，李璟只能任命自己的弟弟、齐王李景达为诸道兵马元帅，领兵抵抗后周军队。李景达率领两万人马刚渡过长江，就在六合遭遇赵匡胤的两千部众，被打得屁滚尿流。

不过，后周军虽然在外围连连取得胜利，却始终无法攻克寿州城，再加上大雨不停，粮草运输又接应不上，柴荣不想被一城一池困住，便留下李重进等人继续围攻寿州，自己率军北归。

第二年正月，柴荣听说齐王李景达的军队到达濠州，驻扎在紫金山，远远地为寿州声援，担心李重进等人抵挡不住，安排好朝廷事务后，再次亲临前线。

在这之前，为了能与南唐精锐水军相抗衡，柴荣在开封城西的汴水岸边制造了数百艘战舰，并让南唐的降兵教自己的北方兵水战。短短几个月后，后周的水军就纵横江湖，出没水中，几乎胜过南唐水军。所以，当后周先锋水军从闵河沿颍水进入淮水时，南唐将士无不震惊。

三月，柴荣渡过淮水，抵达寿州城下。远远地，他望见城楼上挂着一颗人头。原来，寿州被围困日久，粮草枯竭，主将刘仁赡请求率部出城，与后周军决一死战，却遭到齐王李景达的拒绝，因此抑郁成疾。刘仁赡的小儿子刘崇谏怕死，就悄悄地溜出城想投降，却被军士抓获。刘仁赡下令将儿子腰斩，众将领没人敢劝，只好请刘仁赡的夫人出面搭救。刘夫人却说："我不是不怜爱我的儿子，然而军法不可徇私，名节不可亏损，如果宽容了他，我们刘氏就成为不忠之家，我和刘将军将来有什么面目去见死去的将士呢？"说完催着行刑。南唐将士无不感动流泪。

所谓英雄惜英雄，柴荣听说这件事后，不禁对刘仁赡心生敬佩，希望能将他招揽到自己麾下，于是暂停攻打寿州城，转而攻击紫金山上的南唐援军。激战过后，南唐援军大败，被杀死和俘虏了一万多人，其余部众沿着淮水向东逃跑时，被柴荣事先安排的伏兵追赶，又战死、淹死和投降了将近四万人，被缴获的船舰、粮食、兵器数以十万计。

这时，柴荣就给刘仁赡下了一份诏书，希望他能投降。可是刘仁赡听说援军溃败，病情加重，已经不省人事了，他手下的将领便以他的名义起草了投降表书，然后抬着他出城投降。

柴荣见到了已经奄奄一息的刘仁赡，立即安排大夫精心医治，并任命他为天平节度使兼中书令，称赞他："对君主竭尽忠诚，高风亮节，前代名臣良将，能有几人可以比拟！"说完安排大夫精心医治。令人惋惜的是，当日刘仁赡就去世了，柴荣慨叹不已，追赐他为彭城郡王。

拿下寿州城之后，惦记着国内事务的柴荣又返回了开封。过了不久，后周疏通汴水的工程结束，齐鲁一带的船可以直达开封。此举既方便了农业上的水利灌溉，又促进了商业的发展，后周国力得以提升，柴荣便率军第三次征伐南唐。

大军渡过淮水，来到濠州城西。濠州东北十八里有个滩，南唐人在滩上设置栅栏，环水固守，以为后周军队必定无法渡河。柴荣就让将领率领几百名全副武装的士兵，骑着骆驼涉水，拔取了这些栅栏。接着，柴荣亲自进攻濠州，烧毁对方战船七十多艘，斩杀数千人，南唐守将只好出城投降。

这时，柴荣听说南唐有几百艘战船在涣水东面，准备救援濠州，又亲自领兵前去。在后周水陆两军的夹攻下，南唐援军被斩杀五千多人，另有两千多人投降。后周军队乘势向东行进，所到之处都被攻克。

后周显德五年（公元 958 年），势如破竹般的后周军连续攻下南唐的泗州、楚州、海州、泰州之后，来到了长江边。柴荣想率领战舰从淮水进入长江，但被北神堰阻挡，没法渡过，他就打算开凿楚州西北的鹳水来接通淮水、长江的河道。

这天，派去巡视河道的人报告说地形不利，疏通河道恐怕要耗费很多时间和人力。柴荣不信，亲自前去视察，然后口授工程规划，征发楚州民夫疏通河道，只花了十天就完成了。当后周的数百艘巨大战舰直接开到长江时，南唐人十分惊讶，认为太神奇了。

南唐主国李璟得知柴荣已经在长江北岸，大有渡江南下的架势，他不愿做亡国之君，就派枢密使陈觉前去见柴荣，请求传位给太子李弘冀。

当时淮南只有庐州、舒州、蕲州、黄州没有被后周攻下，陈觉见后周军队强盛，便请求进献这四州土地，划江为界，双方休战。

柴荣笑道："朕兴师出兵本来只为取得江北之地，你的君主能够率国归附，朕还要求什么呢？"便答应了，并赐给李璟书信，告诉他不必把君位传给儿子。李璟上表谢恩，取消帝号，只称国主，改用后周的年号和历法。

这样，通过对南唐的三次征伐，淮河以南、长江以北地区十四个州、六十个县纳入了后周版图，初步实现了王朴在《开边策》中提出的"先取江淮"的战略目标。

然而，就在柴荣准备进一步实施王朴的策略时，王朴却突然去世了。柴荣悲伤不已，他亲临王朴的丧礼，用玉钺[①]击地，痛哭多次，难以自制。

后周显德六年（公元959年）四月，在王朴去世一个月后，还沉浸在哀思中的柴荣决定北伐契丹。在后周与北汉交锋时，契丹就充当北汉的后援，三征南唐时，契丹军队更是多次乘虚入侵中原。柴荣要跟契丹好好清算这笔账，他亲自率领数万步兵、骑兵从沧州出发，直奔契丹国境，在短短一个月时间里，兵不血刃地连收三关四州，共十七县。

柴荣十分高兴，在行宫宴请众将，商议夺取幽州。不料当晚，他突然感到身体不适，只好停止进军，南下归国。

回到开封后，柴荣病情急剧恶化，二十天后就不幸去世，年仅三十九岁，他七岁的儿子柴宗训即位。[②]

柴荣在位仅六年，却西败后蜀，收取秦、凤、阶、成四州，三征南唐，尽得淮南江北十四州，北伐辽国，连克三关四州。如果上天再给他三十年的时间，相信他一定能实现"十年开拓天下，十年安养百姓，十年打造太平盛世"这一澄清天下的壮志。然而，历史不能假设，何况这些功业，足以让史家称赞他为"神武雄略的一代英主"。

---

① 形状像斧头的玉制礼器，是王权的象征。
② 公元960年，赵匡胤发动陈桥兵变，逼柴宗训禅位，后周亡国。赵匡胤称帝，建立北宋。

成语学习 ①

各 为 其 主

各人为自己的主人效力。

造　句：	昨天他们还是朋友，今天各为
	其主，就成了敌人。
近义词：	狗吠非主

---

① 这个故事的原文里还有成语"解民倒悬"（比喻把受苦难的人民解救出来）、"兵不血刃"（兵器上没有沾上血。形容未经战斗就轻易取得了胜利）、"出人意表"（出乎人们意料之外）。